Helen Cody Wetmore

Buffalo Bill - der letzte große Kundschafter

SEVERUS Verlag

ISBN: 978-3-95801-557-9
Druck: SEVERUS Verlag, 2016

Der SEVERUS Verlag ist ein Imprint der Diplomica Verlag GmbH.
Bibliografische Information der Deutschen Nationalbibliothek:
Die Deutsche Nationalbibliothek verzeichnet diese Publikation in der Deutschen Nationalbibliografie; detaillierte bibliografische Daten sind im Internet über http://dnb.d-nb.de abrufbar.

http://www.severus-verlag.de
Printed in Germany

Helen Cody Wetmore

Buffalo Bill - der letzte große Kundschafter

SEVERUS

Inhalt

M.W.

Erstes Kapitel

Die alte Heimstätte in Iowa

Ein hübsches, geräumiges, sonnenbeschienenes Landhaus, umgeben von schattigen Wäldern und bunten Wiesen – dies ist das Bild, an das sich meine frühesten Kindheitserinnerungen knüpfen. Dorthin waren meine Eltern, Isak und Mary Cody, bald nach ihrer Heirat gezogen.

Die Besitzung trug den Namen Scottfarm und lag im Staate Iowa in der Nähe der historisch gewordenen kleinen Stadt Le Clair, die noch vor wenigen Jahren ein Indianerdorf gewesen war, wo Blank Hawk seine tausend Streiter zu ihrem letzten Kriegstanz versammelt hatte; wo General Scott sein Feldlager errichtet, den Vertrag mit den Sac- und Foxindianern abgeschlossen und wo, infolge einer Übereinkunft mit den Häuptlingen der Sacindianer, der berühmte Mischling Antoine Le Clair, der Gelehrte und Dolmetscher der Indianer, seine Hütte erbaut und dem Ort den Namen gegeben hatte. Hier, in dieser vom Kriegslärm der Indianer und von den bahnbrechenden Kämpfen der Weißen geschwängerten Luft, im sonnigen, waldumrauschten, wiesenumsäumten Landhause erblickte mein Bruder William Frederick Cody am 26. Februar 1846 das Licht der Welt.

Unsere von einem alten irländischen Hause abstammende Familie, die ihren Stammbaum bis auf einen der ersten schottländischen Könige zurückführt, bestand aus fünf Töchtern und zwei Söhnen – Martha, Samuel, Julia, William, Eliza, Helen und May. Samuel, ein ungewöhnlich schöner und reichbegabter Knabe, verlor noch vor zurückgelegtem vierzehnten Jahre durch einen Unglücksfall sein Leben.

Er ritt „Betsy Baker", eine unter den alten Ansiedlern von Iowa als edles Rassepferd bekannte Fuchsstute von feurigem, zugleich aber auch etwas bösartigem Temperament. Will begleitete seinen Bruder, und obwohl der Kleine kaum sieben Jahre zählte, so saß er doch schon mit jener Leichtigkeit und Anmut, wodurch er sich auch später als erfahrener Reiter auszeichnete, auf seinem Pony. Da plötzlich wurde Betsy Baker widerspenstig und versuchte, ihren Reiter abzuwerfen. Allein vergebens bäumte sie sich und schlug nach allen Seiten aus – Samuel blieb sattelfest. Endlich gab das Tier anscheinend den Kampf auf, und voll kindlichen Frohlockens rief Samuel: „Na, Betsy Baker, diesmal ist es dir doch nicht gelungen!"

Das waren seine letzten Worte. Als ob das Tier etwas von der sorglosen Unachtsamkeit seines Besiegers geahnt hätte, stieg es plötzlich kerzengerade in die Höhe und überschlug sich, den verwegenen Knaben unter seiner Last begrabend.

Wir jüngeren Kinder freilich konnten und nur dunkel an Bruder Samuel erinnern, unsere Eltern aber hatten ihre ganze Hoffnung und ihren höchsten Ehrgeiz auf diesen Sohn gesetzt. Diese Gefühle übertrugen sie nun natürlicherweise auf den jüngeren, nun einzigen Sohn, und diese Hoffnungen, die hauptsächlich unsere Mutter nährte, wurden durch die Erinnerung an eine seltsame Prophezeiung, die ihr vor Jahren von einer Wahrsagerin gemacht worden war, unterstütz. Meine Mutter war zwar eine viel zu kluge und gebildete Frau, um einem törichten Aberglauben nachzuhängen, erfüllte Prophezeiungen müssen jedoch auch den starrköpfigsten Skeptiker, wenn nicht ganz bekehren, so doch immerhin etwas mildern. Unserer Mutter gemäßigte Zweifel aber vermochten gegen die wunderbare Erfüllung einer Prophezeiung nicht standzuhalten, die folgendermaßen gelautet hatte. In einer südlich gelegenen Stadt Nordamerikas, wo meine Mutter als Mädchen zu Besuch war, erregte eine berühmte Wahrsagerin, zu der die Menschen massenhaft hinströmten, großes Aufsehen. Auch meine Mutter und meine Tante ließen sich aus Neugierde verleiten, die Sibylle aufzusuchen.

Beide nahmen unter ungläubigem Lachen die Prophezeiung hin, dass meine Tante mit ihren beiden Kindern innerhalb zwei Wochen vom Tode ereilt würde. Und doch traf das Entsetzliche ein, denn alle drei wurden vom gelben Fieber ergriffen und starben noch vor Ablauf der angegebenen Zeit. Diese unheimliche Bekräftigung der prophetischen Macht der Wahrsagerin veranlasste natürlicherweise meine Mutter, auch dem sie selbst betreffenden Teil der Prophezeiung mehr Glauben zu schenken. Auf dem Dampfer, der sie nach Hause zurückbringen würde, sollte sie nämlich ihrem künftigen Gatten begegnen, dann ihn nach Verlauf eines Jahres heiraten und drei Söhne zur Welt bringen, von denen nur der zweite am Leben bleiben würde. Der Name dieses Sohnes aber sollte über die ganze Welt verbreitet und eines Tages derjenige des Präsidenten der Republik werden. Der erste Teil dieser Prophezeiung erfüllte sich, und Samuels Tod bildete ein neues Glied in der Kette seltsamer Zufälle. War es unter diesen Umständen zu verwundern, wenn sie ungewöhnliche Erwartungen auf ihren zweiten Sohn setzte?

Ob es für einen Knaben ein Glück ist, der einzige Bruder von fünf Schwestern zu sein, ist fraglich. Die älteren Schwestern verhätschelten Will, die jüngeren betrachteten ihn als ein höheres Wesen, und wir alle zweifelten keinen Augenblick daran, das unserem einzigen Bruder noch große Dinge beschieden sein würden. Voll Zuversicht sahen wir der endgültigen Erfüllung der Prophezeiung entgegen und betrachteten Will mit kindischer Verehrung als zukünftiges Staatsoberhaupt.

Die Gesundheit meiner Mutter, die ohnedies immer etwas zart gewesen war, wurde durch den plötzlichen Tod Samuels so sehr erschüttert, dass man uns einen Wohnungswechsel anriet. Zu jener Zeit hatte die kalifornische Goldwut ihren Höhepunkt erreicht. Auch mein Vater wurde von dem Fieber gepackt, wenn auch in milderer Form, da wir auf unserer Farm nicht nur ein behagliches Heim, sondern auch unser reichliches Auskommen hatten. Getrieben von dem Wunsche, unserer Mutter Gesundheit zu kräftigen, und ohne Zweifel auch von der Sehnsucht nach den goldenen Schätzen, die so viele anlockten, verkaufte er seine Form und befahl uns, die Vorbereitungen zu einer Reise nach dem Westen zu treffen. Ehe jedoch seine Pläne endgültig festgesetzt waren, kam er mit einigen Goldsuchern, die soeben voller Enttäuschung von der Küste zurückgekehrt waren, zusammen, was einen solchen Eindruck auf ihn machte, dass er sich zu einer Niederlassung in Kansas anstatt in Kalifornien entschloss.

Unser Vater hatte eine ganz besondere Vorliebe für schöne Wagen und Pferde, dabei eine wahre Leidenschaft für alle Reitkünste, und so kam es nicht selten vor, dass unser Stall voll prächtiger Vollblutpferde stand, während die Speisekammer leer war. Für unsere Auswanderung nach dem Westen hatten wir außer drei sogenannten Prärieschonern[1] eine große Familienkutsche, die von einem prächtigen Doppelgespann mit silberbeschlagenem Zaumzeug gezogen wurde. Dieser Wagen war auf besondere Bestellung in der Hauptstadt angefertigt, mit feinstem Leder ausgepolstert, poliert und lackiert worden, als sollte er einem König zur Reise durch sein Land dienen.

1 Planwagen.

Bruder Will machte sich zu unserem bewaffneten Geleitsmann und ritt mit seiner am Sattelknopf befestigten Flinte voll Stolz neben uns her, während der Hund Türk die Nachhut bildete.

Wills Phantasie knüpfte an diesen Zug nach dem Westen tausend mögliche aufregende Kämpfe und Abenteuer mit Indianern, obwohl er von den wirklichen Gefahren, die uns auf diesem Wege bedrohten, keine Ahnung hatte. Die erste Woche unserer Reise bot indes nur wenig Interessantes für ihn, da wir fortwährend auf Ansiedlungen und Farmen stießen, wo wir die Nacht zubringen konnten. Allein von Meile zu Meile wurden die Niederlassungen von Weißen seltener, bis Will uns Kindern endlich eines Tages voll freudiger Erregung zuflüsterte: „Ich hörte eben, wie der Vater zur Mutter sagte, dass wir heute voraussichtlich die Nacht im Freien zubringen müssten. Das wird einen Spaß geben!“

Wills Hoffnungen erwiesen sich als berechtigt. Kurz vor Einbruch der Dunkelheit erreichten wir ein Flüsschen, und da die nächste Ansiedlung noch etwa zwölf englische Meilen entfernt war, so wurde beschlossen, am jenseitigen Ufer zu nächtigen. Zuerst setzte man die Familienglieder über, worauf dem achtjährigen Knaben die Aufgabe zufiel, einen zum Aufschlagen der Zelte geeigneten Platz aufzusuchen.

Die Laufbahn meines Bruders liefert den deutlichsten Beweis, dass die Umgebung, in der ein Mensch aufwächst, den größten Einfluss auf die Bildung seines Charakters ausübt. Es ist ja immerhin möglich, dass Wills Vorliebe für das freie Leben in der weiten Ebene auch zugleich eine von irgendeinem Vorfahren herzuleitende Erbschaft ist, jedenfalls aber verdankt er seine spätere hohe Gewandtheit als Kundschafter in erster Linie den Erfahrungen, die er schon in seiner Kindheit gesammelt hat. Die Fähigkeit, Quellen, wichtige Fußpfade der Indianer und günstige Lagerungsplätze ausfindig zu machen, schien ihm förmlich angeboren zu sein.

Nachdem die Zelte an einer befriedigenden Stelle aufgeschlagen waren, rief Will den Hund Türk herbei und machte sich mit der Flinte in der Hand auf die Suche nach Wildbret zum Abendessen. Der Erfolg übertraf seine kühnsten Erwartungen. Kaum hatte er das Lager hinter sich, so schlug der Hund an, und im gleichen Augenblick sprang ein prächtiger Hirsch aus dem Gebüsch heraus. Wohl jeder Jäger wird zugeben müssen, dass ihn beim Anblick seines ersten Hirsches eine mächtige Erregung erfasst hat, und so ist es kein Wunder, wenn Will in seinem Alter das plötzlich vor ihm aufgetauchte stolze Tier so lange und unbeweglich anstarrte, bis es seinen Blicken entschwunden war. Türk setzte ihm nach, kam aber bald wieder zurückgetrottet und bellte seinen Herrn vorwurfsvoll an. Will wurde indes gleich darauf Gelegenheit geboten, sich Türks Achtung wiederzugewinnen, denn nachdem der Hund mit erneutem Anschlagen davongeschossen war, tauchte ein zweiter Hirsch in Schussweite auf, und diesmal zielte der junge Jäger, seine Erregung niederkämpfend, mit fester Hand und erlegte seinen ersten Hirsch.

Am darauffolgenden Sonntag schlugen wir wieder bei einem tiefen, rasch fließenden kleinen Flusse unser Lager auf. Türk, der, ermüdet und erhitzt von einer wütenden Kaninchenjagd, über das Flüsschen zu schwimmen versuchte, bekam in dem kalten Wasser plötzlich eine Art Starrkrampf und wäre untergesunken, wenn Will ihm nicht zu Hilfe geeilt wäre. Der Fährmann, der bemerkte, wie der Knabe mit dem erstarrten Hunde gegen das Wasser ankämpfte, fuhr ihm mit dem Schiffe nach, Will aber erreichte ohne Beistand das Ufer.

„Dass Hunde Kinder retten, davon habe ich wohl schon gehört, doch nie von einem umgekehrten Fall“, rief der Fährmann aus. „Wie alt bist du denn?“

„Acht, bald Neun“, antwortete Will.

„Du bist ein großer, stämmiger Bursch für dein Alter“, sagte der Mann. „Aber es ist trotzdem ein Wunder, dass du mit dieser Last nicht untergesunken bist. Was für ein Riesentier“, fuhr er, sich Türk zuwendend, fort, der, auf drei Füßen stehend, heftig das Wasser von seinem Fell abschüttelte. Will kniete sofort neben ihm nieder, und das in die Höhe gezogene Bein in seine Hände nehmend, bemerkte er: „Türk muss sich beim Schwimmen an einem Stein das Bein verletzt haben, aber der winselt nicht gleich bei jedem Schmerz wie eure erbärmlichen Köter.“

„Da muss er also wohl von ganz besonders edler Rasse sein“, sagte der Mann. „Wie heißt man denn diese Art Hunde?“

„Es ist eine Ulmer Dogge“, antwortete Will.

„Diesen Namen habe ich allerdings noch nie gehört. Du selbst aber bist ein forscher kleiner Kerl und hast Grütze im Kopf. Du wirst deinen Weg durch die Welt schon finden. Doch jetzt mach, dass du trockene Kleider an den Leib bekommst.“

Will und der hinkende Hund stiegen darauf ins Boot und wurden vom Fährmann zum Lager zurückgebracht.

Türk spielte eine solch wichtige Rolle in unserer Kinderzeit, dass er eine nähere Beschreibung wohlverdient. Er war ein großes, gewaltiges Tier, das von jener Hunderasse abstammte, die im alten Germanien zur Eberjagd benützt worden war. Später wurden die Hunde dann nach England verpflanzt, wo man sie hauptsächlich als tüchtige Wächterhunde hochschätzte, denn wenn sie richtig dressiert werden, sind sie noch wilder und grimmiger als die englischen Bulldoggen. Allein nicht nur Will, sondern auch die anderen Familienglieder würdigten Türks vorzügliche Eigenschaften, und er verdiente die Liebe, die man ihm schenkte, vollkommen. Durch seine Treue und fast menschliche Klugheit rettete er uns nicht selten Leben und Eigentum; auch war er im Notfall stets bereit, seine eigene Haut in unserem Dienste zu opfern.

In jenen stürmischen Zeiten musste man auf den Pfaden durch den wilden Westen jeden Augenblick auf Räuber und Mörder gefasst sein, und da war es Türks beständige, nimmer ruhende Wachsamkeit, die meinen Vater im rechten Augenblick veranlasste, sich und uns vor nächtlichen Überfällen zu schützen. Energie, Kraft, Mut und Zuverlässigkeit, das waren die Eigenschaften, die Will vor allen anderen schätzte – jetzt bei Türk und in späteren Jahren bei Menschen. Und wenn es auch bis heute nicht in der Art meines Bruders liegt, seine Zuneigung Menschen und Tieren gegenüber verschwenderisch zu äußern, so weiß er dafür verdienstvolle Handlungen und Taten umso mehr anzuerkennen. Die Geduld und edle Selbstlosigkeit, die er in diesem treuen Hunde, dem Freunde seiner Kindheit, entdeckte, suchte er freilich in seinem späteren Leben oft vergebens bei den mit einer Seele ausgestatteten Geschöpfen. Trotzdem aber hat er den Glauben an die Menschheit und an ihre hohe Bestimmung niemals verloren, ein wohl allen bedeutenden Männern eigener Charakterzug.

In unser aller Gedächtnis blieb diese Reise für immer haften, den lebhaftesten Eindruck aber mochte sie doch wohl auf Bruder Will gemacht haben, da sie ihm nicht nur sein erstes Zusammentreffen mit einem Hirsch, sondern auch mit einem Neger brachte.

Als wir uns der Grenze des Staates Missouri näherten, kamen wir an eine schöne Farm, wo sich der Vater nach einem Nachtquartier erkundigte. Sie gehörte einer Witwe, und als diese erfuhr, dass mein Vater der Bruder Elias

Codys aus Missouri sei, nahm sie uns mit der herzlichsten Gastfreundschaft auf.

Noch befanden wir uns, die Rückkehr des Vaters von der Farm erwartend, auf der Landstraße, als plötzlich dicht neben uns aus einem Gebüsch eine für uns Kinder höchst seltsame Erscheinung auftauchte. Ein Vollblutafrikaner war es mit schwülstigen Lippen, wolligem Haar, riesig großen Füßen und spärlicher Kleidung. Mit erstaunten, weit aufgerissenen Augen starrten wir diese für uns Kinder ganz fremde Menschengattung an; selbst Türk verharrte in schweigender Überraschung. In diesem Augenblick kam der Vater zurück und ergötzte sich ebenso wie die Mutter an unseren entsetzten Gesichtern, brach dann aber den Bann, indem er den Neger freundlich anredete, worauf dieser ehrfurchtsvoll und mit einem freundlichen Grinsen antwortete. Es war ein auf den Plantagen der Witwe angestellter Sklave.

Ermutigt durch dieses Grinsen streckte Will ihm die Hand entgegen und genoss voll Stolz das Glück, von dem großen Schwarzen mit „Massa" angeredet zu werden. Nur mit Mühe konnten wir den kleinen „Massa" überreden, sich von seinem neuen Freunde zu trennen und zum Abendessen zu kommen.

Nach einer stärkenden Nachtrahe setzten wir unseren Weg fort, und nach wenigen Tagen erreichten wir den Wohnort meines Onkels. Eine Unterbrechung der Reise wurde mit Freuden begrüßt, da sie trotz der mancherlei interessanten Erlebnisse und trotz des guten Humors sämtlicher Familienglieder doch immerhin lang und ermüdend gewesen war.

Zweites Kapitel

Wills erster Indianer

Mein Onkel lebte in der im Kreis Platte in Missouri gelegenen Stadt Weston, die zu jener Zeit eine der größten des westlichen Nordamerikas war. Da mein Vater so bald als möglich wieder einen eigenen Wohnsitz aufzuschlagen wünschte, so ließ er uns in Weston zurück und machte sich jenseits des Missouri, von Will und einem Führer begleitet, auf die Suche nach einer für uns passenden Ansiedlung. Mehrere Tage waren bereits erfolglos verstrichen, da ließ der Vater eines Morgens den von den anstrengenden Ritten ermüdeten und noch schlafenden Will in dem für die Nacht aufgeschlagenen Lager zurück, während er mit dem Führer einen neuen Rekognoszierungsritt unternahm.

Als Will die Augen aufschlug, fiel sein Blick auf die interessanteste Erscheinung, die die Welt ihm in diesem Augenblick gerade bieten konnte – auf einen Indianer.

Der „edle Indianer", wie die Rothäute von Leuten, die sie nur von weitem kannten, poetisch genannt wurden, war im Begriff, Wills Pferd zu besteigen, während seine eigene dürre Schindmähre daneben stand.

Wills knabenhaftes Sehnen war nun erfüllt – er befand sich seinem ersten Indianer gegenüber. Auch jetzt wäre es wohl nicht zu verwundern gewesen, wenn er bei der unerwarteten Begegnung vor Schrecken erstarrt wäre, zumal diese nicht wie damals ein stolzer, flüchtiger Hirsch, sondern eine schmutzige Rothaut war, die allem Anschein nach versuchte, sich so rasch als möglich aus dem Staube zu machen. Allein ohne die geringste Scheu sprang Will auf und fragte, die Flinte in der Hand: „Halt, was machst du da mit meinem Pferde?"

Verächtlich sah der Indianer den Knaben an.

„Tausche Pferd mit Bleichgesichtknaben."

Der Indianer war stark bewaffnet, und Will wusste nicht, ob sich sein Vater und dessen Führer in Rufweite befanden oder nicht. Allein der Rothaut erlauben, mit Onkel Elias' schönem Pferde davonzureiten, hieß so viel, als seines Vaters Vertrauen einbüßen und seiner Mutter und Schwestern Glauben an den Familienhelden erschüttern. So nahm er denn eine beherzte Miene an und sagte in gleichgültigem Tone, als handle es sich um ein ernstgemeintes Tauschgeschäft: „Nein, ich will nicht tauschen."

„Bleichgesichtknabe ist ein Narr", antwortete der Indianer gelassen.

Ohne sich auf diese schmeichelhafte Bezeichnung einzulassen, sagte Will ruhig, aber fest: „Ich will nicht, dass du mein Pferd nimmst."

„Pferd von Bleichgesicht nichts wert", geruhte der Indianer einzuwenden.

„Gut genug für mich", erwiderte Will lächelnd, trog des Ernstes der Lage. Der Indianer schien ja ein ganz erbärmlicher Pferdekenner zu sein. „Gut genug für mich", wiederholte Will. „Du kannst also dein altes Knochengerüst beruhigt mitnehmen und dich zum Kuckuck scheren."

Zu Wills höchster Überraschung ließ der Indianer die Zügel los, schwang sich auf sein eigenes Pferd und ritt davon. Das ganze stolze Bild, das sich Wills Phantasie von dem Indianer gemacht hatte, stürzte damit in sich zusammen, denn wenn es für einen Helden schon eine recht schlimme Eigenschaft ist, Pferde zu stehlen, so ist es vollends unverzeihlich, vor einem noch nicht zehnjährigen Knaben zu entfliehen. Allein schon wenige Augenblicke später erstanden die Trümmer des zerstörten Bildes wieder, denn Will hörte die Stimme unseres Führers in nächster Nähe und musste daraus schließen, dass der Indianer den Feind entdeckt und nicht vor dem Knaben, sondern vor dem Manne die Flucht ergriffen hatte.

Der Führer war zurückgekommen, um Will an den Ort zu bringen, den der Vater endlich zu unserer Niederlassung ausgesucht hatte. Das Stück Land lag im Salzflusstale, einem fruchtbaren, von terrassenförmig ansteigenden Hügeln begrenzten Wiesengrund. Der alte sogenannte Salzseepfad führte durch dieses Tal. Zu jener Zeit gab es nämlich zwei Hauptverkehrswege durch den Westen: den, Santa Fé- und den Salzseepfad; später wurde dann auch noch der Oregonpfad von Bedeutung. Der älteste und historisch berühmteste Pfad aber war der von Santa Fé, auf dem schon vor dreihundert Jahren die Forscher ins Land gedrungen waren. Zu Anfang des vorigen Jahrhunderts hatte man ihn hauptsächlich zum Handelsverkehr benützt. Seiner Richtung folgend, machte Zebulon Pike seinen berühmten und erfolgreichen Zug durch den Westen. Der Pfad lief südlich von Leawenworth in westlicher Richtung zum Arkansasflusse, dessen Lauf er bis zum Fort Bent folgte, wo er dann den Fluss durchkreuzte, sich zuerst scharf nach Süden und dann bei Las Vegas wieder westlich nach Santa Fé wandte. Auch die Erforschungen längs des Salzseepfades wurden zu Anfang des vorigen Jahrhunderts aufgenommen. Zur Zeit der Auswanderung der Mormonen von Nauvoo nach ihrem gegenwärtigen Wohnort ist er ein vielbenützter Verkehrsweg geworden. Er führte über den Missouri nach Leawenworth, lief dann in nördlicher Richtung bis zu dem am Platte River gelegenen Fort Kearny, folgte dem Lauf jenes Flusses, bis er sich bei Fort Bridger wieder westwärts wandte und endlich zur Salzseestadt führte. Tausende von stolzen Hoffnungen erfüllte Goldsucher wanderten auf diesem Pfade nach Kalifornien, um, zum größten Teil enttäuscht und niedergeschlagen auf demselben Wege zurückzukehren. Lastwagen, Viehtreiber, Auswanderer – fast der ganze Verkehr nach dem Westen durch das neue Land spielte sich auf diesem Pfade ab. Ein Mann namens Rively hatte den klugen Einfall gehabt, um die Erlaubnis nachzusuchen, auf diesem Wege eine Post- und Handelsstation, verbunden mit einem Proviantmagazin, drei Meilen südlich vom Missouri zu errichten. Da die Nähe dieser Station unfehlbar große Annehmlichkeiten bringen musste, so erschien die Wahl des von meinem Vater einstweilen in Besitz genommenen

Stückes Staatsland, das nur zwei Meilen von der Poststation entfernt lag, recht praktisch.

Die Kansas-Nebraska-Gesetzesbill, worin diese beiden Gebiete der freien Ansiedlung überlassen werden sollten, wurde im Mai 1854 genehmigt. Dieses Gesetz stand nun aber dem Missourivertrag, der auf allen südlich vom 36° 30' nördlicher Breite gelegenen Gebieten die Sklaverei verbot, direkt entgegen. In einer Klausel der Kansas-Nebraskabill wurde nämlich gesagt, dass die Ansiedler selbst entscheiden sollten, ob sie in den neuen Gebieten die Sklaverei einführen wollten oder nicht. Schon vor Genehmigung der Bill hatten Hunderte von Ansiedlern bereits ihr Lager an den Ufern des Missouri aufgeschlagen und erwarteten dort die Entscheidung, ehe sie vom Lande Besitz ergriffen. Meilenweit schimmerten, gleich einem breiten Bande, die flackernden Lagerfeuer längs dem Flüsschen durch die Schleier der Nacht.

Kaum hatte der Vater das von ihm gewünschte Gebiet mit Beschlag belegt, als das Gesetz, das den Ansiedlern die Besitzergreifung des Landes gestattete, in Kraft trat. Bald aber entbrannte ein heftiger, blutiger Streit zwischen den Ansiedlern, von denen die einen für, die anderen gegen die Einführung der Sklaverei waren.

Da mein Vater bei Genehmigung der Bill sein Stück Land bereits ausgewählt und abgemessen hatte, so war er einer der Ersten, die sich die nötigen Papiere verschafft und ein provisorisches Absteigequartier für uns fertiggestellt hatte. Was auch unsere gute Mutter über nur aus einem einzigen Zimmer bestehende Behausung gedacht haben mag, durch deren Spalten die Sonne bei Tag und Mond und Sterne bei Nacht hereinschauten, und deren Boden vom grünen Samtteppich der Natur bedeckt war – für uns Kinder reihte sich dort ein Festtag an den anderen. Mittlerweile arbeitete der Vater mit einigen Knechten emsig an unserem Heim, und ehe der Sommer dahinschwand, waren wir in einem großen, von außen zwar grob und einfach aussehenden, aber soliden und im Innern höchst behaglich ausgestatteten Blockhause untergebracht.

Im Laufe des Herbstes trug sich ein Ereignis zu, das sich so tief in mein Gedächtnis eingeprägt hat, dass die Zeit auch nicht den kleinsten Umstand zu vermischen vermochte. Jane, unser treues „Mädchen für alles“, das uns nach unserer neuen westlichen Heimat begleitet hatte, fand nur wenig Zeit, das Kindermädchen zu spielen. Häusliche Pflichten nahmen sie den ganzen Tag in Anspruch, umso mehr, als unsere Mutter ziemlich schwächlich und die Familie groß war. So versah Türk bei uns Kindern zugleich die Stelle eines Wächters und Spielgefährten.

An einem herrlichen Septembertage begaben sich Eliza und ich in Begleitung Türks auf die Suche nach Feldblumen. Wohl hatte die Mutter uns anempfohlen, uns nicht zu weit fort zu wagen, da in den nahegelegenen Wäldern wilde Tiere hausen sollten, allein die schönsten Blumen standen immer wieder noch ein Stückchen weiter ab. So kamen wir endlich an den Saum eines etwa eine englische Weile vom Hause entfernten Waldes und ließen uns im Schatten der Bäume nieder. Die Mutter aber, die inzwischen ängstlich geworden war, hatte Will den davongelaufenen kleinen Dingern nachgeschickt.

Türk, der, wie wir uns später erinnerten, unser Weitergehen schon immer hatte verhindern wollen, wurde vollends unruhig, als wir den Wald betraten. Plötzlich begann er erregt das dürre Laub aufzuscharren, und wenige Augenblicke später tönte der gellende Schrei eines Panthers durch die Luft.

Eliza war kaum sechs und ich noch nicht vier Jahre alt. In sprachlosem Entsetzen klammerten wir uns aneinander an. Da vernahmen wir, allerdings von weit her, ein bekanntes Pfeifen – es war Wills Ruf nach seinem Hunde. Das beruhigte uns unerfahrene Kinder – nun unser Bruder in der Nähe war, was hatten wir da zu befürchten? Türk aber fuhr fort, die Blätter aufzuwühlen, nachdem er seinem Herrn mit einem kurzen, lauten Kläffen geantwortet hatte. Hierauf zerrte er heftig an unseren Kleidern, uns auf diese Weise das Versteck bezeichnend, das er für uns gegraben hatte. Wir legten uns auch sofort nieder, worauf uns der Hund mit dem Laub bedeckte. Und nun stellte er sich mit dem Mut eines Löwen als Wächter vor uns auf.

Von unserem Blätterversteck aus konnten wir des Panthers schwarzbraune Gestalt auf uns zuschleichen sehen. Da plötzlich bemerkte er Türk, machte sich zum Sprunge bereit und schoss wie ein Pfeil auf ihn los. Türk wich ihm aus, stürzte dann aber mit einem Schrei, wie ich ihn weder vorher noch nachher je wieder von einem Hunde gehört habe, auf den Feind los.

Türk war zwar sehr stark und sein Mut bewunderungswürdig, aber mit der Kraft eines Panthers konnte er sich doch nicht messen. Nach wenigen Augenblicken schon lag der treue Hund durch einen einzigen Schlag der eisernen Tatze des wilden Tieres betäubt und blutend am Boden. Die grausame Bestie aber musste wohl andere Beute wittern, denn sie ließ Türk liegen und lief, nach uns suchend, hin und her. Wir wagten kaum zu atmen, und jeder Schlag unserer erschrockenen kleinen Herzen war ein Gebet, Will möchte noch rechtzeitig zu uns kommen. Schließlich richteten sich des Panthers rollende Augen doch auf unser Versteck, und als er zum tödlichen Sprunge ansetzte, versteckten wir, von Grausen geschüttelt, unser Gesicht.

Türk aber war wieder aufgesprungen. Trotz seiner Wunde machte er einen letzten, verzweifelten Versuch, uns zu retten, indem er des Panthers Aufmerksamkeit von neuem auf sich selbst lenkte.

Da plötzlich wurde der hoffnungslose, entsetzliche Kampf durch einen wohlgezielten Flintenschuss unterbrochen. Ins Herz getroffen, brach der Panther zusammen, und aus dem schützenden Laubwerk heraus stürzten sich zwei zitternde kleine Mädchen mit todesblassen, tränenüberströmten Gesichtern in die Arme ihres Bruders.

Will, selbst noch ein Kind, streichelte und beruhigte uns in recht väterlicher Weise. Kaum war indes die erste Erregung vorüber, so wandten wir uns voller Besorgnis nach Türk um. Zum Glück war seine Verletzung nicht gefährlich, er winselte nur leise, als sein Herr auf ihn zukam.

„Bravo, guter Kerl!“, rief Will. „Du hast sie gerettet, ohne dich wäre ich zu spät gekommen.“ Dabei kniete er neben unserem treuen Freunde nieder und schlang die Arme um den zottigen Nacken.

– Lieber, alter Türk! Wenn es jenseits der Sterne ein besseres Land für deinesgleichen gibt, so möge das wärmste, behaglichste Eckchen und die besten Knochen dein Lohn sein!

Drittes Kapitel

Der Schatten der Parteikämpfe

Selbstverständlich waren unter den Ansiedlern in Kansas alle Arten von Gesellschaftsklassen vertreten. Neben ehrlichen, fleißigen Farmern und wohlhabenden Handelsleuten machten sich eine Menge mittelloser Taugenichtse, Abenteurer und Landstreicher breit. Wohl manchmal mochte meinem Vater der Gedanke kommen, ob es wohl klug gewesen sei, in dieses neue, wilde Land gezogen zu sein, doch sprach er nicht darüber, sondern sah tapferen Mutes der Zukunft entgegen.

In Iowa hatte er in politischen Dingen eine gewisse Rolle gespielt und auch öffentliche Vertrauensämter bekleidet. In die Parteikämpfe, die in Kansas wüteten, wünschte er aber durchaus nicht hineingezogen zu werden. Er gehörte zu den Freibodenmännern[2], und die gegen die Sklaverei stimmenden Ansiedler waren bedeutend in der Minderheit. In unserer Nachbarschaft gab es überhaupt nur zwei Farmer, die, wie der Vater, die Sklaverei verwarfen. Ein Jahr lang behielt der Vater seine politischen Grundsätze für sich, schließlich aber verbreitete sich auch in Kansas sein Ruf als gewandter öffentlicher Redner. Die Sklavereianhänger vermuteten bei ihm natürlicherweise dieselbe Ansicht wie bei seinem Bruder Elias Cody, einem bekannten Verfechter der Sklaverei, und betrachteten meinen Vater bereits als vielversprechenden Parteiführer. Geschickt war er bis jetzt

2 Gegner der Einführung der Sklaverei.

einer öffentlichen Entscheidung für die eine oder andere Partei ausgewichen, in seinem Schicksalsbuche aber stand geschrieben, dass er einer der ersten auf dem Altar der Freiheit geopferten Männer werden sollte.

Die Poststation war ein beliebter Versammlungsort für alle Ansiedler der Umgegend. Eines Tages, im Sommer 1855, besuchte auch mein Vater, wie gewöhnlich von Will und Türk begleitet, das Gast- und Handelshaus. Unter der Menge, bei der die Wogen der Erregung schon sehr hoch gingen, bemerkte mein Vater mehrere der Gegenpartei angehörende Hitzköpfe, aber auch Onkel Elias und unsere beiden Freibodennachbarn Hathaway und Lawrence.

Vaters Erscheinen wurde mit der stürmischen Aufforderung, eine Rede zu halten, begrüßt. Vor dieser Zuhörerschaft zu sprechen, hieß aber so viel, als sein Leben aufs Spiel setzen; allein so sehr sich mein Vater auch sträubte, er wurde zum Reden gezwungen.

Es stand in den Sternen geschrieben, da gab es kein Entweichen. Festen Schrittes ging der Vater auf die Schnittwarenkiste zu, die als Rednerbühne diente. Als er an Hathaway vorüberkam, zupfte ihn der gute alte Mann am Ärmel und bat ihn, die Menge mit Gemeinplätzen abzuspeisen und seine wirklichen Ansichten zu verheimlichen.

Unser Vater aber war nicht der Mann, sich mit allgemeinen Redensarten zu befassen.

„Freunde“, sagte er, seine Zuhörerschaft scharf ins Auge fassend und sich zu seiner ganzen Höhe aufrichtend, „Freunde, ihr täuscht euch vollkommen in mir. In meiner Absicht lag es nicht, mit euch zu streiten, aber ihr habt mich zum Sprechen gezwungen, und es bleibt mir jetzt nichts anderes übrig, als euch meine Meinung unverhohlen kundzutun. Ich bin und war immer ein Gegner der Sklaverei, denn sie ist eine Einrichtung, die nicht nur den Sklaven, sondern auch den Sklavenhalter entwürdigt, und ich gebe euch mein Wort, dass ich meine ganze Kraft, ja, wenn es Not tut, sogar mein Leben einsetzen werde, damit dieser Fluch nicht auf dem Boden von Kansas Wurzel fasst. Es ist genug, dass die schönsten Teile unseres Landes bereits von dieser Pest verseucht sind. Möge sie sich nicht weiter ausbreiten! Alle meine Energie und Klugheit soll dem Streben gewidmet sein, Kansas als einen von der Sklaverei freien Boden zu erhalten."

Die Versammlung war durch diese Kühnheit so verdutzt, dass sie eine Zeitlang in starrem Schweigen verharrte. Dann aber brach der Sturm los. Eine wutschnaubende Menge umgab den Sprecher. Mehrere Hitzköpfe drängten sich mit mörderischen Absichten vor, und einer, Charles Dunn mit Namen, stieß sein Messer in die Brust des tapferen Mannes, der so freimütig seine Ansichten zu bekennen gewagt hatte.

Als der Vater niederstürzte, sprang Will auf ihn zu und rief, sich zu dem Mörder wendend, in knabenhafter Wut: „Sie haben meinen Vater gemordet! Wenn ich ein Mann bin, werde ich Sie töten."

Die Menge, die den Vater für tot hielt, wich zurück. Die Tat erschreckte sie nun doch, denn noch waren sie nicht ganz gegen eine verbrecherische Handlung verhärtet.

Hathaway und Will trugen meinen Vater nun in ein Versteck im hohen Grase abseits vom Wege. Die Menge verlor sich indes nur langsam, sodass sich die Abenddämmerung bereits herniedersenkte, als endlich die Bahn frei war und der Vater, auf Will gestützt, mühsam und noch blutend, den Heimweg anzutreten vermochte.

Auftritte wie dieser konnten nicht ohne tiefen Eindruck auf die Seele des heranwachsenden Jünglings bleiben; sie bildeten jenen Cody der späteren Jahre aus ihm, der sich, je nachdem es der Augenblick erforderte, stets kaltblütig und erfinderisch in der Bedrängnis, rasch im Entschluss und kühn und schlagfertig im Handeln erwies.

Dieses traurige Erlebnis war indes nur der Anfang unserer Sorgen, denn des Vaters Genesung machte nur langsame Fortschritte, und nie hat er sich wieder vollständig erholt. Seine Feinde hielten ihn für tot, eine Zeitlang gelang es uns auch, das Geheimnis zu wahren; kaum aber konnte er wieder umhergehen, so begannen die Verfolgungen von neuem.

Ungefähr eine Woche nach jener stürmischen Zusammenkunft auf der Poststation kam Will eines Abends mit der Nachricht nach Hause gelaufen, dass sich ein Trupp Reiter nähere. In ihrer Angst warf die Mutter dem Vater einen ihrer Röcke über, stellte ihm einen Eimer auf den Kopf und bat ihn, sich im Kornfeld zu verstecken. Kühn trat er aus dem Hause, und im Schutze der hereinbrechenden Dämmerung gelang es ihm, unbehelligt an den Reitern vorüberzugehen, die aufs Haus zuritten und dort abstiegen.

„Wo ist Cody?", fragte der Anführer, worauf man ihm antwortete, dass der Vater nicht zu Hause sei.

„Da kann er von Glück sagen", lautete die freche Antwort, „das nächste Mal soll er dafür umso sicherer ins Gras beißen."

Ärgerlich über die missglückte Absicht, suchten sich die Schurken dadurch schadlos zu halten, dass sie das Haus alles dessen beraubten, was ihnen gerade in die Augen stach. Dann setzten sie sich mit dem angekündigten Vorhaben nieder, die Rückkehr ihres Opfers zu erwarten.

Da die Mutter fürchtete, die Nachtluft könnte trotz des Sommers einen schädlichen Einfluss aus den Vater haben, so machte sie Will ein Zeichen, worauf sich dieser sofort aus dem Zimmer schlich und, begleitet von Türk, Decken ins Kornfeld trug und zurückkehrte, ohne dass man seine Abwesenheit bemerkt hatte. Die Schurken wurden des Wartens übrigens bald müde und ritten, nachdem sie der Mutter nochmals ihre beabsichtigte Heldentat angekündigt hatten, brummend wieder fort. Schon begann der Tau niederzufallen, als der Vater ins Haus zurückkehrte.

Noch am selben Morgen wurde Will unter dem Vorwand, Spezereien einzukaufen, zum Auskundschaften nach der Poststation geschickt, und da er Augen und Ohren offen hielt, erfuhr er, dass die Feinde dem Vater scharf auflauerten. Er durfte also sein Versteck im Kornfeld nicht verlassen. Lange aber konnte ein solches Leben nicht durchgeführt werden, und so beschloss der Vater, sich bei Nacht nach dem vier Meilen entfernten Fort Leawenworth zu begeben. Es war ein trauriger Abschied, da niemand wusste, ob wir den Vater jemals wiedersehen würden.

„Ich hoffe", sagte er zur Mutter, „dass diese Wolken bald vorüberziehen werden und wir dann unser altes glückliches Leben wieder aufnehmen können." Dann fuhr er, die Hand auf Wills Kopf legend, fort: „Du aber musst jetzt bis zu meiner Rückkehr der Hausvater sein. Doch weiß ich, dass ich Mutter und Schwestern beruhigt deinem Schutze anvertrauen kann."

Was Wunder, dass Will, auf dessen Schultern man solche Verantwortung legte, und dem man solches Vertrauen schenkte, in seinem Denken und Fühlen ein Mann wurde, ehe er es den Jahren nach war.

Der Vater erreichte glücklich Leawenworth. Da der Streit zwischen den Freibodenmännern und den Sklavereianhängern aber immer erbitterter wurde, so hielt er es für klüger, einen noch entfernter gelegenen Ort aufzusuchen. Zu Schiff begab er sich nach dem zwanzig Meilen stromaufwärts gelegenen Doniphan, zu jener Zeit nichts weiter, als ein gewöhnlicher Landungsplatz. Dort traf er auf eine kleine, mit Abkochen beschäftigte, etwa dreihundert Mann starke militärische Abteilung. Sie stand unter dem Befehl von Oberst Jim Lane und befand sich auf dem Wege von Indiana nach dem Westen.

Oberst Lane, eine interessante Persönlichkeit, war ein Freund des im Jahre 1836 wegen der Herausgabe einer in Illinois gegen die Sklaverei gerichteten Zeitung ermordeten Elias Lovejoy gewesen. Als der Kampf in Kansas dann immer erbitterter wurde und für die Freibodenmänner einen bedrohlichen Charakter annahm, hatte er eine Schar kühner Männer angeworben, um seine gefährdeten Gesinnungsgenossen zu beschützen und zugleich den an Elias Lovejoy verübten Mord zu rächen.

Das Zusammentreffen meines Vaters mit Lanes Leuten gestaltete sich zu einem freundschaftlichen Verkehr, so dass er sein Schicksal mit dem ihrigen zu vereinigen beschloss. Bald darauf nahm er an der Schlacht von Hickory Point teil, bei der die Sklavereianhänger unter großen Verlusten geschlagen wurden.

Der Name Jim Lanes aber wurde von diesem Tage an von der Gegenpartei mit Schrecken, von unserer Familie dagegen voll Dank und Vertrauen genannt.

Die Anstrengungen und Aufregungen der Schlacht hatten indes die schwachen Kräfte des Vaters so stark mitgenommen, dass er unter dem Schutze des mit seinen Leuten in der Nähe lagernden Obersten Lane bei Nacht heimlich nach Hause zurückkehren musste, wo er sofort wieder aufs Krankenlager niedergeworfen wurde.

Dies war ein harter Prüfstein für die Gesundheit unserer armen Mutter, denn während der Abwesenheit des Vaters hatte sich unserem Geschwisterkreis noch ein Brüderchen zugesellt, und außer der Wartung des kleinen Charlie und der Pflege des kranken Mannes lastete auch noch die beständige Angst um dessen Sicherheit auf ihr.

Viertes Kapitel

Die Verfolgung dauert fort

Die Besorgnis unserer Mutter war nur zu sehr begründet. Wenige Tage nach der Heimkehr des Vaters kam ein Mann namens Sharpe, der das Amt eines Friedensrichters in schmachvoller Weise herabwürdigte, in angetrunkenem Zustand auf unsere Besitzung geritten und teilte meiner Mutter mit, dass er den Auftrag habe, das Haus nach ihrem Manne, „dem verfluchten Sklavenfeind", zu durchsuchen. Hierauf verlangte der betrunkene Schurke zu essen. Während die Mutter ihm mit anscheinender Gastfreundlichkeit das Abendessen bereitete, vertrieb sich Sharpe die Zeit mit Wetzen seines Dolches an der Schuhsohle.

„Mit diesem hier", sagte er zu dem ihn beobachtenden Will, „soll nämlich deinem Vater nachher das Herz aus dem Leibe geschnitten werden."

Wills stumme Antwort bestand darin, dass er seine Flinte von der Wand nahm und sich an der zum Zimmer seines Vaters führenden Treppe aufstellte. So ganz leicht sollte es Sharpe denn doch nicht werden, diese Stufen hinaufzusteigen.

Allein wie die Mutter richtig vermutete, hatte der Richter keine Kenntnis von der Rückkehr des Vaters, sonst wäre er nicht allein gekommen. Nachdem er dem Essen und Trinken tüchtig zugesprochen hatte, schlief er ein, fiel vom Stuhl herunter und verließ, seinen angeblichen Auftrag vergessend, taumelnd das Haus. So weit aber reichte seine Betrunkenheit doch nicht, dass ihm der Blick für ein gutes Pferd abgegangen wäre, denn er fand plötzlich großes Gefallen an „Prinz“, dem Lieblingspony der Familie. Mit einem höhnischen Grinsen sagte er zu Will: „Ein hübsches Pferdchen das, mein Junge. Weißt du was, das nehme ich mir mit.“ Dabei schickte er sich an, den Sattel von seinem eigenen Pferd zu nehmen, um ihn auf Prinz’ Rücken zu legen.

„Infamer Schurke!“, murmelte Will, kochend vor Wut. „Mit dir will ich schon noch einmal Abrechnung halten.“

Der Richter war ein großer, dicker Kerl, der mit seinen den Boden fast berührenden Füßen eine solch drollige Figur auf Prinz’ Rücken machte, dass Will nicht umhin konnte, laut aufzulachen, zumal er bereits einen Plan zur Rettung seines Ponys gefasst hatte.

Ein scharfer Pfiff rief Türk heran, der seine Aufgabe sofort begriff und Sharpe fünf recht wenig erbauliche Minuten bereitete. Er versuchte, ihn in das herunterbaumelnde Bein zu beißen, sprang dann, laut bellend, aus dem Bereich der Peitsche, um im nächsten Augenblick dasselbe Spiel mit dem anderen Bein vorzunehmen. Höchlichst belustigt beobachtete Will, der in angemessener Entfernung gefolgt war, diese Szene. Als sich Sharpe aber einmal besonders anstrengte, Türk zu treffen, ließ Will einen für Prinz verständlichen Pfiff vernehmen, den das Tier sofort damit beantwortete, dass es seinen Reiter in den Staub warf. Im nächsten Augenblick stand Türk zähnefletschend über ihm.

„Schaff mir deinen Hund vom Leibe, du Lümmel“, schrie der Richter, „dann sollst du auch dein kleines Schaf wieder haben, das ja doch nichts taugt.“

„Es gilt!“, rief Will, nun wieder gut gelaunt. Diensteifrig half er seinem besiegten Feinde auf dessen eigenes Ross, indem er ihm versicherte, dass er Türk nicht zu fürchten brauche, solange er sein Wort halte. Sharpe ritt davon, doch waren wir durchaus nicht für immer von ihm befreit.

Eines Abends, etwa vierzehn Tage später, hatten wir uns alle um den in einem Lehnstuhl sitzenden Vater geschart. Unsere schöne Mutter hielt den kleinen Charlie auf dem Schoß, während Martha und Julia nähte, und Will, an der Mutter Stuhl gelehnt, ihr zärtlich das Haar aus der Stirne strich und Türks neuesten klugen Streich erzählte. Plötzlich unterbrach er seine Geschichte und rief : „Ich höre Reiter auf der Straße. Rüsten wir uns für alle Fälle!"

Mit der unserer Mutter eigenen Geistesgegenwart traf sie sofort ihre Vorbereitungen zur Verteidigung. Martha und Julia wurden angewiesen, dem Vater ins Bett zu helfen und sich dann selbst mit schweren Stiefeln in das uneingerichtete vordere Zimmer im oberen Stockwerk zu verfügen. Will musste den Knecht und die Dienstmagd Jane, die fast ebenso groß und stark wie ein Mann war, herbeirufen, worauf die drei bewaffnet und mit besonderen Aufträgen betraut wurden. Alle waren zum Kampf bereit, die Mutter aber hoffte durch Kriegslist zu siegen. Mittlerweile hatten die Reiter das Gittertor erreicht. Ihr Führer war der gefürchtete Sharpe. Er ritt dicht heran und schlug mit dem Peitschenknopf ans Tor. Die Mutter öffnete das obere Fenster.

„Wer ist da, und was wünschen Sie?"

„Ihren Mann, den verfluchten Sklavenfeind. Tot oder lebendig, wir müssen ihn haben!"

„Gut, Herr Sharpe", lautete die ruhige Antwort, „ich will Oberst Lane und seine Leute fragen, ob sie Ihnen zu Dienst sein wollen."

Der Knecht, der den mexikanischen Krieg mitgemacht hatte, gab ein lautes Kommandowort ab, worauf sich im oberen Stockwerk das Getrampel schwerer Stiefel vernehmen ließ, dann rief der vermeintliche Oberst Lane zum Fenster heraus den Reitern zu: „Ein Schritt weiter, und meine Leute werden auf euch losfeuern."

Sharpe, ein elender Feigling, war schon beim ersten Laut einer männlichen Stimme zurückgewichen, und nach einer kurzen Verhandlung mit seinen ihm ebenbürtigen Gefährten zog er mit ihnen wieder ab. Ein Weib hatte ihn überlistet.

Gewissermaßen als Ersatz für seinen missglückten Streifzug entführte er Prinz. Wills Kummer darüber aber sollte nicht lange dauern, denn schon am Nachmittag kam das kluge Tier, das sich vom Halfterband losgemacht hatte, zurückgejagt.

Diese Erfahrungen hatten nun aber doch zur Folge, dass sich der Vater um unserer und seiner eigenen Sicherheit willen entschloss, sein Heim von neuem zu verlassen. Sobald es seine Kräfte halbwegs wieder gestatteten, begab er sich nach den dreißig Meilen westlich von Leawenworth gelegenen Graßhopper Wasserfällen. Dort errichtete er eine Sägemühle und hoffte nun endlich vor der Verfolgung seiner Feinde gesichert zu sein. Von Zeit zu Zeit besuchte er uns, richtete seine Ritte aber so ein, dass er erst bei hereinbrechender Dunkelheit unsere Besitzung erreichte und sich vor Sonnenaufgang wieder auf den Rückweg machte.

Eines Tages, als wir einem solch nächtlichen Besuche entgegensahen, erschien plötzlich gegen elf Uhr vormittags unser alter Freund Hathaway.

„Es ist nicht angenehm, der Überbringer schlechter Nachrichten zu sein, allein der für heute beabsichtigte Besuch Ihres Mannes muss bekannt geworden sein, denn es ist eine neue Verschwörung gegen sein Leben im Gange. Einige seiner Feinde haben sich in der Nähe des Big Strangercreek mit der Absicht gelagert, Ihren Mann beim Vorüberreiten niederzuschießen."

Eine lange, ängstliche, aber ergebnislose Beratung folgte.

Dies alles wurde von Will, der an einem Fieberanfall zu Bett lag, mitangehört. Er allein, so dachte er, konnte den Vater retten. Rasch kleidete er sich an und erschien mit fieberglühendem Gesicht vor seiner Mutter. Ihr ein Taschentuch hinhaltend, sagte er: „Binde es mir fest um den Kopf, Mutter, dann tut er weniger weh. Ich reite nach den Graßhopper Fällen zum Vater." Dabei vermochte er kaum zu stehen, ein Gewitter war im Anzug, und dreißig Meilen lagen zwischen ihm und seinem Vater. Trotzdem vermochte man ihn nicht von seinem Vorhaben abzubringen. Julia und Martha sattelten Prinz und halfen dem vom Fieber geschüttelten Eilboten in den Sattel.

Die frische Luft und Erregung belebten Will, sodass er hoffte, das Unternehmen durchführen zu können. Noch war es nicht zwölf Uhr, und der Vater würde sicherlich nicht vor dem späten Nachmittag fortreiten. Prinz schien etwas von der Wichtigkeit des Rittes zu ahnen, denn in raschem, gleichmäßigem Tempo flog er davon.

Der Big Strangercreek durchkreuzt auf halbem Wege den zu den Wasserfällen führenden Pfad, und da sich die Sonne hinter Wolken versteckt hatte, so hoffte Will unerkannt am Hinterhalt vorüberzukommen. Nachdem er jedoch das Flüsschen erreicht hatte, entdeckte er mehrere hinter Buschwerk gelagerte Männer, von denen ihm einer in nachlässigem Tone zurief: „Was hältst du von der Sklaverei?"

„Hab' mich noch niemals drum bekümmert, meine Herren", lautete die Antwort.

„Das ist der junge Cody!", schrie eine andere Stimme, und der Ruf „Halt!" ertönte gerade in dem Augenblick, als Will glücklich am Lager vorbeigaloppiert war.

Wills Erwiderung bestand darin, dass er Prinz die Sporen gab und, von einem förmlichen Kugelregen verfolgt, davon sauste.

Eine wütende Jagd begann, bergauf und -ab, durch Wälder und Wiesen, über Brücken und Bäche, bei der Will seine Krankheit vergaß und nur von dem einen Gedanken erfüllt war, die Wasserfälle noch rechtzeitig zu erreichen.

Da brach das schon lange drohende Unwetter los und verwandelte den harten Weg in ein schlammiges Flussbett. Die Verfolgung wurde aufgegeben, und im gleichen Maße wie die Nervenanspannung bei Will nachließ, fühlte er auch Fieber und Schwäche zurückkehren. Er war bis auf die Haut durchnässt, kaum vermochte er sich noch im Sattel zu halten, doch fest biss er die Zähne aufeinander, entschlossen, sein heldenmütiges Vorhaben durchzuführen.

Da endlich schimmerte ein ersehntes Licht durch den Regen – er hatte sein Ziel erreicht, rechtzeitig erreicht, denn der Vater war eben im Begriff, sich aufs Pferd zu schwingen.

Die Anstrengung des tollen Rittes aber war zu groß für Wills Kräfte gewesen. Erschöpft brach er zusammen. Einige Tage später begab sich der Vater mit ihm nach Topeka, dem Hauptsitz der Freibodenpartei. Der Mutter sandte er beruhigende Nachrichten über sein und Wills Ergehen und teilte ihr mit, dass er nach Topeka gegangen sei, da er sein Leben bei den Graßhopper Fällen nicht mehr für sicher halte.

Der Parteikrieg in Kansas hatte jetzt seinen Höhepunkt erreicht. Es sollte über die Einführung der Sklaverei abgestimmt werden, und Hunderte von Männern wurden von den benachbarten Sklavenstaaten herbeigelockt, um ihre Wahlstimme abzugeben. Nachdem die Wahl dann zu Gunsten der Sklavenpartei ausgefallen war, errichtete diese einen gesetzgebenden Körper, dessen erste Sitzung in Le Compton stattfand. Die Wahl aber war von der Freibodenpartei wegen betrügerischer Umtriebe als rechtsungültig erklärt worden, und bei einer im Winter 1855 auf 1856 tagenden Versammlung wurde eine die Sklaverei anschließende Urkunde verfasst und eine Gegenregierung eingesetzt. Der Vater war Mitglied dieser ersten Körperschaft der Freibodenmänner.

So stand auch jetzt wieder der Krieg auf der Tagesordnung, bis endlich ein militärischer Statthalter ernannt wurde, der, mit allen Machtbefugnissen ausgestattet, Ruhe und Ordnung im Staate Kansas schaffen sollte.

Neue Ansiedler, besonders solche aus nördlichen Freibodenstaaten, waren zum Teil auf Veranlassung unseres Vaters, der sich im folgenden Frühjahr zu diesem Zweck nach Ohio begeben hatte, in Kansas eingetroffen. Unter anderen auch der Richter Delahay, der sich mit seiner Familie in Leawenworth niederließ und in Kansas die erste gegen die Sklaverei gerichtete Zeitung herausgab. Wohl war durch die Ernennung des militärischen Statthalters eine relative Ruhe hergestellt, trotzdem aber kamen noch Hunderte von Gewalttätigkeiten vor. Eine der ersten wurde an dem Richter und seiner Zeitung verübt. Man brach in sein Bureau ein, raubte Lettern und Handpresse und warf sie in den Missouri. Der Richter jedoch ließ sich dadurch nicht abschrecken, sondern kaufte eine neue Presse, und die Zeitung erschien nach wie vor.

Immerhin aber herrschte jetzt doch wenigstens eine gewisse Ordnung in unserem Landstrich. Der Vater nahm seine Arbeit bei der Sägemühle wieder auf, und wir alle hofften auf eine baldige, andauernde Wiedervereinigung. Doch es sollte nichts sein. Der Messerstich hatte Vaters Lunge beschädigt. Bei gehöriger Sorgfalt und Pflege hätte die Wunde wohl wieder ausheilen können, aber die Leiden und fortgesetzten Aufregungen der letzten Jahre ließen keine wirkliche Genesung aufkommen. Im Jahre 1857 kehrte er zwar wieder nach Hause zurück, doch nur um sein letztes Krankenlager aufzusuchen.

Alles wurde getan, was getan werden konnte, um sein Leben zu retten, aber nichts half. Nach kurzer Krankheit verschied er als einer der ersten Märtyrer für die Sache der Freiheit im Staate Kansas.

Im Lande seiner Wahl fand er auch seine letzte Ruhestätte. Hoch oben auf dem die schöne Stadt Leawenworth beherrschenden Hügel Pilot Knob ruhen jetzt seine Gebeine. Sein Tod aber wurde selbst von seinen Feinden beklagt, die ihre Hochachtung einem Manne nicht zu versagen vermochten, der stets redlich, gerecht und großmütig gegen Freund und Feind gewesen war.

Fünftes Kapitel

Der Expressjunge

Während dieser kummervollen Zeit war auch die zarte Gesundheit unserer Mutter aufs gefährlichste bedroht. Doch weit entfernt, sich von dem harten Schlage, der sie getroffen, niederwerfen zu lassen, sah sie den neuen Verhältnissen mit Fassung und Mut entgegen, da sie sich sagte, dass, wenn auch sie dahingerafft würde, ihre Kinder ohne Beschützer den Feinden preisgegeben wären, deren Bosheit dem Vater ein verfrühtes Ende bereitet hatte. Ihr unbesiegbarer Wille beherrschte die körperliche Schwäche. „Ich will nicht sterben", sagte sie zu sich selbst, „ehe die Wohlfahrt meiner Kinder gesichert ist." Und notwendig war sie uns, denn die Verfolgungen dauerten fort.

Kaum war die Beerdigung vorüber, als eine etwa tausend Dollars betragende ungerechtfertigte Forderung für bezogenen Hausrat und Lebensmittel gegen uns geltend gemacht wurde. Die Mutter wusste genau, dass die Forderung keine Berechtigung hatte, da stets alle Rechnungen bezahlt worden waren. Allein jene Lieferung war durch Onkel Elias vermittelt worden und der Vater hatte versäumt, sich eine Bescheinigung von ihm geben zu lassen. Kam es doch in jenen wilden, unruhigen Zeiten nicht selten vor, dass sich Bruder gegen Bruder wandte, und Onkel hielt zu seiner Partei auf Kosten der Familie seines toten Bruders.

Diese neue schmerzliche Erfahrung spornte indes die Energie und Tatkraft unserer Mutter nur noch mehr an. Wohl lasteten keine Schulden auf unserer Besitzung; durch die häufig unterbrochene, unregelmäßige Geschäftsführung unseres Vaters aber waren unsere Geldmittel äußerst karg geworden, und wenn wir diese unrechtmäßigerweise geforderten tausend Dollars wirklich bezahlen mussten, so waren wir heimatlos.

Nach langem Nachdenken kam die Mutter zu folgendem Ergebnis.

„Wenn ich bares Geld hätte, so wollte ich schon gegen die Forderung ankämpfen."

„Kämpfe du und ich, will das Geld schaffen", erwiderte Will.

Die Mutter lächelte, Will aber fuhr fort: „Russell, Majors & Waddell müssen mir Arbeit geben. Jim Wills sagte noch neulich, dass ich ganz gut die Stellung eines Expressboten versehen könnte. Wenn du mit mir kommst und Herrn Majors um eine kleine Beschäftigung für mich bittest, so gibt er sie mir gewiss."

Russell, Majors & Waddell hatten ein unter dem Schutze der Regierung stehendes Frachtfuhrgeschäft, dessen Sitz in Leawenworth war. Nach langem Sträuben gab die Mutter endlich Wills dringenden Bitten nach und ging mit ihm in die Stadt. Majors hatte den Vater gekannt und wollte uns gerne helfen, allein Wills Jugend war ein schwer zu besiegendes Hindernis.

„Was kann ein Knabe in deinem Alter tun?", fragte er freundlich.

„Ich kann reiten, schießen und Vieh hüten", antwortete Will, „doch möchte ich am liebsten ein Expressbote bei einem Ihrer Frachtzüge sein."

„Aber das ist Arbeit für einen Mann und zudem gefährlich", sagte Majors zögernd, „doch will ich dich gerne einen Proberitt machen lassen; kannst du dann wirklich die Arbeit eines Mannes verrichten, so sollst du auch die Bezahlung eines solchen haben."

Wills Name wurde also in die Liste ausgenommen, worauf er ein Schriftstück zu unterzeichnen hatte, das den Charakter und die Gesinnung Majors' und seiner Geschäftsfreunde besser kennzeichnet als jede Beschreibung.

„Ich, William F. Cody", las er, „lege hiermit vor Gott dem Allmächtigen den feierlichen Schwur ab, während meiner Anstellung bei dem Hause Russell, Majors & Waddell keine gottlosen Reden zu führen, mit keinem der Angestellten der Firma einen Streit zu beginnen, in jeder Hinsicht treu und ehrlich meine Pflicht zu erfüllen und mich stets zu bestreben, das Vertrauen meiner Arbeitgeber zu erwerben. Dazu helfe mit Gott."

Wohl hatte Majors manch wilden Tollkopf in seinen Diensten, doch verfehlte das Gelübde seinen Eindruck nicht ganz auf die bessere Natur der Leute, denn sie alle befleißigten sich, wenn auch freilich mit ungleichem Erfolge, den gegebenen Vorschriften gemäß zu leben.

Das Herz unserer Mutter fühlte sich bei diesem Gelübde sehr erleichtert. Sie wusste, dass Will sein Wort halten würde, und sagte sich, dass ein Mann, der ein solches Versprechen von seinen Angestellten verlangt, auch deren Achtung und Vertrauen verdient.

Der Frachtzug sollte bereits am übernächsten Tage abfahren, und so hatten wir alle Hände voll zu tun, um die Vorbereitungen zu Wills zweimonatlicher Reise zu treffen.

Der Augenblick des Abschieds nahte heran – eine harte Prüfung für unsere arme vor kurzem erst des Gatten beraubte Mutter. Will versuchte sie zu trösten, doch was ihm nicht gelang, brachten wir jüngeren Schwestern zustande, denn mit Tränen in den Augen flehten wir ihn an, doch ja gewiss davonzulaufen, sobald er einen Indianer sähe.

Vom Weinen zum Lachen ist nur ein Schritt. Der Bann war gebrochen, und begleitet von den wärmsten Glück- und Segenswünschen, ließ Will sein Lebensschifflein vom Stapel laufen. Mutig hatte er seine Fassung bewahrt, doch nur solange das Haus noch sichtbar war, dann brach auch bei ihm der Abschiedsschmerz aus. Aber die Jugend ist elastisch, vor ihm lag die weite Ebene, Mutter und Geschwistern musste geholfen werden, und so trat er mit heiterem Gesicht vor seine Arbeitgeber.

Die Lagerstätte des „Expressjungen" in dieser Nacht war eine Decke unter einem Frachtwagen; trotzdem schlief er fest und war frisch und munter, als sich der Zug im Morgengrauen in Bewegung setzte.

Der Name Ochsenzug, den diese Transportzüge führten, kam daher, dass jeder der fünfunddreißig Wagen, die zu einem vollen Frachtzuge gehörten, von verschiedenen Joch Ochsen gezogen wurden, die ein einziger Mann, der sogenannte Bullentreiber, lenkte. Das Knallen der Peitsche dieses Kutschers klang wie ein Flintenschuss und konnte weithin gehört werden. Die Wagen glichen den gewöhnlichen Prärieschonern, nur waren sie größer und fester gebaut, für ein Belastungsgewicht von siebentausend Pfund eingerichtet und mit einer doppelten, besonders starken Plane überspannt.

Außer den Bullentreibern gab es berittene Viehhirten, die sogenannten Cowboys, die die zu transportierenden Viehherden zu bewachen hatten, sowie verschiedene sonstige Wächter und Aufseher, die unter dem Befehl eines sogenannten obersten Wagenmeisters standen, dem wieder ein Viehzugmeister und ein Hilfswagenmeister zur Seite standen. Die Leute waren in verschiedene Sektionen eingeteilt, von denen sich eine jede selbst mit Holz und Wasser zu versehen, zu kochen und ihr Geschirr aufzuwaschen hatte, während einer von den Leuten als Wache aufgestellt war. Den sogenannten Expressboten fielen dann noch verschiedene andere Extraaufgaben zu. Die von Will bestand darin, längs des Zuges auf und ab zu reiten und den Angestellten Befehle aller Art zu übermitteln. Nichts hätte nun aber mehr nach Wills Geschmack sein können, als diese Aufgabe, denn die Ochsen gingen wie die Schnecken, und sich hinter ihren Hufen herzuplagen, wäre eine höchst langweilige Sache gewesen.

Von der ersten Stunde an war der „Expressjunge", wie man ihn nannte, der Liebling sämtlicher Leute. Der Eifer, den er bezeigte, machte ihnen Spaß, und als seine Vorgesetzten bemerkten, wie er seinen ganzen Stolz darein setzte, die ihm erteilten Aufträge rasch und pünktlich auszuführen, gewann er auch deren Herzen. Eigentlich war seine Arbeit nur ein Vergnügen für ihn, denn jeden Befehl begrüßte er als angenehme Unterbrechung des einförmigen Tagmarsches – ging ihm doch nichts über einen tüchtigen Galopp auf gutem Pferde.

Die Welt von Wills Phantasie reichte bis jetzt nicht weiter, als zu dem nebligen Kreis, wo Ebene und Himmel sich ineinander verschmelzen. Umso mehr entzückte ihn nun nach vollbrachtem Tagewerk das eigenartige, fesselnde Bild des Lagers, das sich von den schwarzen Hügeln und der weiten, allmählich in tiefe Nacht sinkenden Prärie abhob. Überall war Leben und Bewegung. Die Bullentreiber machten die Gespanne los, die Cowboys pfählten das Vieh an, und etwas abseits bereiteten die Köche auf laut knistern den Feuern die Abendmahlzeit, während die riesigen Planwagen sie gleich gespenstigen Schildwachen umstanden. Verständnislos stierten Pferde und Ochsen in die Glut und fuhren erschrocken zusammen, wenn die auflodernden Flammen die Schatten um sie her verscheuchten. Förmlich unheimlich aber sahen die ums Feuer gelagerten, ganz in Leder gekleideten Bullentreiber aus, mit ihren vom Feuerschein glühend rot beleuchteten langen Bärten und schwarz und gelb gesprenkelten Gesichtern, um die die hohen Grasähren spielten.

Wunderbar, zauberhaft erschien dem „Expressjungen“ diese erste Nacht im Lager.

Doch bald musste Will einsehen lernen, dass das Prärieleben nicht immer nur aus fröhlichem Galoppreiten und behaglichem Sichlagern an warmem Feuer unter sternbesätem Himmel besteht, sondern dass es auch sein Ungemach und seine Entbehrungen hat. Es gab Tage, wo die Ochsen ihre schwere Last noch langsamer als gewöhnlich fortschleppten, wo schwere Wolken den Himmel umdüsterten und der Sturm heulte. Tage, wo der Regen in Strömen niederrauschte, den Boden in einen Morast verwandelte und die zu überschreitenden Flüsse anschwellte; Tage, wo die Viehherden, von plötzlichem Schrecken erfasst, davonzujagen versuchten und das Wiedereinfangen Stunden angestrengtester Arbeit verlangte. Dabei musste die schärfste, unermüdlichste Wachsamkeit besonders bei Nacht beobachtet werden, da man keinen Augenblick vor einem Indianerüberfall sicher war.

Will teilte die Furcht seiner Gefährten vor einem solchen Angriff keineswegs. Für ihn bedeutete ein Zusammenstoß mit Indianern die Erfüllung seiner schönsten Kindheitsträume, und in Gedanken genoss er im Voraus den Ruhm eines Kampfes mit der „edlen roten Rasse“ nach Art der Helden in den gruseligen Indianergeschichten, die er gelesen hatte. Wie so manche andere sollte aber auch er bald erfahren, dass der wirkliche Indianer sehr verschieden ist von dem der Dichtungen.

Etwa zwanzig Meilen westlich von Fort Kearny wurde am Ufer eines in den Platte-River mündenden Baches Mittagsrast gemacht. Weit und breit war nichts von Indianern zu bemerken, trotzdem standen die Wachen unausgesetzt auf Posten. Manche von den Fuhrleuten waren, das Essen erwartend, unter den Wagen eingeschlafen, während Will den Köchen bei ihrer Arbeit zusah.

Plötzlich ertönten Schüsse aus der Richtung eines nahegelegenen Dickichts, begleitet von johlendem Geschrei.

Will sah die drei Wachposten getroffen niederstürzen; er sah, wie die Indianer zwei Abteilungen bildeten, von denen die eine das Vieh in die Flucht jagte, die andere das Lager beschoss.

Die Fuhrleute waren lauter erfahrene Grenzläufer, die sich blitzschnell, trotz des unerwarteten Überfalls, hinter den Wagen kampfbereit aufstellten. Der oberste Wagenmeister, unterstützt von seinen beiden Unterbeamten, den Brüdern Bill und Frank Mc Carthy, führte das Kommando.

Eine gutgezielte Salve brachte die Indianer zum Stillstand. Sie machten kehrt und ritten, das Lager mit einem förmlichen Regen von Pfeilen überschüttend, die mehrere Leute verwundeten, davon. Nach der Ansicht eines eilig zusammengerufenen Kriegsrats erschien eine Defensivstellung hier auf offener Ebene als unhaltbar, da die Indianer den Weißen ums Zehnfache überlegen waren und zudem noch fortgesetzt Verstärkungen von Rothäuten erhielten, sodass es Will vorkam, als ob die ganze Prärie davon wimmle. Die einzig mögliche Rettung lag im Schutze des steilen Flussufers, wohin sich die sämtliche Begleitmannschaft der Wagen nun in raschem Laufe begab. Ihr gewöhnliches Kriegsgeschrei ausstoßend, machten die Indianer einen erneuten Angriff, doch schon hatten die Fuhrleute das Flussufer erreicht und unterhielten von dessen natürlichem Schutzwall aus ein heftiges Gewehrfeuer, das den Feind bald außer Schussweite trieb.

Die einzige Möglichkeit, das Fort Kearny zu erreichen, war, im Flüsschen entlang zu waten. Um den Feind in der Meinung zu lassen, das Ufer sei noch besetzt, wurde eine Salve abgefeuert und dann der schwierige Marsch angetreten.

Die Indianer durchschauten jedoch sehr bald die List, und es galt, einen weiteren Angriff abzuwehren. Das Waten durchs Wasser war ohnedies ermüdend, zudem aber mussten auch noch die Verwundeten unterstützt und eine fortgesetzte Bereitschaft gegen einen erneuten Angriff der Rothäute beobachtet werden. Selbst für einen Mann war dies ein hartes Probestück, wie viel mehr erst für einen Knaben wie Will. Doch wurde er in seiner Kaltblütigkeit und Ausdauer durch ein Wort Frank Mc Carthys ermutigt, der im Tone der Bewunderung zu ihm sagte: „Na, Billy, du hast dich gut gehalten, das lass' ich mir gefallen!"

Nachdem die Flüchtlinge einige Meilen watend zurückgelegt hatten, gelangten sie an die Mündung in den Platte-River. Die Verwundeten aber waren jetzt so erschöpft, dass man in aller Eile ein notdürftiges Floß zusammenfügen und sie darauf legen musste, worauf einige Männer das Floß vor sich her schoben. Auch Will sollte sich in Anbetracht seiner Jugend darauf setzen, doch lehnte er es mit dem Bemerken ab, dass er schwimmen wolle, wenn der Fluss zu tief für ihn werde.

Langsam verstrichen die schweren Stunden. Obgleich die Leute, die selbst nicht wenig unter diesem harten Marsche litten, Will häufig voll Teilnahme fragten: „Wie geht's, Billy?", so äußerte er doch niemals ein Wort der Klage.

Dieses mühselige, einen halben Tag andauernde Waten ohne Ruhepause und ohne Nahrung hatte Will nun aber doch so ermüdet, dass er allmählich ein wenig hinter seinen Gefährten zurückblieb. Der Mond kam zum Vorschein und überrieselte Bäume und Fluss mit seinem silbernen Lichte. Die schweigende, ermüdete Schar aber hatte kein Auge für die Schönheit der Landschaft.

Will mochte jetzt ungefähr zwanzig Ruten Abstand von seinen Gefährten haben, als er wie mit einem Schlage plötzlich alle Müdigkeit vergessen hatte, denn gerade über sich sah er den vom Mondlicht beleuchteten Federschmuck eines Indianerhäuptlings, der sich über das steile Ufer herunterbeugte. Unbeweglich wartete Will, bis Kopf, Schultern und Körper des Kriegers sichtbar wurden. Der Indianer schien anzunehmen, dass die ganze Schar vorübergezogen sei, und so rührte sich Will nicht eher, als bis der Wilde seinen Bogen spannte. Dann aber sagte er sich klopfenden Herzens, dass der Tod jetzt entweder einen seiner Gefährten, auf den der Indianer zielte, oder den Indianer selbst ereilen müsse.

Auch angesichts der zwingendsten Notwendigkeit ist es entsetzlich, einen Menschen mit Vorbedacht seines Lebens zu berauben. Doch Will blieb keine Zeit zum Zögern. Ein Schuss knallte, und der Indianer kollerte den Abhang herab in den Fluss. Sein letzter Aufschrei wurde von mehreren gellenden Rufen beantwortet; die Rothäute waren also ganz in der Nähe. Als Frank Mc Carthy bemerkte, dass Will fehlte, stellte er Wachen aus und lief zurück, um nach ihm zu suchen.

Er fand ihn damit beschäftigt, den toten Krieger das Ufer hinaufzuziehen. Wills Hand ergreifend, rief er: „Bravo, mein Junge, du hast deinen ersten Indianer getötet und dich dabei benommen wie ein Mann!"

Will hätte gerne den Leichnam begraben. Da man ihm jedoch versicherte, dass dies nicht nur eine ungebräuchliche, sondern in diesem Augenblick auch eine ganz unmöglich auszuführende Höflichkeit sei, eilte er weiter. Als sie die wartende Schar erreichten, rief Mc Carthy: „Hört und staunt, der kleine Billy hat seine erste Rothaut getötet!"

Die Ankündigung wurde mit lauten Beifallsrufen aufgenommen, die Will jedoch unangenehm berührten, denn das Herz war ihm schwer, und die Freudenrufe erschienen ihm durchaus nicht angebracht.

Doch blieb nicht lange Zeit für weichmütige Gefühle. In Wut gebracht über den Tod ihres Kundschafters, machten die Indianer einen weiteren, letzten Angriff, der aber auch wie die vorhergegangenen zurückgeschlagen wurde, worauf Bill Mc Carthy die Führung übernahm und Frank den Zug beschloss, um fernere Kraftzersplitterung zu verhindern.

Abgemattet, mit verstörten Gesichtern langte die Schar endlich beim Morgengrauen im Fort Kearny an. Die Verwundeten wurden im Wachgebäude zurückgelassen, während die anderen unter militärischer Bedeckung zu dem zerstörten Ochsenzug zurückkehrten. Sie hofften doch wenigstens noch einen Teil davon retten zu können, allein das Vieh war entweder weggetrieben worden, oder es hatte sich einer der zahlreichen Büffelherden angeschlossen. Die Wagen samt ihrer Fracht waren verbrannt, sodass nichts anderes mehr zu tun übrigblieb, als die drei getöteten Wachposten zu begraben, deren skalpierte und verstümmelte Körper noch am gleichen Platz lagen, wo sie gefallen waren.

Hierauf trennten sich die Soldaten und Fuhrleute, erstere, um einen, allerdings ergebnislosen, Zug gegen die Räuber zu unternehmen, die letzteren, um nach Leawenworth zurückzukehren. Da diese Transportzüge nach dem Westen unter dem Schutze der Regierung standen, so wurde die Plünderung nach Washington gemeldet und der Verlust dem Geschäftshause in Leawenworth ersetzt.

Sechstes Kapitel

Der Beschützer und Plagegeist der Familie

So wie Byron eines denkwürdigen Morgens zu unverhofftem Ruhme gelangt war, so wurde auch Will über Nacht eine berühmte Persönlichkeit. Die Fuhrleute waren durchaus nicht karg in den Lobpreisungen seines Mutes gewesen, und als dann noch vollends der Berichterstatter einer Zeitung die Erzählung mit dem Zauber seiner Phantasie umwob, da erschien Wills Tat unter der fettgedruckten Überschrift: „Der jugendliche Indianerbezwinger“, als ein wahres Heldengedicht.

Wills Gedanken aber wurden nach seiner Rückkehr sofort von anderen Dingen in Anspruch genommen. Kaum war seine Arbeit bei dem Frachtfuhrgeschäft vollendet, so hatte die Mutter einen Anwalt zur Verteidigung unserer Rechte in Betreff der an uns gestellten Forderung genommen. Dieses Lumen eines damals noch unbekannten und ungewürdigten, aber talentvollen und unternehmenden Rechtsanwalts war John C. Douglas. Er hatte sich erst vor kurzem in Leawenworth niedergelassen, und unser Rechtsfall war vorzüglich dazu geeignet, dem jungen Advokaten als erste Sprosse zu seiner Ruhmesleiter zu dienen. Ein toter Vater, eine kranke Mutter, hilflose Kinder auf der einen Seite, auf der anderen ein elfjähriger Knabe, der die Arbeit eines Mannes verrichtet, um das zur Bekämpfung der Feinde notwendige Geld zu verdienen – das war ein reiches Feld, und Douglas setzte seine ganze Kraft ein, um den Prozess zu einem siegreichen Ende zu führen.

Freilich wusste er ebenso gut als wir, dass unsere Sache auf schwachen Füßen stand, ja eigentlich nur an einem Faden hing – dem einzigen nicht aufzufindenden Zeugen, einem gewissen Barnhart. Dieser Mann war damals, als der Vater die Rechnungen bezahlte, Buchhalter gewesen, aber bald darauf weggeschickt worden. Unsere hasserfüllten Verfolger gingen nun so weit, sogar seinen gegenwärtigen Wohnort geheim zu halten. Überall, wo er sich möglicherweise aufhalten konnte, zog Douglas Erkundigungen ein, aber ohne Erfolg, sodass wir uns am Morgen der Gerichtsverhandlung noch vollständig im Dunkeln befanden.

Der Fall hatte viel Aussehen erregt, und der Gerichtssaal war überfüllt. Nicht wenige hatte die Neugierde hergetrieben, den kleinen „Indianerbezwinger" von Angesicht zu sehen. Schadenfrohe Meinungseinheit herrschte über die hoffnungslosen Aussichten der Codyschen Partei, denn nicht nur die Einflussreichsten und begütertsten Männer waren gegen uns, sondern unser junger, unerfahrener Anwalt hatte auch gegen die berühmtesten Rechtsgelehrten des Leawenworther Gerichtshofs anzukämpfen. Unsere einzigen Zeugen waren eine schwächliche Frau und ein achtzehnjähriges Mädchen, obwohl neben ihnen mit hocherhobenem Haupte der Beschützer der Familie stand – unser tapferer kleiner Bruder. Macht und Bosheit waren auf Seiten unserer Gegner, auf der unsrigen dagegen das Recht und der zuversichtliche Mut, den das Christentum seinen gläubigen Seelen verleiht. Die Mutter hatte die feste Überzeugung, dass eine höhere Macht sich unserer Sache annehmen werde.

Sie und Martha bezeugten durch einen Eid, dass alle Rechnungen bezahlt worden seien. Nachdem auch die Gegenpartei ihren Fall klargelegt hatte, erhob sich Rechtsanwalt Douglas zur Verteidigungsrede. Mit großer Gewandtheit und Wärme verfocht er die Rechte der Witwe und der unmündigen Waisen, und jedermann musste zugeben, dass vor dem Gerichtshof von Kansas noch nie eine ergreifendere Rede gehalten worden sei. Allein trotz der Rührung, die sich der Versammlung bemächtigt hatte – bei manchen kam es sogar bis zu Tränen –, trotz der allgemeinen Überzeugung, dass das Recht auf unserer Seite sei, zitterten unsere besten Freunde vor dem Urteilsspruch.

Da plötzlich, als der Eindruck der Rede unseres Verteidigers den Gipfelpunkt erreicht hatte, ereignete sich etwas ebenso Erstaunliches als Unerwartetes. Kaum war der letzte wohlklingende Satz verhallt, so kam der ersehnte Zeuge Barnhart in den Saal gerannt. Auf die erste Andeutung hin, dass seine Gegenwart notwendig sei, war er nach Leawenworth aufgebrochen und gerade noch zur rechten Zeit angekommen. Er legte den feierlichen Schwur ab, dass die in Frage stehenden Rechnungen bezahlt worden seien, worauf die Geschworenen, ohne ihre Sitze zu verlassen, ihren Urteilspruch zu unseren Gunsten verkündigten.

Ein freudiger Ausruf um den anderen ertönte nun aus den Reihen unserer Freunde, die sich um uns scharten und uns ihre Glückwünsche darbrachten. Unser Heim war gerettet. Rechtsanwalt Douglas aber hatte sich durch diesen Sieg, den selbst seine spätere lange und glänzende Laufbahn nicht zu verdunkeln vermochte, seinen Ruf als beredter Verteidiger des wahren Rechtes begründet.

Den nächsten Wellenschlag auf unserem Lebensstrome bildete Marthas Hochzeitstag. Sie war ein auffallend hübsches Mädchen, und der Ruf ihrer Schönheit hatte sich in der ganzen Gegend verbreitet. Da junge Damen überhaupt zu jener Zeit im Staate Kansas noch recht rar waren, so wurde sie der Gegenstand eifrigster Huldigungen. Leider aber fiel ihre Wahl auf einen Unwürdigen. Von seinem Vorleben wussten wir gar nichts und von seinem jetzigen nicht viel mehr, als dass er ein hübsches Äußere und anscheinend ein gutes Auskommen hatte. Will war durchaus nicht mit dieser Wahl einverstanden. Mit der ihm angeborenen Feinheit des Empfindens verband sich der ungewöhnliche Scharfsinn eines vor der Zeit gereiften Knaben. Der Bräutigam unserer Schwester war ihm so zuwider, dass er, durchdrungen von der Richtigkeit seiner Gefühle, sich weigerte, der Hochzeitsfeier anzuwohnen. Diese Abneigung wurde indes nur einer Regung der Eifersucht von Seiten des Knaben zugeschrieben, da Bruder und Schwester mit abgöttischer Liebe aneinander hingen. Leider aber rechtfertigte die Zukunft nur zu bald seine Ansichten.

Es war, als ob sich Wills stummem Widerstand sogar die Natur selbst anschließen wolle. Ein entsetzliches Gewitter zog gegen Mittag zur Vermählungsstunde am Himmel herauf. So dicht waren die Wolken, dass man die Lichter anzünden musste, und als dann das Brautpaar sich an Hymens Altar niederließ, erbebten Haus und Fenster unter einem krachenden Donnerschlag.

Das junge Paar, das seinen Wohnsitz in Leawenworth hatte, verließ uns unmittelbar nach der Trauung.

Die auf den Schultern unseres Bruders lastenden Sorgen und Verantwortungen zerstörten indes keineswegs den knabenhaften Sinn für lustige Späße und Neckereien in ihm. Auch im Scherze war er der „Buffalo Bill". So jagte er uns kleinen Schwestern eines Tages mit den sogenannten Elmsfeuern einen entsetzlichen Schreck ein, den wir alle wohl niemals vergessen werden. Wir hatten diese unheimliche Art von beleuchteten Kürbissen noch nie gesehen, und Will erzählte uns eine höchst gruselige Geschichte darüber.

„Die Kürbisse kommen brennend aus der Tiefe der Erde herausgestiegen", sagte er, „sie gleichen blutigroten Löwenköpfen mit teuflischen Augen und offenem Rachen. Ehe ihr es euch verseht, packen sie euch und verschwinden mit euch wieder unter der Erde. Passt nur auf!"

„Das ist nicht wahr!“, riefen wir kleinen Mädchen im Chor und rannten wie gewöhnlich zur Mutter.

„Will, du musst den Kindern keine solche Schauergeschichten erzählen. Das ist natürlich alles Unsinn“, beruhigte uns die Mutter.

„Da hast du's!“, riefen wir triumphierend.

Wenige Tage später aber erhielten wir die Antwort auf unser „da hast du's!“ Als wir eines Abends ziemlich spät nach Hause kamen, fanden wir das Tor von grimmig aussehenden gelben Wesen bewacht, die uns im Mondlicht wie lebendige, in Brand stehende Menschen entgegengrinsten.

„Elmsfeuer!“, schrie Eliza, Mays Hand erfassend und im Begriff, davonzulaufen. Ich begann meine Gebete herzusagen und dabei wie immer nach der Mutter zu rufen. Plötzlich bewegten sich sämtliche Köpfe zu gleicher Zeit. Sogar Türk zog den Schwanz ein und heulte erschrocken. Wir aber schlugen nun angesichts der teuflischen Fratzen einen solchen Höllenlärm an, dass das ganze Haus zu unserer Hilfe herbeigeeilt kam. Während wir dann in der Mutter Armen unsere Erlebnisse hervorstammelten, hörten wir Will hinter der Türe kichern.

„Da habt ihr's, ihr Pfiffikusse! Das nächste Mal werdet ihr schon glauben, was ich euch sage.“

Am liebsten drang er in unser Spielzimmer ein und trieb allerlei Schabernack mit unseren Puppen. Die Mutter hatte uns in dem großen Blockhause ein Zimmer eingeräumt, wo unsere Puppenfamilien in Frieden und Eintracht hausten, wenn Will nicht in der Nähe war. Sobald er aber auf der Bildfläche erschien, gab's ein Trauerspiel ums andere. Einmal skalpierte er die Puppenmutter und hing ihre Kinder am Bettpfosten auf, ein anderes Mal erstürmte er die Puppenstube und stellte die ganze kleine Familie auf den Kopf, nachdem wir sie schon zu Bett gelegt hatten – kurz, er war ein entsetzlicher Plagegeist. In diesem Kinderzimmer wurde der Keim zu seinem späteren tatenreichen Leben im wilden Westen gelegt. Er teilte uns in zwei richtige kleine Truppen ein – Türk und den kleinen Bruder mit eingeschlossen – und veranlasste uns, ihm in Marschordnung nach dem Walde zu folgen. Dazu verfertigte er uns Steckenpferde, Streitäxte, sowie Bogen und Speere nach dem Muster der Indianer, so dass wir Cowboys, Indianer, Bullentreiber und Expressboten darstellen konnten. Alle Erlebnisse bei seinem ersten Frachtzuge wurden in den Wäldern des Salzflusstales von neuem durchgemacht. Frachtzüge, Räuberüberfälle und die wildesten Indianerkämpfe führten wir auf.

Will war dabei stets der „oberste Skalpierer", und befand er sich einmal auf dem Kriegspfade gegen uns, dann retteten wir nur selten einige Federn unseres Indianerkopfputzes, ohne uns für diesen Raub rächen zu können, da wir kleinen Dinger nicht bis zu seinem Kopfe zu reichen vermochten. Er trug immer lange, glänzende Federn, die der Stolz unseres schwarzen Haushahns gewesen waren, und wenn Will dazu noch ein Stück von jener alten, ihm in Leawenworth geschenkten Indianerkleidung um die Schultern warf, so hielten wir ihn für einen äußerst stattlichen General.

Wir alle gehorchten ihm blindlings bei solchen Ausführungen, und fast niemals kam es vor, dass eine von uns sagte: „Nun ist's aber genug", oder: „Ich werde der Mutter sagen, wie toll du es treibst."

Einmal aber erlitt eine unserer interessanten Vorstellungen doch eine Unterbrechung.

„Wenn ich ein Mann bin, so werde ich große, prächtige Schaustellungen geben", bemerkte Will.

„Die Wahrsagerin prophezeite dir ja aber doch, du werdest einmal Präsident der Vereinigten Staaten", antwortete Eliza.

„Woher soll so eine dumme Person wissen, was ich einmal werde“, entgegnete er verächtlich. „Ich will doch sehen, ob ich nicht trotz aller Prophezeiungen von Wahrsagerinnen meine Absicht ausführen werde. Lasst es euch ein für alle Mal gesagt sein, Mädchen, ich will nicht Präsident werden, sondern große, prächtige Schaustellungen geben“

Mit solcher Kühnheit sein Schicksal umgestalten zu wollen, war unerhört, und obwohl wir noch keinen rechten Begriff vom Worte Schicksal hatten, so konnten wir doch die Tatsache erfassen, dass Will sich weigern wollte, Präsident der Vereinigten Staaten zu werden. Wir liefen deshalb zur Mutter und stießen, die Köpfe in ihren Schoß bergend, unter Schluchzen hervor: „Mutter, Will sagt, er wolle nicht Präsident werden. Nicht wahr, er muss es?“

Allein trotz Wills erhabener Geringschätzung für Wahrsagerinnen schien doch die seine Zukunft betreffende Prophezeiung hin und wieder seinen Geist zu beschäftigen. Dies zeigte sich in einem kleinen Erlebnis, das die Verfasserin dieses Buches als eine der Wahrheit huldigende Erzählerin durchaus nicht verheimlichen darf.

Unser Nachbar Hathaway hatte einen Sohn in Wills Alter, namens Eugen, und die beiden waren „dicke“ Freunde. Eines Tages, als Will Eugen einen Besuch machte, gerieten die Knaben an ein Fass starken Apfelweins. Die Mäßigkeitsbewegungen waren damals noch nicht so weit gediehen, ein solches Getränk in Acht und Bann zu tun, und Hathaway hatte kürzlich eine große Menge dieser althergebrachten Flüssigkeit ausgepresst. Die Knaben, einen harmlosen Trank vermutend, ließen ihn sich gründlich schmecken und nahmen viel mehr zu sich, als sie vertragen konnten. Als Hathaway sie endlich fand, waren sie bereits in kläglicher Verfassung, und tiefbetrübt brachte der gute alte Mann Eugen zu Bett und Will nach Hause.

Unter ausgelassenen Freudenrufen kehrte der Familienheld zu uns zurück. Laut singend und jubelnd stand er im Wagen, und als Hathaway ihm darüber Vorwürfe machte, antwortete er in hoheitsvollem Tone: „Schelten Sie mich nicht, bedenken Sie, dass ich einmal Präsident der Vereinigten Staaten sein werde!“

Alles im Leben aber hat sein Gutes. Nie wieder kam ein Tropfen Apfelwein über Wills Lippen, und nie wieder durfte er sich seinen Schwestern gegenüber herrisch benehmen. Zwar sahen sie noch immer voll Bewunderung zu ihm auf, fügten sich aber nicht mehr unbedingt seinen Anordnungen. Wenn er es jetzt wagte, uns stärker zu necken und zu quälen, als wir es für gut fanden, so konnten wir ihn mit einer Nachahmung seiner hochtrabenden Rede: „Bedenken Sie, dass ich einmal Präsident der Vereinigten Staaten sein werde!“ sofort zähmen. Und in der Tat fasste er die von uns geübte Wiedervergeltung so ernsthaft auf, dass wir ihn für den Rest des Tages meist nicht mehr zu Gesicht bekamen.

War aber der „Pfarrtag“ in Sicht, dann kannte sein Übermut keine Grenzen mehr.

Will hielt es äußerlich nie sehr mit den sogenannten „Frommen“, und wenn die Geistlichen der Umgegend sich zur vierteljährigen Zusammenkunft in unserem Hause versammelten, so mussten wir stets auf irgend einen Schabernack von seiner Seite gefasst sein. Die Mutter gehörte der Methodistenkirche an, und da unser Blockhaus das größte im ganzen Tale war, so fiel uns häufig die Aufgabe zu, die Geistlichen zu bewirten. War Will zu Hause, so trafen wir unsere Vorbereitungen möglichst im geheimen, doch fand er trotzdem meistens heraus, was los war, und dann, wehe uns allen! Sein erster Streich bestand meist darin, dass er Türks Gelüste auf die gelbbeinigen Hühnchen – unser einziger Braten für die zu erwartenden Gäste – rege machte.

Nachdem ihm dies geglückt war, kam er mit der unschuldigsten Miene der Welt zu uns herein und sagte: „Denke dir nur, Mutter, eben sehe ich die gelbbeinigen Hühnchen den Weg hinauflaufen, sie müssen entschieden die Methodistenpfarrer gerochen haben, denn die guten Tiere rennen wie toll davon."

„Ach was, Will, ich habe sehr gut gesehen, wie du Türk auf die Hühnchen gehetzt hast. Rasch rufe ihn zurück und fange die Hühnchen wieder ein."

„Erst fangt mich selbst!" Dabei tanzte er um uns herum und neckte und verfolgte uns, bis wir schließlich ganz außer Atem gerieten. Nur mit größter Mühe konnte die Mutter ihn endlich dazu bringen, die Hühnchen wieder zusammenzutreiben. Nachdem dies glücklich geschehen war, entzog er den Kühen die Milch, bestreute den Weg bis zum Gittertor mit Disteln und Dornengestrüpp und hing ein Schild aus, auf dem geschrieben stand: „Dornig ist der Weg und rauh der Pfad, der ins Himmelreich führt." Kaum hatte die Mutter das große englische Himmelbett mit einem frisch gestärkten und gekräuselten Behang versehen, so besudelte er es mit Schmierkäse, kroch unmittelbar, ehe die Prediger ankamen, darunter und hörte von dort aus die Gebete an.

Die Mutter empfahl uns Mädchen jedes Mal an, ruhig zur Andacht ins Zimmer hereinzukommen, doch konnten wir nicht am Bett vorübergehen, ohne in die Beine gekniffen zu werden, sodass wir förmliche Bocksprünge machten und es doch nicht wagten, der Mutter in Gegenwart der Prediger den Grund davon zu sagen. Schweigend mussten wir die Unart auf uns sitzen lassen, doch lachten wir vergnüglich ins Fäustchen, wenn der Mann, den Will „die grüne Dattelpflaume" nannte, weil sein Mund beim Gebetehersagen an eine halbierte Pflaume erinnerte, ins Zimmer hereintänzelte und dann laut aufschrie, als er beim Bett vorüberkam.

„Erbarmen, ich glaubte schon, Ihr böser Hund habe mich gebissen, Frau Cody, doch muss es wohl eine Bremse gewesen fein."

Und nun begannen die Bußpredigten. Will hörte sie meistens ruhig mit an, bis die Versammelten zu berichten anfingen, wie verderbt sie vor ihrem „Frommwerden" gewesen seien; dann aber stieß er ein lautes Amen hervor. Die Pfarrer kannten Wills Stimme nicht und ärgerten sich nicht wenig, als diesem ersten Amen bald eine ganze Menge solcher Ausrufe folgte. Nachdem ihre Wut dann den Höhepunkt erreicht hatte, begann Will ein entsetzliches Schnarchen, das uns vollends um den Rest unserer Fassung brachte. Dann kroch er plötzlich unter dem Bett hervor und war wie der Blitz durchs Fenster verschwunden.

So wurden die „Pfarrtage", wie Will sie getauft hatte, die Qual unseres Daseins.

Ja, es ist nicht zu leugnen, Will neckte und quälte uns entsetzlich, viel mehr, als uns lieb war. Er brauchte aber auch nur mit dem Finger zu drohen, so schrien wir schon laut auf. Das Weinen und Kreischen nahm kein Ende vom Morgen bis zum Abend, trotzdem liebten wir ihn aufrichtig, und unsere Tränen flossen noch reichlicher, wenn er fortging, als wenn er zu Hause war.

Siebentes Kapitel

Indianergefecht und Schulerlebnisse

Will blieb nicht lange zu Hause. Unter den in Utah angesiedelten Mormonen war ein Ausstand ausgebrochen, weil die Regierung, die von Brigham Young verübte Strafvollstreckung missbilligend, einen Untersuchungsrichter in den betreffenden Staat geschickt hatte. Unter dem Befehl des Generals Albert Sidney Johnston wurden Truppen zur Unterdrückung des Aufstandes abgesandt. Die Lieferung von Lebensmitteln und die Beischaffung von Rindviehherden für die im Herbst des Jahres 1857 gegen die Mormonen zusammengezogene Militärabteilung übertrug man der Firma Russell, Majors & Waddell. Obwohl bei diesem Proviantzug die ausgedehntesten Sicherheitsmaßregeln gegen etwaige Überfälle getroffen worden waren, so sollte ihn doch dasselbe Schicksal ereilen, wie jenen unter der Leitung der Brüder Mc Carthy.

Will wurde als Expressbote dem erfahrenen Wagenmeister Lew Simpson zugeteilt und stand unter dessen unmittelbarem Befehl. Da man nicht nur Überfälle von Indianern, sondern auch solche der Mormonen zu befürchten hatte, so war eine besonders gute Bezahlung der Begleitmannschaft festgesetzt worden. Monatlich vierzig Dollars in Gold, das bedeutete für einen elfjährigen Knaben eine große Summe.

Wills zweiter Abschied von zu Hause war nicht weniger schmerzlich als der erste. Wir Mädchen ergingen uns wie früher in lautem Wehklagen und wollten ihm gerne alle in unserer Puppenstube angerichteten Verwüstungen und all seine Neckereien vergeben, wenn er nur nicht fortgehen würde, um schließlich von den Indianern skalpiert zu werden. Die Mutter sprach nicht viel; ihr angsterfüllter Blick aber verriet deutlicher als Worte die Sorge, die sie in Gedanken an Wills frühere Reise erfüllte. Mit staunender Bewunderung schaute der kleine Charlie zu dem Abschied nehmenden auf, gab es doch für ihn keinen größeren Helden auf der Welt als Bruder Will. Türks Kummer stand dem unsrigen um nichts nach. Es schien, als ob das gute, treue Tier die Absicht habe, während Wills Abwesenheit das Amt eines Familienbeschützers zu übernehmen, denn er machte nicht den geringsten Versuch, seinem jungen Herrn über das Gittertor hinaus zu folgen.

Der erste Teil der Expedition ging gut von statten. Schon war Fort Bridger, die Hälfte der Reise, ohne Zwischenfall erreicht. Als man aber eines Tages bei den Ausläufern der Rocky Mountains, in der Nähe des Green River, Mittagsrast machte, wurde die Kolonne plötzlich von einer starken Truppenmacht der Mormonen, den sogenannten „Racheengeln", überfallen, von denen man mit Recht sagt, „dass sie die heiligen Überlieferungen nur gestohlen haben, um dem Teufel damit zu dienen". Sie waren es auch gewesen, die den im Juni desselben Jahres in den Mountain Meadows verübten entsetzlichen Massenmord begangen hatten, obwohl die abgefeimten „Heiligen" versuchten, die Gräueltat der Hinmetzelung unschuldiger Frauen und Kinder auf die Indianer zu schieben, die hart dafür büßen mussten, aber nur die Werkzeuge der Mormonen gewesen waren. Brigham Young klagte seinen Mitschuldigen John D. Lee wegen obiger Gräueltaten an und ließ es zu, dass dieser den Sündenbock für ihn machte. Die auf dem Totenbett ausgesprochene Behauptung Lees hatte indes nicht weniger rührend gelautet, als Kardinal Wolseys Beschuldigung Heinrichs VIII.

„Ohne Opfer ging es nicht ab", sagte er, „und ich bin nun eben dieses Opfer. Dreißig Jahre lang bestrebte ich mich, Brigham Youngs Vorbild nachzueifern; nun könnt ihr sehen, wie weit ich's gebracht habe. Auf feige, niederträchtige Weise bin ich geopfert worden, aber ich fürchte den Tod nicht; ein elenderes Dasein als hier kann mir auch jenseits des Grabes nicht beschieden sein."

John D. Lee verdiente sein Schicksal, Brigham Young aber war nicht minder ein Schurke. –

Die Mormonen schenkten zwar den Fuhrleuten das Leben. Da sie aber wussten, dass die Vorräte für die gegen Brigham Young aufgestellten Truppen bestimmt waren, so nahmen sie alles fort, was sie nur schleppen konnten, bemächtigten sich des Viehes oder trieben es in die Flucht und verbrannten die Wagen. Der Begleitmannschaft wurde nur ein Wagen samt Gespann mit den bis zu Erreichung des Hauptquartiers notwendigen Lebensmitteln überlassen.

Eine niedergeschlagene, tief entmutigte Schar langte endlich in Fort Bridger an. Die Nachricht, dass noch zwei weitere Proviantzüge zerstört worden seien, steigerte die allgemeine Missstimmung, denn das hieß so viel, als mit den schon vorher angelangten Fuhrleuten und mit den Soldaten des Forts den Winter über auf schmale Ration gesetzt zu werden. Nahezu vierhundert Fuhrleute befanden sich in der Festung, und der Winter stand bereits so dicht vor der Türe, dass nichts anderes übrigblieb, als bis zum Anbruch des Frühlings im Fort zu bleiben.

Es war ein trübseliger Winter. In einem zwei Meilen weit entfernten Walde mussten die Leute ihr Brennmaterial holen. Als die Vorräte dahinschwanden, wurde ein Ochse um den anderen geschlachtet, und nachdem auch dieses Hilfsmittel erschöpft war, stieg langsam das Gespenst des Hungertodes vor den Augen der hartgeprüften Menschen auf. Zum Glück gelangte die Kunde von ihrer bedrängten

Lage zu den Besitzern des Frachtfuhrgeschäfts, sodass ein von ihnen abgeschickter Proviantzug noch kurz vor dem Frühling im Fort anlangte.

Sobald es irgendwie anging, traten die Fuhrleute die Rückreise an. Bei Fort Laramie wurden Wills Vorgesetztem, Simpson, zwei große Frachtzüge unterstellt, bei denen Will mit dem Dienste eines Expressboten zwischen den beiden, zwanzig Meilen voneinander getrennt marschierenden Kolonnen betraut wurde.

Eines Morgens machten sich Simpson, George Woods und Will, die sich beim zweiten Zug befanden, auf den Weg, um die Verbindung mit dem früher abgegangenen ersten Zug herzustellen. Sie ritten auf Mauleseln und waren wie die ganze Begleitmannschaft mit Flinten, Dolchen und Revolvern bewaffnet. Die drei mochten etwa die Hälfte der zwanzig Meilen zurückgelegt haben, als sie plötzlich eine Schar Indianer aus einer etwa eine halbe Meile entfernten Baumgruppe herauskommen und auf sich zu jagen sahen. Eine Flucht auf den Mauleseln war unmöglich, Widerstand zu leisten versprach auch keinen Erfolg, da die Indianer etwa fünfzig Mann stark sein mochten. Ein Sichergeben aber hieß so viel als Tod und Verstümmlung.

„Schießt die Maulesel tot, Jungens", befahl Simpson, und fünf Minuten später schauten zwei Männer und ein Knabe mit grimmigen Blicken über eine noch zuckende Barrikade. Der Schlachtenplan verstand sich von selbst: für Schussweite die Flinte, dann der Revolver und zuletzt die Dolche. Will sollte den an seinem Federkopfputz leicht erkenntlichen Häuptling aufs Korn nehmen, denn schon war sein sicheres Treffen unter den Gefährten fast sprichwörtlich geworden. Die Kaltblütigkeit, die Simpson an den Tag legte, teilte sich auch dem Knaben mit, der sich der verzweifelten Lage wohl bewusst war.

Gleich einem heulenden Sturmwind kamen die Indianer daher gesaust.

„Feuer!“, kommandierte Simpson, und im nächsten Augenblick galoppierten drei reiterlose Pferde über die Ebene hin.

Erschreckt durch den Tod ihres Anführers machte die Schar kehrt und ritt außer Schussweite. Will seufzte erleichtert auf.

„Lade nur wieder, Billy“, sagte Simpson lächelnd, „sie werden gleich zurückkehren.“

„Sie haben nur drei oder vier Flinten“, bemerkte Woods; es waren nicht viele Kugeln unter dem Pfeilregen.

„Da kommen sie schon“, rief Simpson, und rasch legte das Trio die Flintenläufe auf die toten Maulesel.

Wieder gab es drei reiterlose Pferde, doch ließen sich die Indianer diesmal nicht zurückschrecken, da sie wohl vermuteten, den Weißen müsse nächstens die Munition ausgehen. Eine Revolversalve belehrte sie jedoch bald eines anderen, sodass die angreifende Kolonne wankte und zurückwich.

Während die drei dann wieder luden, klopfte Simpson Will auf die Schulter und sagte: „Du bist ein tapferer Junge, Billy!“

„Das will ich meinen“, stimmte Woods ein, indem er kaltblütig einen Pfeil aus seiner Schulter herauszog. „Was ist das für einer, Lew, ist er wohl vergiftet?“

In atemloser Spannung wartete Will auf den entscheidungsvollen Ausspruch, und seine Erleichterung war groß, als Simpson nach sorgfältiger Untersuchung antwortete: „Nein.“

Nachdem die Wunde oberflächlich verbunden war, wandte die Gesellschaft ihre ganze Aufmerksamkeit wieder dem Feinde zu, der ihre Verschanzung umkreiste. Sich auf die äußere Seite der Pferde neigend, um gegen die feindlichen Geschosse gedeckt zu sein, entsandten sie ihre Pfeile.

Mit einem Anflug jenes derben Humors, den das Prärieleben zeitigt, erklärte Will, dass die Maulesel ihn an Stecknadelkissen erinnerten, so voller Pfeile staken sie.

Einem bald darauf folgenden Angriff hielten die Weißen mutig stand, wobei ein Indianerpferd ums andere und gelegentlich auch ein Reiter zu Fall kamen. Das war nun aber ein teurer Spaß für die Indianer, und schließlich zog sich die ganze Gesellschaft außer Schussweite zurück.

Eine lange, wohltuende Pause trat ein, die das Trio dazu benützte, die Verschanzung zu verstärken, indem sie die Erde mit ihren Dolchen aufgruben und sie auf die Maulesel häuften. Es war eine mühsame Arbeit, die jedoch der Untätigkeit auf dem engen Raume noch vorzuziehen war.

Zwei Stunden verflossen, dann ließ sich der Plan des Feindes erkennen. Eine leichte Brise hatte sich erhoben, und nun zündeten die Indianer die Prärie an. Glücklicherweise war das Gras in der Nähe des Pfades kurz, und obwohl die Hitze groß und der Rauch erstickend war, so hielt die Barrikade wenigstens die Flamme selbst ab. Simpson hatte scharfe Wache gehalten. Plötzlich gab er den Befehl zum Feuern. Drei Kugeln flogen durch Rauch und Glut, und die ihnen folgenden gellenden Rufe bewiesen ihren guten Erfolg. Nachdem den Indianern nun auch diese letzte Kriegslist missglückt war, begannen sie sich zu ihrer Lieblingsbeschäftigung, dem Abwarten, zu rüsten.

Ein dünner Kreis bildete sich außer Schussweite; Pferde wurden angepfählt und Zelte errichtet. Die Nacht senkte sich hernieder, und ein Stern um den anderen blitzte auf.

Woods wurde wegen seiner Wunde vom Wachtdienst ausgeschlossen, Will und Simpson dagegen standen abwechslungsweise Posten. Will übernahm als erster den Dienst, und trotz aller Müdigkeit wurde es ihm nicht schwer, sich wach zu halten, nach der Ablösung aber verfiel er dann in einen umso tieferen Schlaf. Ihm träumte, Türk belle ihn an, und als er erwachte und sich in unbewusstem Schrecken aufrichtete, fand er Simpson, über seine Flinte geneigt, eingeschlafen.

Nichts unterbrach das mitternächtliche Schweigen, und tiefe Dunkelheit lag auf der Ebene. Will schien es jedoch, als schlichen sich Gestalten heran, die noch dunkler waren als die Nacht. Leise legte er die Hand auf Simpsons Schulter.

Sofort war dieser munter, und auch Woods wurde geweckt. Kaum hörbar knackten die Gewehrschlösser durch die leichtbewegte Nachtluft, und einen Augenblick später verkündigten drei Schüsse dem herankriechenden Feinde, dass die Weißen lebendig und auf ihrem Posten seien.

Nun war innerhalb der kleinen Verschanzung von Schlaf keine Rede mehr. Bald brach auch der Tag an, und sorgenvolle Augen spähten den Pfad entlang, ob die Verstärkung noch nicht im Anzuge sei, denn kommen musste sie ja, aber ach, auf was für schweren, langsam sich drehenden Rädern!

Der Mittag nahte heran und ging vorüber. In ängstlicher Frage trafen sich die sorgenvollen Blicke. Sollte der zweite Zug am Ende von einer größeren Indianerschar überfallen worden sein? Da plötzlich wurden mehrere Rothäute sichtbar, die mit den Zeichen der Erregung aufsprangen und den Kreis entlang Alarm schlugen.

„Sie hören das Peitschenknallen der Bullentreiber", sagte Simpson.

Die Indianer, die das Vorüberfahren des ersten Ochsenzuges beobachtet und Simpson und seine Gefährten für dessen Nachzügler gehalten hatten, waren auf einen so rasch folgenden zweiten Zug nicht gefasst. In fieberhafter

Eile bestiegen sie jetzt die Pferde, und als der erste Ochsenwagen in Sicht kam, befanden sie sich bereits auf dem Wege nach den fernen Vorbergen.

Wohl niemals wurde eine Erscheinung mit dankbareren Blicken begrüßt, als jene sich schwerfällig fortbewegenden Tiere, niemals eine Musik lieblicher gefunden als der herbe Klang der Bullentreiberpeitsche.

Nachdem der Hunger gestillt und Woods Wunde gehörig verbunden war, wurde Will von den erfahrenen Kennern der Prärie zum zweiten Male als Held gepriesen. Simpson rühmte seine ruhige Besonnenheit und seinen Mut, und dem Traume, der ihn zur rechten Zeit erweckt hatte, wurde es zugeschrieben, dass die kleine Gesellschaft noch auf dieser Erde wandelte. Will aber war sehr geneigt, seinem Freunde Türk das volle Verdienst anzurechnen.

Der Rest der Reise brachte keine besonderen Erlebnisse mehr, und als Will sich seiner Heimat näherte, eilte er dem Zuge voraus. Stürmisch schlug sein Herz beim Gedanken an seine Lieben, die noch nichts davon ahnten, dass er ihnen so nahe war.

Allein auf dem Hause, dem er freudigen Herzens entgegenstürmte, lag ein schwerer Kummer. Schwester Marthas kurzes Eheleben hatte die Abneigung, die ihr Bruder gegen den Mann ihrer Wahl an den Tag legte, nur zu sehr gerechtfertigt. Sie war plötzlich von einer schweren Krankheit befallen worden, und erst mehrere Monate später erfuhr Will, dass die Kenntnis von dem unehrenhaften, treulosen Charakter ihres Mannes ihren raschen Tod herbeigeführt hatte. Einer der vielen Gläubiger ihres Gatten, der sich eines Tages in Abwesenheit des Hausherrn an sie wandte, hatte ihr die Augen geöffnet und im Ärger über die Verweigerung einer Schuldbegleichung diesen der Bigamie angeklagt. Dieser Schlag war zu hart für Marthas reines, liebevolles Gemüt, das durch Vernachlässigung und rohe

Behandlung ohnedies schon tief verletzt war. Die ganze Nacht lag sie in Fieberphantasien, in denen sie sich nur mit ihrem geliebten Will beschäftigte, mit der Gefahr, in der er schwebte, und zwar nicht allein der körperlichen, sondern vor allem der moralischen, da sie fürchtete, dass der Umgang mit den rauen, tollkühnen Männern einen schädlichen Einfluss auf ihn ausüben werde. Plötzlich richtete sie sich auf, klare Vernunft leuchtete wieder aus ihren Augen, und mit dem freudigen Ruf: „Sagt der Mutter, Will sei gerettet, er ist gerettet!“ fiel sie aufs Kissen zurück und verschied. Auf ihrem Antlitz lag der Friede, den die Welt nicht geben, aber auch nicht nehmen kann.

Unser Schwager C. war von Leawenworth in den fünfundzwanzig Meilen entfernten Kreis John gezogen, und da es dort weder Telegraph noch Postverbindung gab, hatte er selbst den Leichnam zu uns überführt. So erfuhren wir Marthas Tod erst, als ihre sterblichen Überreste über die Schwelle unseres Hauses getragen wurden, über jene Schwelle, die sie vor noch nicht einem Jahre als schöne, glückstrahlende Braut überschritten hatte. Noch waren wir wie betäubt von dem Schlage und hegten nur den einzigen Wunsch, Will möchte doch zurückkehren, ehe wir seine von ihm vergötterte Schwester auf immer in ihre enge Zelle legen mussten.

Die ganze Familie, C. mit eingeschlossen, war schweigend und tiefbetrübt in der Wohnstube versammelt, als Türk plötzlich lauschend den Kopf hob und mit einem Satz zur Türe hinausstürzte.

„Will kommt!“, rief die Mutter, und wir alle liefen zum Hause hinaus. Schon jagte Türk den langgestreckten Hügel hinan, auf dessen Höhe ein beweglicher Punkt sichtbar wurde, von dem der Hund wusste, dass es sein Herr sei. Sein scharfes Ohr hatte den wohlbekannten Pfiff eine halbe Meile weit gehört.

Nachdem Türk seine Wiedersehensfreude geäußert, bereitete er Will auf den ihn erwartenden Kummer vor, indem er den Kopf auf die Erde legte und wiederholte Klagetöne ausstieß, Wills erster Gedanke war die Mutter, und in atemloser Hast lief er den Hügel hinunter. Wir Mädchen waren ihm ein Stück weit entgegengegangen und teilten ihm unter Schluchzen die Trauerkunde mit.

Voll starren Entsetzens hörte er uns an, dann aber brach der Knabe, der vor zwei Indianergefechten nicht zurückgebebt war, zusammen und schluchzte mit uns.

„Steht jener Schurke in irgend einem Zusammenhang mit ihrem Tode?", fragte er, nachdem der erste Schmerzenausbruch vorüber war.

Julia, die damals noch keines Besseren unterrichtet war, erwiderte, dass C. der liebevollste Gatte gewesen und untröstlich über ihren Tod sei. Trotz dieser Versicherung hatte Will, als er das Haus erreichte, weder einen Blick noch ein Wort für den Schwager, sondern schlang nur seine Arme um der Mutter Nacken und tauschte Worte der Liebe und Teilnahme mit ihr aus.

Bald daraus wurde Martha an Vaters Seite gebettet, und während wir weinend das Grab umstanden und die letzte Schaufel Erde auf den Sarg gefallen war, ging Will, unfähig sich länger zu beherrschen, auf C. zu und sagte: „Mörder, eines Tages sollen Sie mir Rechenschaft geben über den Tod derjenigen, die hier liegt!"

Als Will sich hernach bei Russell, Majors & Waddell meldete, wurde ihm gesagt, dass man mit seinen Diensten in hohem Grade zufrieden gewesen sei, und dass er zu jeder beliebigen Zeit wieder Arbeit bekommen könne. Das war sehr erfreulich, aber noch größeres Vergnügen bereitete es ihm, seinen Winterlohn in der Mutter Schoß zu legen. Durch seine Unterstützung und ihre kluge Geschäftsführung befanden wir uns jetzt in guten Vermögensverhältnissen, und da das Salzflusstal sich seit kurzem eines Schulhauses rühmen konnte, so wünschte die Mutter, dass Will jetzt dort eintrete. Er war noch so jung, als er nach dem Westen kam, dass er vorher nur kurze Zeit die Schule hatte besuchen können. Nach dem abwechslungsreichen Prärieleben war das Stillsitzen freilich eine harte Aufgabe für ihn, doch sagte er sich, dass die Welt auch außerhalb des nebligen Horizonts der Prärie gar viel des Wissenswerten bergen müsse, und so betrat er mit dem ehrlichen Vorsatze, sich voll Ernst der Arbeit hinzugeben, die Schule.

Unser Lehrer war noch einer vom alten Schlage. Er unterrichtete nur, um seinen Lebensunterhalt zu verdienen, hatte keine Freude an seiner Arbeit und verstand nicht, mit Kindern umzugehen. Sein Motto war: „Mach dir's so bequem als möglich!" Da Will nun aber trotz aller guten Vorsätze auch in der Schule ein wilder Geselle blieb, so musste der Lehrer bei ihm mehr als bei allen anderen Schülern seinem Grundsatz untreu werden und fast täglich bei Will, wenn auch erfolglos, von der Rute Gebrauch machen. Die Klasse war in zwei große Feldlager geteilt; ein Teil der Schüler stand auf des Lehrers, der andere auf Wills Seite. Wenn der Lehrer dann seine Anhänger aussandte, um Ruten zu sammeln, fingen wir Mädchen an zu weinen, wären die Mutigeren unter uns die Fäuste ballten und „jenen schon dafür tun wollten, Ruten heimzubringen". Ja, das waren stürmische Zeiten im alten Salzflusstale!

Eines Morgens nun schien auch Türk von Wissensdrang ergriffen zu werden, denn er begleitete Will zur Schule. Wir versuchten, ihn nach Hause zu schicken, doch folgte er uns heimlich in einiger Entfernung nach, und als wir das Schulhaus betraten, tauchte er aus dem den Weg begrenzenden Gebüsch auf und kroch unter das Blockhaus.

Doch ach, zum Unglück für Schule und Schüler hatte sich bereits ein anderer Hund unter dem Tempel der Gelehrsamkeit niedergelassen.

Will, dessen Kenntnisse, oder besser gesagt Unkenntnisse, gerade einer harten Prüfung unterzogen wurden, hatte eine schwere Viertelstunde durchgemacht. Würde man ihn gefragt haben, wie ein Indianerpfad und eine Quelle aufzufinden oder ein Zelt aufzuschlagen sei, so hatten seine Antworten gewiss klar und bestimmt gelautet. Die Fragen des Lehrers aber erschienen ihm beinahe ebenso verrückt, als die der Schildkröte in „Alice im Wunderland".

Da kam ihm Türk unvermutet zu Hilfe. Ein Knurren ließ sich vernehmen, dann wütendes Heulen und Kläffen, während man durch den Boden hindurch die Stöße und Schläge der kämpfenden Hunde hörte. Mit einem Aufschrei, der einem Indianer Ehre gemacht hätte, war Will aus der Türe verschwunden und schrie nun aus Leibeskräften: „Bring ihn um, Türk, bring ihn um!"

Der Besitzer des feindlichen Hundes war ein gewisser Steve Gobel, mit dem Will schon lange in Fehde lebte. Auch Steve kam mit dem herausfordernden Rufe: „Wehr dich, Nigger!" und auch die übrigen Schüler versammelten sich allmählich auf dem Kampfplatz. So eng verschlungen waren die beiden sich windenden, kläffenden Hunde, dass man sie kaum auseinander zu halten vermochte. Eliza und ich schrien nach Türk und weinten, weil er nicht auf uns hören wollte. Der Lehrer rief die Kinder ins Schulzimmer zurück, aber sie waren ebenso taub als Türk, worauf der wütende Pädagoge wie toll herumsprang, mit dem Stock in der Luft fuchtelte und auf jeden Knaben losschlug, der in seinen Bereich kam.

Nigger wurde des Kampfes bald überdrüssig, und seine Schwanzstandarte senkend, räumte er unter lautem Gekläffe das Feld. Sein Herr aber, Steve Gobel, ein großer Bengel zwischen neunzehn und zwanzig Jahren, zog seinen Rock aus und war im Begriff, des Hundes Niederlage an Will zu rächen, als der Lehrer einen salomonischen Vergleich bewerkstelligte, indem er beide Jungen dafür durchprügelte, dass sie ihre Hunde mit zur Schule gebracht hatten, worauf der unterbrochene Unterricht wieder aufgenommen wurde.

Gobels Grimm war jedoch damit nicht erstickt, sondern machte sich in tausend kleinen Feindseligkeiten Luft. Will aber, der wieder tüchtig hinter seiner Arbeit steckte, schenkte diesen keine Beachtung. Erst als Fräulein Mary Hyatt mit in die Fehde verwickelt wurde, erreichte sie ihren Höhepunkt. Will war ein ausgesprochener Liebling der Damen, und obwohl Mary älter war als er, so zeigte sie ihm doch deutlich, dass sie ihn Master Gobel vorzog. Steve war eben auch kein solcher Held wie Will, sondern ein ganz alltäglicher Junge, der sich noch in keinem Indianerkampfe ausgezeichnet hatte.

Wills Leben wurde jetzt in der Tat immer unerträglicher; seine Geduld hatte ihr Ende erreicht. Trotzdem wusste er wohl, dass ein elfjähriger Knabe einem fast erwachsenen Manne als Gegner nicht gewachsen sei, und um die Kräfte einigermaßen auszugleichen, versah er sich heimlich mit einem alten Dolche. Als er dann am nächsten Tage wieder mit Steve zusammentraf, bekräftigte dieser seine großmäuligen Stichelreden damit, dass er Will einen heftigen Schlag versetzte; dabei aber war er freilich nicht auf den Stoß gefasst, der ihn rücklings auf die Erde warf. Bald jedoch machten sich Größe und Stärke in dem nun folgenden Kampfe geltend, und Will stieß nun mit einem geschickten Griff die Dolchspitze in den fleischigen Teil von Steves Bein, eine Stelle, wo er wusste, dass der Stich nicht gefährlich sei.

Der verwundete Großsprecher brüllte, man habe ihn getötet. Laut schreiend und weinend scharten sich die Schüler beim Anblick des Blutes um ihn her. „Will Cody hat Steve Gobel ermordet", lauteten die Wehklagen. Obwohl Will von Steves leichter Verwundung überzeugt war, so musste er sich angesichts des in seinem Blute liegenden Gegners doch eingestehen, dass die auf den Pfaden durch den wilden Westen übliche Kampfesart in einer für das Studium des Buchstabierens, Rechnens und der Geschichte bestimmten Gemeinschaft nicht nur nicht gewürdigt wurde, sondern dass die Tat eine Übertretung des bürgerlichen Gesetzes sei, und dass er auch in der Selbstverteidigung nur dann das Recht habe, ein Messer zu gebrauchen, wenn sein eigenes Leben bedroht war.

Nun kam auch der empörte Lehrer auf den Kampfplatz gelaufen, und ein Blick aus dessen Augen genügte, Will unverzüglich in die Flucht zu treiben. Unterwegs stieß er auf einen Ochsenzug, in dessen Führer er zu seiner unbeschreiblichen Freude den bei Russell, Majors & Waddell angestellten Wagenmeister John Willis erkannte. Rasch sprang er hinter ihm aufs Pferd und erzählte seinem aufmerksam lauschenden, teilnehmenden Zuhörer die Geschichte seiner Flucht.

„Wenn du willst, Billy, so reite ich hinüber, prügle die Gesellschaft zuerst durch und jage dann die ganze Schule in die Flucht."

„Nein, nein, lassen Sie die Schule in Frieden", erwiderte Will, „dagegen möchte ich gar zu gern diese Reise mit Ihnen machen."

Willis stimmte bereitwilligst ein, bestand jedoch darauf, vorher zum Schulhause zurückzureiten. „Denn", sagte er, „es soll nicht ungerächt bleiben, dass dich ein großschnäuziger Bursch und ein tölpelhafter Lehrer mit etwas Schulweisheit, aber ohne ein Körnchen Verstand nur so ohne weiteres durchprügelten." Seiner Ansicht nach musste jetzt ein Kampf zwischen ihm und Billy auf der einen Seite und Steve und dem Pädagogen auf der anderen Seite stattfinden.

Will gab nach, und so ritten sie miteinander zum Schulhause. Willis klopfte mit dem Pistolenlauf an die Türe, und nachdem sich diese geöffnet hatte, forderte er Gobel und den Schulmeister zum Kampfe heraus. Steve aber war nach Hause gegangen, und als der Lehrer die beiden Gladiatoren erblickte, entfloh er, während die sich selbst beurlaubenden Schüler voll Schrecken nach Hause liefen.

Unsere Mutter aber erhielt noch am selben Abend einen Brief vom Lehrer.

„Er sei nicht angestellt worden", schrieb er, „um solch zügellose Tollköpfe zu unterrichten. Will sei hiermit aus der Schule entlassen." Dieser hatte sich jedoch bereits selbst beurlaubt und jener größeren Schule zugesellt, deren Decke das blaue Himmelszelt war.

Kaum hatten Willis und Will ein kurzes Stück auf ihrem Wege zurückgelegt, als sie mehrere Reiter auf sich zukommen sahen.

„Der alte Gobel und die Gerichtsdiener sind hinter mir her", rief Will.

„Hinter dir her sein und dich kriegen ist zweierlei", antwortete der Wagenmeister. „Versteck dich im Wagen, ich will schon mit den Leuten fertig werden."

Gobel und seine Begleiter ritten jetzt heran und fragten nach Will, um ihn festzunehmen, erhielten aber keine befriedigende Auskunft, und da Willis ihnen auch das Untersuchen der Wagen nicht erlaubte, so hatten sie keine andere Wahl, als sich zu entfernen. Am Abend, nachdem das Lager aufgeschlagen war, gab der Wagenmeister Will einen Maulesel und begleitete ihn heim. Wir waren sehr froh, ihn mit heiler Haut wiederzusehen, besonders die Mutter, die seine Flucht sehr bekümmert hatte.

„Aber Will, wie konntest du so etwas tun!“, sagte sie betrübt. „Es ist ein großes Unrecht, mit dem Messer auf jemand loszugehen.“

Will versicherte, durchaus keine mörderischen Absichten gehabt zu haben, doch vermochten seine Erklärungen der Mutter Missbilligung und ihre Enttäuschung über die Unterbrechung seiner Schülerlaufbahn nur wenig zu mildern. Da sie keinen besseren Ausweg sah, so willigte sie ein, dass er den Frachtzug unter dem Befehl John Willis’ begleite, worauf der Rest der Nacht mit Reisevorbereitungen verbracht wurde.

Achtes Kapitel

Türks Tod und Begräbnis

Dieser von Willis befehligte Frachtzug nahm nur zwei Monate in Anspruch, doch beteiligte sich Will fast unmittelbar darauf wieder an einer anderen Expedition, deren Ziel die beim Fort Wallace am Cheyennepass gelegene Poststation war.

Mittlerweile hatte die Mutter sich entschlossen, die durch die geographische Lage unseres Besitztums bedingten Vorteile zu benützen und den Gasthof „Zum Waldhaus" zu erbauen.

Das Gasthaus bot eine herrliche Fernsicht. Zu seinen Füßen lag das schöne Salzflusstal, das seinen Namen von den salzigen Bestandteilen des Flüsschens hatte, dessen kristallklare Fluten in steinigem Bette durchs Tal rauschten und sich dann in den schmutzigen Missouri ergossen. Von unserer Ansiedlung aus glich dieses Flüsschen einem silbernen Faden, der sich durch das üppige Grün des Tales schlängelte. Ringsumher lagen fruchtbare Farmen; von Osten nach Westen lief der von der Regierung benützte, unter dem Namen der „Alte Salzseepfad" bekannte Verkehrsweg, und in unserem Rücken erhob sich der nach unserem Vater benannte Codyhügel. Unser Haus stand am Abhang dieses Hügels, an dem die Verkehrsstraße vorüberführte, und zwischen uns und dem Gipfel dieses kleinen Berges lag der Wald, der dem Haus seinen Namen gegeben hatte. Der gegen Osten gelegene sogenannte Government Hill verdeckte uns die Aussicht auf Leawenworth und den

Missouri und erreichte im Süden seinen höchsten Punkt in dem ebenfalls von uns aus nicht sichtbaren Pilot Kob, der Anhöhe, wo der Vater seine letzte Ruhestätte gefunden hatte.

Das Aufblühen des Gasthauses rechtfertigte der Mutter Wagnis. Die Ochsenzüge, deren Weg über den eine halbe Meile lang ansteigenden Codyhügel führte, nahmen gerade vor unserem Hause Vorspann. Die steile Anhöhe hinauf mussten die Ochsengespanne verdoppelt werden, und oben angelangt, wurde das zweite Gespann wieder abgeschirrt, den Hügel hinuntergeführt und dann wieder vor einen weiteren Wagen gespannt. Auf diese Weise kam ein Zug, der meistens aus fünfunddreißig Wagen bestand, natürlich erst recht im Schneckengang vorwärts, und das Gasthaus wurde förmlich überflutet von hungrigen Fuhrleuten.

Will, der wohl wusste, dass sein Verdienst der Mutter bei den großen, durch den Bau des Gasthauses verursachten Kosten sehr zu statten kam, beabsichtigte bei Beginn des Winters, wo die Frachtzüge eingestellt wurden, sich an einer Expedition von Pelzjägern zu beteiligen. Gerade im Winter konnte bei diesem Geschäft mehr Geld verdient werden, als zu jeder anderen Jahreszeit.

Das Unternehmen wurde mit Erfolg gekrönt und brachte nur ein einziges mit Gefahr verknüpftes Abenteuer. Will jedoch verstand es auch diesmal, durch Kaltblütigkeit und Geistesgegenwart die Gefahr nicht nur zu beseitigen, sondern sogar zu feinem Vorteil zu benützen.

Eines Morgens, als er zur Besichtigung seiner Fallen auf einem Rundgange begriffen war, tauchten plötzlich drei Indianer vor ihm auf, von denen jeder ein mit Fellen beladenes Pony führte. Einer war mit einer Flinte bewaffnet, die anderen trugen Pfeil und Bogen. Das Verhältnis der Gegner war drei zu eins, wobei der Krieger mit der Flinte mehr ins Gewicht fiel als die beiden anderen.

Der mit der Schusswaffe versehene Indianer ließ sofort den Zügel los und hob seine Flinte, doch noch ehe er sie in Anschlag bringen konnte, hatte Will abgedrückt, und getroffen stürzte der Indianer aufs Gesicht. Seine Gefährten spannten die Bogen, ein Pfeil flog durch Wills Hut, ein anderer drang in seinen Arm. Es war die erste Wunde, die er erhielt. Lebhaft schwang er jetzt den Hut in der Luft und schrie, als befinde sich eine Schar Freunde in feinem Rücken: „Hierher, hier find sie!" Dann verwundete er mit einem Pistolenschuss den zweiten Indianer, worauf dieser und sein Gefährte in der Annahme, dass sich feindliche Verstärkungen in der Nähe befinden, die Ponys im Stich ließen und entflohen.

Im Sturmschritt führte Will die beladenen Tiere ins Lager zurück, worauf sich die Pelzjäger entschlossen, sofort ihre Zelte abzubrechen. Die Jagd war ergiebig gewesen, und die wenigen Felle, die unter Umständen noch gewonnen werden konnten, wogen die Gefahr eines etwaigen Indianerangriffs nicht auf. So packten sie ihre Schätze zusammen und begaben sich nach Fort Laramie, wo Will eine hübsche Summe für die eroberten und selbsterlegten Felle erlöste.

Im Fort befanden sich zwei Männer, die voll Ungeduld etwa demselben Reiseziel wie Will zustrebten, und da es auch diesem sehr darum zu tun war, so bald als möglich nach Hause zu kommen, so schloss er sich ihnen an. Lieber wollten sie sich den Gefahren eines Rittes auf Indianerpfaden aussetzen, als auf das ungewisse Eintreffen eines Ochsenzuges warten. Sie kauften drei Pferde und einen Packesel für ihre Zelte und machten sich frischen Mutes auf den Weg.

Obwohl der Jüngste, so war Will doch der erfahrenste Präriekenner der kleinen Gesellschaft und erlahmte keinen Augenblick in seiner scharfen Wachsamkeit. Ohne etwas von Indianern zu bemerken, erreichten sie den Blue River, an dessen jenseitigem Ufer Will jedoch plötzlich eine Schar Rothäute entdeckte. Auch sie hatten die Weißen sofort bemerkt und ließen nun von ihrem begonnenen Jagdvergnügen ab, um sich der aufregenderen Verfolgung einer menschlichen Beute hinzugeben. Doch mussten sie erst das Flüsschen durchqueren, was den Weißen einen guten Vorsprung gab. Die Verfolger kamen trotzdem immer näher und näher, zum Glück aber senkte sich bald die Dämmerung hernieder, und unter ihrem Schutze entkam das Trio glücklich. Sie schlugen ihr Nachtlager in einer kleinen Schlucht auf, in der sie sowohl vor Indianern als vor Schneesturm geschützt zu sein hofften.

Eine prüfende Umschau in dieser Schlucht zeigte ihnen eine Höhle, die einen behaglichen Zufluchtsort versprach. Dort breiteten Will und einer seiner Gefährten ihre Decken aus und schliefen ein. Der dritte Mann, dessen Amt es war, das Abendessen zu bereiten, zündete ein Feuer in der Mitte der Höhle an und ging dann wieder hinaus, um noch mehr Brennmaterial herbeizuschaffen. Als er die Höhle wieder betrat, war sie von hellem Feuerschein erleuchtet. Nach einem flüchtigen Blick aber stieß er einen gellenden Schreckensruf aus, ließ das Brennholz fallen und entfloh.

Will und der andere Bursche hatten sich im Nu aufgerichtet und, einen Indianerüberfall befürchtend, nach ihren Flinten gegriffen. Allein der Anblick, der sich ihnen darbot, war schreckenerregender als tausend Indianer. Etwa ein Dutzend gebleichter, grässlich aussehender Skelette lehnten neben dem Lagerfeuer an der Wand und schienen sich hin und her zu neigen und ihre erfrorenen Knochen der Feuersglut entgegenzustrecken.

So schauerlich es aber auch innerhalb der Höhle aussah, so fand es Will im Freien doch noch unbehaglicher. „Na, hört 'mal", sagte er zu seinen Gefährten, „jene alten toten

Knochen tun uns nichts mehr zuleide. Lasst uns lieber wieder hineingehen."

„Um keinen Preis, mein Söhnchen", erwiderte der eine der Männer mit Entschiedenheit, und der andere stimmte ihm lebhaft bei, indem er heilig versicherte, er könne sonst acht Tage lang kein Auge mehr schließen. Somit bestieg die Gesellschaft nach flüchtig eingenommenem kalten Mahle wieder die Pferde und jagte davon. Der befürchtete Schneesturm erhob sich wirklich, steigerte sich schließlich zu einem förmlichen Orkane und zwang die Reiter, abzusteigen und auf freier Ebene ihr Lager aufzuschlagen. Dass sie eine recht erbärmliche Nacht verbrachten, lässt sich denken.

Aber auch sie fand ihr Ende, wie alles im Leben. Mit dem anbrechenden Morgen setzten die drei ihren Weg wieder fort und erreichten nach vielen Entbehrungen und Widerwärtigkeiten Marysville.

Von dort aus war die Reise weniger gefährlich, da es in dieser Gegend ziemlich viele Ansiedlungen gab, und so erreichte Will die Heimat ohne weitere Zwischenfälle. Hier fand er dann bei der Freude, der Mutter das viele erworbene Geld einhändigen zu können, reichen Lohn für alle Mühseligkeiten. Er hatte das Bewusstsein, ihre Sorgen doch etwas erleichtert zu haben, Sorgen, die ihren Ursprung nur in dem einen Wunsche hatten, die Zukunft ihrer Kinder gesichert zu wissen, falls sie der Tod, der ihre Gesundheit all diese Jahre hindurch bedrohte, ereilen würde.

Es war Anfang März, als Will von seiner Pelzjagd zurückkehrte. Der Mutter Geschäft blühte, obwohl sie selbst mit jedem Tage hinfälliger wurde. Der nun folgende Sommer war für uns alle insofern recht traurig, da er Türks letzte Tage auf Erden brachte. Als er eines Abends friedlich schlummernd im Hofe lag, stürzte plötzlich ein fremder

Hund zum Tore herein, brachte Türk einen heftigen Biss bei und jagte wieder davon. Wir verbanden die Wunde, ohne ihr große Bedeutung beizumessen, bis einige Reiter heransprengten und riefen: „Habt ihr keinen Hund vorbeilaufen sehen?"

Voll Unwillen antworteten wir, dass allerdings ein fremder Hund vorbeigerast sei und unseren Hund gebissen habe. „Dann gebt nur acht auf ihn", sagten die Männer im Weiterreiten, „der Hund war toll."

Höchste Bestürzung befiel uns. Der Gedanke, Türk könnte toll werden, er, der Spielgefährte unserer Kindheit, er, der es besser verstanden hatte, sich unsere ganze Liebe zu erwerben, als vielleicht manches menschliche Wesen – der Gedanke war entsetzlich. Die Mutter, die wohl wusste, wie ernst die Sache war, erteilte sofort ihre Befehle. Türk musste eingeschlossen werden, und wir durften ihn längere Zeit nicht einmal besuchen. Noch gaben wir indes die Hoffnung auf seine Genesung nicht auf, bald aber konnte kein Zweifel mehr bestehen, dass das Gift in seinem Blute arbeitete, und dass wir ihm keine größere Wohltat erweisen konnten, als ihn zu töten.

Dies war eine entsetzliche Wahl. Will weigerte sich rundweg, ihn zu erschießen, und so wurde dem Knecht die traurige Verrichtung übertragen, wobei Will zur Bedingung machte, dass keine seiner Waffen gebraucht und ihm erlaubt würde, außer Hörweite zu gehen.

Gegen Abend vor Sonnenuntergang versammelten wir uns in betrübtem Schweigen zum Begräbnis. Auf der höchsten Spitze des Codyhügels war ein tiefes Loch ausgeschaufelt worden, und geschmückt mit schwarzen Bändern stiegen wir mit Türks Leichnam, den wir auf eine mit Moos bedeckte Bahre aus Tannenzweigen gelegt hatten, langsam den steilen Pfad hinan. Den Hut in der Hand, führte Will den Zug an, wobei er hin und wieder mit der geballten

Faust nach seinen Augen fasste. Am Grabe angekommen, bildeten wir weinend einen Kreis darum, und Will, der mich mit Vorliebe die kleine Predigerin nannte, forderte mich auf, das Vaterunser zu sprechen. Die Sonne ging unter und färbte die sich im Westen auftürmenden Wolken mit feuriger Glut. Wie Seufzen klang es aus den unter uns liegenden Baumkronen, und gedämpft drang der Lärm des Tales zu uns herauf.

„Unser Vater in dem Himmel", flüsterte ich leise, während alle Kinder den Kopf senkten, „dein Name werde geheiligt, dein Reich komme, dein Wille geschehe auf Erden wie im Himmel." Ich hielt inne, und im Chor sprachen die übrigen Kinder den zweiten Teil. Am nächsten Tage verschaffte sich Will einen großen Block Blutstein, der in dieser Gegend massenhaft vorkommt, und grub, nachdem er ihn zu einem Viereck behauen hatte, in großen Buchstaben den Namen Türk darauf, worauf er den Block mit unserer Hilfe auf das Grab wälzte.

Wir Kinder hatten durchaus nicht das Gefühl, mit diesem feierlichen Begräbnis eine unpassende Handlung begangen zu haben. Türk hatte für uns getan, was ein Hund nur tun kann, und wir fanden es recht und billig, ihm dafür ein christliches Begräbnis zuteilwerden zu lassen. Wahr und tief war unser Kummer; wir hatten einen treuen, aufrichtigen Freund verloren, und noch viele Tage nachher schmückten liebevolle Hände sein Grab mit frischen Blumen. Ehre sei deinem Andenken, alter Türk! Möchten alle unsere einer höheren Stufe der Entwicklung angehörenden Freunde ebenso zuverlässig sein als du!

Ein außergewöhnlich tüchtiger Lehrer hatte jetzt die Schule in unserer Nachbarschaft unter sich, und so ließ sich Will von neuem bereden, die Pfade des Studiums zu wandeln. Ein Winter voll strenger Arbeit verfloss; als aber der Frühling sich zu regen begann, die Knospen sprangen und das Gras empor sprosste, als die Vögel zurückkehrten und ihr Zirpen und Zwitschern aus tausend Nestern ertönte und die Geister der Prärie verführerisch winkten – da schloss sich Will einer Gesellschaft Goldgräber an, die auf ihrer weiten Reise nach dem „Pikes Peak“ begriffen waren.

Das Goldfieber hatte seinen Kulminationspunkt im Jahre 1860 bereits überschritten. An unserem Hause war jener historisch gewordene Wagen vorübergefahren, der die stolze Überschrift trug: „Pikes Peak oder Krach!“ Nachdem die Expedition dann nach einer Reihe von Enttäuschungen und Misserfolgen schließlich jämmerlich zu Grunde gegangen war, wurde es sprichwörtlich, jedem mit Humor aufgefassten Misserfolg die Bezeichnung „verkracht“ zu geben.

Will war jetzt 14 Jahre alt und recht groß für sein Alter, dabei aber doch nicht so kräftig, als man es bei dem rauen Leben, das er führte, hätte erwarten sollen. Dass auch ihn das Goldfieber ergriffen hatte, war nicht allzu verwunderlich, noch weniger, dass die Mutter ihn nur voll Sorge einem neuen, gefahrvollen Leben entgegenziehen ließ. Allein schon in Auraria, dem heutigen Denver, gewann Will die Überzeugung, dass ein Vermögen im Goldlande ebenso wenig auf der Straße zu finden sei als wo anders.

Die Erfahrung hat die Ansicht bestätigt, dass die Menschen in der Erregung wahnwitziger Goldwut unfähig sind, ihren klaren Verstand walten zu lassen. Zudem ist außer beim Goldsuchen im Sande, das schließlich jeder lernen kann, das Goldgraben eine Kunst. Hin und wieder wird ja wohl ein Goldklumpen, der ein Vermögen wert ist, gefunden, trotzdem aber kann sich der Durchschnittsmensch mit geringerer Mühe einen besseren Lebensunterhalt aus fast jedem anderen Arbeitsgebiet verdienen. Um als Goldgräber reich zu werden, sind genaue Kenntnisse der Erze und des Bergbaues überhaupt unbedingt erforderlich.

Will kam jedoch niemals bis zu den Goldfeldern. Fast der erste Mensch, dem er in den Straßen von Julesburg begegnete, war George Chrisman, der bei Russell, Majors & Waddell das Amt eines obersten Wagenmeisters versehen hatte, und mit dem Will bei den verschiedenen Frachtzügen, die er für die Firma mitgemacht hatte, bekannt geworden war.

Dieser Mann wohnte jetzt in Julesburg und war Direktor einer im Entstehen begriffenen berittenen Expressbriefpost. Diese Postverbindungslinie, die den Namen Pony-Expresslinie führte, war ein Unternehmen des Hauses Russell, Majors & Waddell. Herr Russell traf eines Tages in Washington mit dem Senator von Kalifornien zusammen. Dieser Herr wusste, dass das in Leawenworth stationierte Frachtfuhrgeschäft für den Westen täglich eine vierspännige Postkutsche vom Missouri bis Sacramento abgehen ließ, und stellte Russell nun aufs Eindringlichste vor, wie wünschenswert es wäre, auf demselben Wege eine reitende Briefpost einzuführen. Wohl gab es schon eine solche, die unter dem Namen Butterfieldlinie bekannt war, doch ging sie nicht direkt und brauchte mindestens einundzwanzig Tage.

Russel unterbreitete die Angelegenheit seinen Teilhabern, die sich jedoch dagegen erklärten, da sie ein solches Unternehmen für ein verlustbringendes Wagestück hielten. Russel, der älteste Teilhaber, vertrat das Projekt jedoch mit einem solchen Eifer, dass die beiden anderen schließlich in einen Versuch willigten, und zwar zum Besten des Landes, ohne aus Gewinn zu rechnen. Die schon bestehenden, für die Frachtzüge eingerichteten Stationen wurden mitbenutzt, und nach Verlauf von zwei Monaten sollte die Pony-Expresslinie bereits in vollem Betriebe sein.

Die Expressreiter erhielten hundertzwanzig bis hundertfünfundzwanzig Dollars im Monat, ein hoher Lohn, den sie aber auch reichlich verdienten. Um einer solchen Anstellung gewachsen zu sein, waren große Körperkraft und Ausdauer erforderlich; zudem mussten die Reiter kaltblütig, mutig und entschlossen sein. Ihr Leben befand sich in steter Gefahr, auch waren sie verpflichtet, den doppelten Dienst zu tun, falls der Kollege, der sie abzulösen hatte, durch einen Überfall von Meuchelmördern oder Indianern außer Stande gesetzt würde, seinen Dienst weiter zu verrichten.

Zweihundertfünfzig Meilen mussten täglich zurückgelegt werden, was einen Durchschnitt von etwas mehr als zehn Meilen in der Stunde ergab. In den Gegenden, wo der Weg besonders uneben und holperig war, konnte dieser Durchschnitt zwar nicht immer eingehalten werden, dafür erwartete man aber von den Reitern, dass sie auf den besseren Stellen des Weges dann fünfundzwanzig Meilen in der Stunde machten.

Bei einem solchen Eilritte war es selbstverständlich, dass die zu befördernde Last aufs Äußerste beschränkt werden musste. Briefe wurden aufs dünnste Postpapier geschrieben, denn das Porto betrug fünf Dollars für eine halbe Unze. Ein Hundert solcher Briefe ergaben ein Päckchen nicht größer und dicker als ein gewöhnliches Notizbuch.

Das Gewicht der Postsäcke – lederne, wasserdichte Beutel – durfte niemals zwanzig Pfund überschreiten. Sie wurden verschlossen, versiegelt, an den Sattel festgeschnallt und auf dem ganzen Wege von St. Joseph bis Sacramento nicht geöffnet.

Der erste Eilritt nahm zehn Tage in Anspruch, also elf Tage weniger als die kürzeste Reise der Butterfieldpost. Manchmal wurde das Ziel sogar in acht Tagen erreicht, doch blieb der Durchschnitt neun Tage. Die in dieser Zeit zurückgelegte Entfernung betrug neunzehnhundertsechsundsechzig Meilen.

Die letzte von Präsident Buchanan im Dezember 1860 abgeschickte Botschaft wurde in acht Tagen und einigen Stunden befördert; Präsident Lincolns Antrittsrede im darauffolgenden März sogar in sieben Tagen und siebzehn Stunden.

Die Vorteile der Pony-Expresslinie machten sich sofort geltend. Auch ein großer finanzieller Erfolg wäre nicht ausgeblieben, wenn nicht bald darauf eine Telegraphenlinie unter der Leitung Edward Creightons eingerichtet worden wäre. Am 24. Oktober 1861 flog die erste Drahtbotschaft nach dem Westen. Damit hatte sich die Pony-Expresslinie überlebt und wurde auch sofort eingestellt. Dennoch war ihr Hauptzweck erfüllt, der darin bestand, den Beweis zu liefern, dass der Weg das ganze Jahr hindurch als Reisepfad benützt werden konnte. Die Wagen der Pacific-Eisenbahn sausen jetzt fast denselben Indianerpfaden entlang, denen in jenen vergangenen stürmischen Zeiten der Grenzstreitigkeiten die kühnen Reiter gefolgt waren.

Chrisman begrüßte Will aufs Herzlichste. Er erklärte seinem jugendlichen Freunde die Einrichtung der Expresslinie und sagte, dass die Gesellschaft ihre Anordnungen bereits getroffen habe. Es handle sich jetzt nur noch um den Einkauf der Pferde und die Auswahl der Expressreiter. Scherzend fügte er hinzu: „Es ist jammerschade, dass du nicht ein paar Jahre älter bist, Billy, dann würde ich dir das Ämtchen eines Pony-Expressreiters übertragen, das bringt ein hübsches Sümmchen ein."

Will nahm den Gedanken sofort mit Feuereifer auf und bat so dringend, ihn wenigstens einen Versuch machen zu lassen, dass Chrisman schließlich einwilligte, ihn für einen Monat anzustellen. Wenn ihn dann die Arbeit allzu sehr anstrengte, so sollte er nach Ablauf dieser Zeit sein Amt niederlegen. Er hatte eine verhältnismäßig nur kurze, mit drei Vorspannstationen versehene Strecke zurückzulegen und sollte fünfzehn Meilen in der Stunde machen.

Am 3. April 1860 stand Russell bereit, die mit einem New Yorker Schnellzug in St. Joseph angelangte Post in

Empfang zu nehmen. Er selbst schnallte in Gegenwart einer erregten Menge den Briefbeutel dem Pferde an. Mehrere berühmte New Yorker Zeitungen hatten zur Feier dieses ersten Eilrittes Extraausgaben auf das dünnste Postpapier drucken lassen. Die Menge riss dem zu diesem Einweihungsritt bestimmten Tiere sogar Haare aus dem Schwanze, um sie als bleibendes Andenken an dieses denkwürdige Ereignis aufzubewahren. Der Reiter stieg auf, der Augenblick des Auslaufs nahte heran, das Zeichen wurde gegeben, und fort jagte er wie ein Pfeil.

Im selben Augenblick spielte sich in Sacramento ein ähnlicher Auftritt ab. Auch von dort aus stürmte ein Eilbote auf der zweitausend Meilen weiten Strecke dahin – also einer in westlicher, ein anderer in östlicher Richtung, während den ganzen Weg entlang die verschiedenen anderen Reiter zur Ablösung bereit waren.

Will hatte voll Ungeduld dem Eröffnungstage der Expresslinie entgegengesehen. Als dann auch für ihn die wichtige Stunde herannahte, stand er neben seinem gesattelten Pferde, den Reiter erwartend, dessen Dienst er übernehmen sollte. Da endlich ein Aufschlagen von Hufen, ein Reiter sprang vom Pferde und schleuderte ihm die Posttasche zu. Will fing sie auf, befestigte sie am wartenden Pferde, schwang sich hinauf und sauste mit Windeseile davon.

Die erste Station wurde beizeiten erreicht. Mit kaum einer Sekunde Zeitverlust wechselte er das Pferd, während das schnaubende, dampfende Tier, das er verlassen hatte, der Fürsorge des Posthalters überlassen wurde. Dasselbe Verfahren wiederholte sich nach Zurücklegung der nächsten fünfzehn Meilen, und noch einige Minuten vor der bestimmten Zeit war die letzte Station erreicht. Auch der Rückweg verlief in bester Ordnung, und nun erst schrieb uns Will voller Begeisterung von seiner neuen Tätigkeit.

Neuntes Kapitel

Will als Pony-Expressreiter

Nachdem Will nun bald drei Monate lang täglich drei Mal im Sattel gesessen hatte, und zwar mit der Verpflichtung, fünfzehn Meilen in der Stunde zurückzulegen, fühlte er sich recht müde und zerschlagen, doch war er fest entschlossen, die Sache weiterzuführen. Neben der Anstrengung des Rittes musste ein Pony-Expressreiter stets auf tausend Gefahren gefasst sein. War es doch bei einer Reise durch dieses wilde Land wahrscheinlicher, sich gegen Räuberbanden und Indianer wehren zu müssen, als unbehelligt seines Weges ziehen zu können. Da man wusste, dass häufig Geldsendungen durch die Ponyreiter befördert wurden, so war der Pfad oft auch noch durch Diebe unsicher gemacht.

Will beobachtete unaufhörlich die schärfste Wachsamkeit, und so waren nun schon drei Monate seit Beginn seiner täglichen Eilritte vergangen, ohne dass ihm ein besonderes Abenteuer begegnet wäre. Da eines Tages, als er in einem engen Hohlweg um eine Ecke jagte, bemerkte er eine aus nächster Nähe auf ihn gerichtete Riesenpistole in der Faust eines Mannes, der es offenbar auf ihn abgesehen hatte, und dessen Zuruf lautete: „Halt, hebe deine Hände in die Höhe!"

Nur äußerst widerwillig folgte Will dieser Aufforderung, worauf der Straßenräuber in nicht gerade unfreundlichem Tone fortfuhr: „Geschehen soll dir nichts, aber deinen Beutel will ich haben."

Mehrere Geldbriefe befanden sich in der Posttasche, Will war aber entschlossen, sie, wenn irgend möglich, zu retten. Kaum hatte der Schurke die Beute berührt, so gab Will dem Pferd die Sporen. Der Erfolg war über Erwarten glänzend, denn das Pferd hatte den Räuber beim Ausschlagen nicht nur zu Boden geworfen, sondern ihm auch mit dem Huf einen heftigen Schlag versetzt. Als Will, ein Pistolenduell erwartend, sich umwandte, sah er den Gegner betäubt und am Kopfe blutend auf dem Boden liegen. Er entwaffnete ihn, fesselte ihm die Hände auf dem Rücken und verband ihm den verwundeten Kopf. Da anzunehmen war, dass der Gefangene ein Pferd in der Nähe verborgen hielt, so suchte Will danach und fand es auch sofort. Als er dann mit dem Tiere zurückkam, hatte dessen Eigentümer die Augen geöffnet und die Besinnung halbwegs wiedererlangt. Will half ihm aufsteigen und band ihn – natürlich aus reiner Menschenfreundlichkeit – fest, dann setzte er sich auf sein eigenes Pferd und zog dies traurige Kampftrophäe neben sich her.

Zum ersten Male langte Will an diesem Tage mit Verspätung an. Als er Chrisman jedoch den verwundeten, niedergeschlagenen, auf den Rücken des Pferdes festgebundenen Mann als lebendige Entschuldigung vorstellte, setzte Chrisman lächelnd dieses Ereignis auf Wills Konto.

Wenige Tage später erhielt Will einen Brief von Julia, worin sie ihm von einer bedenklichen Erkrankung der Mutter Mitteilung machte und ihn bat, nach Hause zu kommen. Sofort ging er zu Chrisman und suchte unter Anführung des Grundes um seine Entlassung nach.

„Die Krankheit deiner Mutter tut mir zwar sehr leid“, lautete die Antwort, „doch bin ich froh, dass du dadurch veranlasst wirst, diesen Beruf zu verlassen. Er reibt dich auf, Billy, und doch bist du zu stolz, ihn ohne triftigen Grund aufzugeben.“

Als Will zu Hause ankam, fand er die Mutter bereits auf dem Wege der Besserung. Gerne verbrachte er die drei folgenden Wochen in behaglichem Nichtstun am heimatlichen Herde, dann aber trieb ihn sein unruhiger Geist von neuem in die Ferne. Diesmal jedoch schloss er sich einem jungen Freunde namens David Phillips an und bereitete sich mit ihm im November 1860 zu einer zweiten Pelzjagd vor.

Sie kauften ein Ochsengespann und einen Wagen zur Unterbringung der Felle, der Zelte und Lebensmittel und nahmen außer mehreren Flinten einen großen Vorrat von Munition mit. Ihr Ziel war der Republican River. Wohl lag dieser Fluss mehr als hundert Meilen von Leawenworth entfernt, doch sollte jene Gegend sehr reich an Bibern sein. Will machte den Kundschafter auf dieser Reise, indem er vorausging, um Pfade und passende Lagerplätze ausfindig zu machen. Die Aussagen über den dortigen Biberreichtum erwiesen sich als richtig, denn dieses Wild war in der Tat in solchem Überfluss vorhanden, dass die beiden beschlossen, ein ständiges Quartier in der Nähe des Flusses zu errichten und den Winter dort zuzubringen.

Dazu wählten sie eine am Abhang eines Hügels gelegene Höhlung und erweiterten sie zu anständiger Zimmergröße. Der Boden wurde mit Holzblöcken ausgelegt, ein Kamin aus Steinen verfertigt, dessen unterer, offener Teil zugleich als Kochherd und Ofen dienen musste. Im Hintergrund schlugen sie das Bett auf, während der Wagen den Eingang versperren musste. Für die Ochsen verfertigten sie einen Präriepferch, dessen eine Seite sie mit Zweigen durchflochten. Als alles fertig war, konnten sie sich mit Vergnügen sagen, dass ihr Winterquartier im Ganzen genommen nun recht angenehm und behaglich sei.

Die beiden jungen Leute hatten bis jetzt noch keinen Indianer zu Gesicht bekommen und hofften auch, in dieser Gegend auf keinen zu stoßen, doch waren sie zu erfahrene Präriekenner, um in ihrer Wachsamkeit nachzulassen. Dagegen gab es hier andere Feinde, wie sie gleich in der ersten, im neuen Zufluchtsort verbrachten Nacht entdeckten. Sie wurden plötzlich durch einen furchtbaren Lärm im Ochsenpferch geweckt, und als sie mit ihren Flinten hinauseilten, fanden sie einen Riesenbären darin, der es entschieden auf einen Ochsenschmaus abgesehen hatte. Die Ochsen brüllten in Todesangst, und während der eine wie verrückt innerhalb der Einfriedigung umherraste, war der andere bereits so schwer verletzt, dass er nicht mehr aufstehen konnte.

Phillips, der voranging, feuerte zuerst, allein sein Schuss verwundete nur den Bären, ohne ihn zu töten, worauf sich das durch den Schmerz noch wütender gewordene Ungetüm auf Phillips stürzte. Er wich zurück, sein Fuß glitt auf einem Stück Eis aus, und mit einem dumpfen Schlag fiel er zu Boden.

Allein hinter ihm befand sich ein kaltblütiger Jüngling mit einer sicheren Hand. Eine Kugel aus Wills Flinte flog in den weit aufgerissenen Rachen des heranstürzenden Bären und durchdrang das Gehirn. Leblos fiel die gewaltige Fleischmasse beinahe quer über Phillips Körper. Mit einem Schrei der Erleichterung sprang Dave auf und ergriff Wills Hände.

„Diesmal hast du mir das Leben gerettet, alter Junge", rief er. „Vielleicht ist es mir vergönnt, einmal für dich dasselbe zu tun."

„Das ist der erste Bär, den ich erlegt habe", sagte Will, den dieses Thema mehr fesselte, als der von Dave ausgesprochene Dank. Da sich die Wunde des einen Ochsen als tödlich erwies, so wurde seinen Schmerzen durch eine Kugel ein rasches Ende gemacht. Dann übte sich Will zum ersten Male in der schönen Kunst, einem Bären das Fell abzuziehen.

Schon vierzehn Tage später wurde Dave Gelegenheit geboten, seine Rechnung mit Will auszugleichen. Sie waren auf der Verfolgung mehrerer Elentiere begriffen, als Will plötzlich hinstürzte und nicht im Stande war, wieder aufzustehen.

„Ich glaube, ich habe das Bein gebrochen", sagte er, während Dave ihm zu Hilfe eilte.

Phillips war früher Student der Medizin gewesen und untersuchte das Bein mit berufsmäßigem Blick. „Du hast recht, Billy, das Bein ist gebrochen", verkündigte er.

Rasch verfertigte er ein Paar provisorische Schienen, band das Bein fest, lud Will auf seinen Rücken und trug ihn in die Höhle. Dort wurde dann vermittels sorgfältig gefertigter Schienen ein fester Verband angelegt.

Die sich Will darbietenden Aussichten waren nichts weniger als erfreulich, mit so viel Humor er die Sache auch aufzufassen versuchte. Die Nacht in einem elenden Erdloch verbringen zu müssen, wenn man nach fröhlichem Tagewerk in kräftiger Lust ermüdet aufs Lager sinkt, ist nicht allzu schlimm. Aber bei strenger Winterkälte dort eingesperrt liegen zu müssen, war eine trostlose Aussicht.

Während Dave ein paar Krücken für Will zurechtzimmerte, überlegte er sich voll Sorge, was nun zu tun sei.

„Weißt du, was ich für das Beste halte?", fragte er schließlich. „Die nächste Ansiedlung ist hundert Meilen entfernt. In zwanzig Tagen kann ich von dort wieder zurück sein. Wie wär's; wenn ich den Marsch unternähme, ein Ochsengespann für unseren Wagen kaufte und dann zu dir zurückkehrte?"

Der Gedanke, in nahezu hilflosem Zustand allein gelassen zu werden, erfüllte Wills Herz mit Schrecken. Da aber nicht wohl etwas anderes zu tun übrig blieb, so willigte er endlich ein. Dave brachte nun die Höhle in schönste Ordnung, stapelte Holzvorräte au , kochte eine bestimmte

Menge Nahrungsmittel, stellte sie so auf, dass Will sie ohne aufzustehen erreichen konnte, und holte Wasservorräte für mehrere Tage herbei. Die Mutter, der Wills Schulbildung stets am Herzen lag, hatte einige Lehrbücher in den Wagen gepackt, die Dave jetzt neben die Mundvorräte legte. Als sich dann Phillips endlich auf den Weg machte, ließ er einen recht traurigen, heimwehtranken Jungen in der Höhle zurück.

Am ersten Tage seiner Gefangenschaft war Will weder zum Essen noch Lesen aufgelegt. Nachdem er sich jedoch etwas an die Einsamkeit gewöhnt hatte, wurden ihm die Bücher zu lieben Gesellschaftern. Es ist sehr möglich, dass er in seinem ganzen Leben nicht mehr mit so viel Nutzen studierte, als während dieser kurzen Zeit, die er ans einsame Lager gefesselt war. So wurden ihm die langsam dahinschleichenden Stunden wenigstens erträglich. Er wusste, dass Dave vor zwanzig Tagen nicht zurückkehren konnte, und keinen Abend versäumte er es, einen Kerbschnitt in einen Stock zu machen, der das träge Dahinschwinden eines Tages bezeichnete. Nach Verlauf einer Woche konnte er, auf seine Krücken gestützt, ein wenig herumhumpeln, was ihm doch ein gewisses Gefühl der Sicherheit gab.

So verflossen zwei Wochen. Eines Tages war er, ermüdet vom Studium, über seinen Büchern eingeschlafen. Plötzlich fühlte er, wie ihm jemand die Schulter berührte, und als er aufschaute, sah er einen Indianer in vollem Kriegsschmuck, mit gemaltem Gesicht und buntem Federbusch vor sich stehen.

„Na, was gibt's?", fragte Will mit anscheinender Freundlichkeit, obgleich er recht gut wusste, dass der Indianer mit feindlichen Absichten gekommen war.

Wohl ein Dutzend solche Kerls folgten dem ersten auf den Fersen und drängten sich in die kleine Höhle hinein, bis sie dicht gefüllt war.

Mit stets wachsender Angst beobachtete Will diesen Andrang. Sein Mut hob sich indes wieder beim Anblick des letzten Eindringlings, eines Häuptlings, in dem er einen Indianer wiedererkannte, dem er einstens einen Dienst erwiesen hatte.

Was man auch immer dem Indianer vorwerfen mag, das wenigstens muss man ihm lassen, dass er eine ihm erwiesene Wohltat ebenso wenig vergisst als eine Beleidigung. Der den Namen „Regen-im-Gesicht“ führende Häuptling erkannte auch Will sofort und fragte ihn, was er denn an diesem Ort mache. Will löste seinen Verband und erzählte das Missgeschick, das ihm widerfahren war. Zugleich frischte er des Häuptlings Erinnerung an einen Vorfall auf, bei dem der Indianer durch Will zu einer warmen Decke und Mundvorräten gekommen war. Regen-im-Gesicht erwiderte mit ernster Würde, dass er und seine Gefährten zwar auf Skalpe ausgegangen seien, und auch auf den von Will Absichten gehabt hätten, dass er aber in Anbetracht jener ihm erwiesenen Wohltat den Bleichgesichtknaben verschonen wolle.

Die Wirkung dieser Wohltat reichte jedoch nicht so weit, auch die Decke und Vorräte vor Annektierung zu bewahren, denn die aufgeputzte Schar raubte fast die ganze Höhle aus. Will aber war so dankbar, als er den Rücken des letzten der wilden Gäste sah, dass alles andere dagegen nicht in Betracht kam.

Zwei Tage später erhob sich ein heftiger Schneesturm.

Will stellte die wenigen ihm gebliebenen Vorräte zusammen und fand, dass er bei etwas Sparsamkeit noch genügend Lebensmittel für eine Woche habe. Da der Sturm Daves Kommen aber voraussichtlich verzögern würde, so setzte er sich auf halbe Ration.

Drei Wochen waren jetzt verflossen, und jeden Augenblick sah Will der Rückkehr seines Freundes entgegen. Als aber die Nacht dem Tage wich und auch der Tag sich wieder der Nacht zuneigte, erfasste ihn heftige Angst. Sollte Phillips sich verirrt haben? Konnte er die schneebedeckte Höhle am Ende nicht mehr finden? War er im Sturm umgekommen, oder gar den Indianern zur Beute gefallen? Diese und ähnliche Fragen verfolgten den armen Kerl unaufhörlich. Das Lesen wurde zur Unmöglichkeit, und selbst für die wenige Nahrung, die ihm blieb, verging ihm der Appetit. Die Zeitrechnung auf dem Kerbholz aber wurde fortgeführt.

Der neunundzwanzigste Tag dämmerte herauf, und leise schlich sich der Hungertod in die Höhle. Auch das Brennholz war am Ausgehen. Allein so groß auch Wills körperliche Qualen waren, so wurden sie doch durch seine Seelenpein noch weit übertroffen. Hungrig und vor Frost zitternd, traurig und verzagt, saß er vor einem schwachen Feuer.

Horch, war das nicht sein Name? Bebend vor Aufregung, unfähig ein Wort zu stammeln, lauschte er. Ja, es war wirklich sein Name und Daves bekannte Stimme. Mit aller ihm verbliebenen Energie ließ er seinen Antwortruf ertönen.

Der Laut seiner Stimme half Phillips die Höhle ausfindig machen, worauf sofort ein Weg durch den Schnee gegraben wurde. Und als Will die Öffnung vor sich sah und seine Nervenanspannung nachließ, weinte er „wie ein kleines Mädchen“, wie er uns später erzählte.

„Gott segne dich, Dave!“, rief er, beide Arme um den Arm des Freundes schlingend.

Zehntes Kapitel

Das Echo aus Fort Sunter

Ein aus Fort Sunter ertönender Kanonendonner versetzte die ganze Gegend in Aufruhr. In Kansas, wo bereits Blut vergossen war, erreichte die Erregung eine ungewöhnliche Höhe. Auch Will sprach den Wunsch aus, sich anwerben zu lassen, doch wollte die Mutter nichts davon hören.

Mein Bruder hatte das in der Poststation abgelegte Gelübde keineswegs vergessen, und nun der Krieg auszubrechen drohte, so glaubte er, dass die richtige Zeit und Gelegenheit zur Rache gekommen sei. Jedenfalls würde er nun doch die Waffen gegen des Vaters einstige Feinde erheben und zugleich seinem Vaterlande dienen können. Unter diesem Gesichtspunkt stellte Will mit beredtem Munde und in den glühendsten Farben der Mutter die Sache dar, trotzdem aber blieb sie unerschütterlich.

„Du bist zu jung zum Soldaten", sagte sie. „Man würde dich gar nicht annehmen, und wenn man es täte – ich könnte es nicht ertragen. Mir bleibt nur noch kurze Zeit zu leben, warte um meinetwillen mit deinem Eintritt in das Heer, bis ich nicht mehr bin."

Eine solche Bitte konnte nicht missachtet werden, und so versprach Will, während der Mutter Lebzeiten keine Kriegsdienste nehmen zu wollen.

Längst schon war Kansas der Schauplatz bitterer Kämpfe zwischen zwei Parteien, und obwohl die Freibodenmänner seit dem Eingreifen der Regierung im Jahre 1861 im Übergewicht waren, so mussten wir doch noch manches Gräuel der Sklaverei mit ansehen. Das Leiden macht wunderbar weich, und unsere gute Mutter hatte selbst schon so viel durchgemacht, dass der Kummer anderer stets eine teilnehmende Saite in ihrem Herzen berührte. So wurde auch unser Haus ein Unterschlupf aus jenem geheimen Wege, den die Sklaven auf ihrer Flucht nach den Freistaaten nahmen. Mancher dieser armen Kerls fand bei uns Obdach, Kleidung und Nahrung, und viele erreichten durch der Mutter Hilfe den sicheren Hafen.

Ein alter Mann, Onkel Tom genannt, fasste bei dieser Gelegenheit eine solche Zuneigung zu unserer Familie, dass er uns nicht mehr verlassen wollte, und so behielten wir ihn als Gehilfen beim Betrieb des Gasthofs. Mehrere Monate wohnte er schon bei uns, und wir Kinder hatten ihn sehr liebgewonnen. Jeden Abend, nach dem Essen saß er in der Küche am Feuer und erzählte einer atemlos lauschenden Zuhörerschaft die wunderbarsten Geschichten aus der Blütezeit der Sklaverei. Eines unvergesslichen Abends, als Onkel Tom, umgeben von seinen jugendlichen Zuhörern, an seinem gewohnten Platze saß, sprang er plötzlich mit einem dumpfen Schreckensruf in die Höhe. Einige Männer waren in die Wirtsstube getreten, und der Laut ihrer Stimmen trieb Onkel Tom in seine kleine Kammer und unter das Bett.

„Frau Cody“, sagte einer der unwillkommenen Gäste, „wir wissen, dass Sie davongelaufene Sklaven beherbergen, und sind gekommen, Ihre Besitzung zu durchsuchen. Wenn wir unser Eigentum finden, so können Sie uns nicht wehren, es an uns zu nehmen.“

So betrübt die Mutter auch für unseren armen Onkel Tom war, so wusste sie doch, dass eine Weigerung nichts nützen würde. Sie konnte nur hoffen, es sei dem alten Schwarzen gelungen, zu entfliehen.

Doch nein, Onkel Tom lag unter seinem Bett, wo ihn sein grober Herr gar bald fand. Es mag sein, dass es auch gute und menschenfreundliche Sklavenhalter gegeben hat, allein der bittere Fluch der Sklaverei lag eben darin, dass sie der Rohheit und Unmenschlichkeit Tür und Tor offen ließ, und niemals werde ich es vergessen, welche Barbarei der Eigentümer des guten Onkel Tom an den Tag legte. Das Haar des schon ganz alten Sklaven war schneeweiß, dennoch wurde ihm ein Strick um den Hals gelegt und er trotz unserer inständigen Bitten aus dem Hause gezerrt, wobei jeder Schrei, den er ausstieß, ihm nur einen heftigen Fußtritt eintrug. Nachdem er außer Sicht und sein Stöhnen außer Hörweite war, weinten wir bitterlich in der Mutter liebevollen Armen.

Onkel Tom aber entfloh ein zweites Mal und kehrte in unser Haus zurück, doch nur, um dort zu sterben. Wenn wir uns auch über den Tod des armen alten Mannes grämten, so dankten wir doch Gott, dass er der menschlichen Grausamkeit entrückt war.

Da Will seinem Vaterlande nicht als Soldat dienen durfte, so beschloss er, dies in anderer Weise zu tun. Er nahm Dienste bei einer von der Regierung ausgerüsteten Proviantkolonne, die Lebensmittel nach Fort Laramie zu schaffen hatte. Bei dieser Reise wurde ihm Gelegenheit geboten, durch seine als Grenzbewohner gesammelten Erfahrungen und durch seine Kunst als Schütze ein Menschenleben zu retten.

Reisen nach dem Westen waren zu jener Zeit durch Räuber und Indianer mit so vielen Gefahren verbunden, dass Auswanderer gewöhnlich danach trachteten, sich unter den Schutz irgendeines großen Frachtzuges zu stellen. Auch unter den Fittichen jener Proviantkolonne, bei der Will angestellt war, reisten mehrere Auswandererfamilien.

Als man eines Tages an den Ufern des Platte-River die Lager aufgeschlagen hatte und die verschiedenen Teilnehmer des Zuges mit den Vorbereitungen für die Nacht und die am Morgen darauf erfolgende Weiterreise beschäftigt waren, wurde Mamie Perkins, ein kleines Mädchen einer Auswandererfamilie, zum Wasserholen an den Fluss geschickt. Wenige Augenblicke später sah man plötzlich einen riesigen Büffel aufs Lager zu jagen. Das heftigste Geschrei und Gewehrfeuer vermochte ihn weder zurückzuhalten, noch von seiner Bahn abzulenken. Gleich einem Wirbelsturm kam er herbeigejagt, setzte über Seile und Kisten, warf Wagen um und streute den Inhalt in alle Winde.

Mamie, die kleine Wasserträgerin, hatte inzwischen ihren Eimer gefüllt und war im Begriff, auf dem vom Büffel eingeschlagenen Weg zurückzukehren. Allzu erschrocken, um sich von der Stelle rühren zu können, beobachtete sie mit todesblassem Gesicht und offenem Munde, wie das wütende Tier laut aufstampfend und gesenkten Kopfes auf sie zu gerannt kam.

Will hatte geschlafen, war aber bei dem Lärm sofort ausgesprungen. Rasch griff er zur Flinte, lief dem kleinen Mädchen entgegen, zielte und feuerte auf den Büffel. Das riesige Tier neigte sich plötzlich auf die Seite, taumelte noch einige Yards vorwärts und brach dann etwa zwölf Fuß vor dem entsetzten Kinde zusammen.

Ein vielstimmiger Schrei der Erleichterung ertönte, und während den jugendlichen Büffeljäger eine Schar bewundernder Männer umgab, wurde Mamie zu ihrer Mutter gebracht. Will aber, der sein Lob nie gerne singen hörte, entwischte, sobald er sah, dass die Leute ihn als Helden feiern wollten und versteckte sich in sein Zelt.

Nachdem das Fort Laramie erreicht war, begab sich Will vor allem auf die Suche nach Alf Slade, einem Direktor der Pony-Expresslinie, deren Hauptstation sich in dem zwanzig Meilen vom Fort entfernten Horseshoe befand. Trotzdem Will seine Bitte um Anstellung durch einen Empfehlungsbrief Russells unterstützte, machte Slade doch Einwendungen.

„Sie sind zu jung für einen Ponyreiter“, sagte er.

„Ich war schon voriges Jahr drei Monate als solcher angestellt und bin inzwischen viel stärker geworden“, antwortete Will.

„Sind Sie der junge Reiter, der zu Chrismans Abteilung gehörte?“

„Ja.“

„Gut, dann will ich's mit Ihnen versuchen. Wenn Sie die Arbeit nicht aushalten, werde ich Ihnen einen leichteren Dienst übertragen.“

Wills Ritt ging von Red Buttes, am nördlichen Platte, bis Three Crossing am Sweetwater und betrug sechsundsiebzig Meilen.

Der Weg führte durch eine entsetzlich wilde Gegend; abenteuerlustige Leute konnten sich dort nicht über Mangel an aufregenden Erlebnissen beklagen. Als Will eines Tages an seiner letzten Station angelangt war, fand er den zur Fortsetzung der Reise bestimmten Reiter an einer tödlichen Verwundung, die ihm Indianer beigebracht hatten, daniederliegen. Da kein anderer Ersatzmann zur Stelle war, so übernahm es Will freiwillig, die fünfundachtzig Meilen für den Verwundeten zurückzulegen. Er führte sein Vorhaben nicht nur glücklich durch, sondern erreichte auch seine eigene Endstation ohne Verspätung – hatte somit einen Gesamtritt von dreihundertzweiundzwanzig Meilen bewältigt. Für den Reiter war keine Ruhepause möglich gewesen, dafür aber hatte er einundzwanzig Pferde auf diesem Eilritt – dem längsten, der je von einem Ponyreiter gemacht worden war – benützt.

Kurze Zeit darauf traf Will mit dem sogenannten „California Joe“, einem in den Grenzstaaten berühmten Manne, zusammen. Er stand halb versteckt neben hohen, den Pfad begrenzenden Felsblöcken, als Wills Auge zum ersten Male seiner ansichtig wurde, und sofort griff der Ponyreiter nach seiner Flinte. Der Fremde jedoch hatte ebenso rasch seine Flinte fallen lassen und hob nun die Arme in die Höhe als Zeichen freundlicher Absichten. Will hielt sein Pferd an und ließ seinen Blick voll Interesse auf dem ganz in Leder gekleideten Mann ruhen.

California Joe, eine durch General Custers Buch „Prärieleben" bekannt gewordene Persönlichkeit, war ein Mann von wunderbarer Körperkraft, fest und stark wie eine Eiche. Sein rotbraunes Haar hing ihm in Locken auf die Schultern herab. Er trug einen Vollbart und seine blitzenden, durchdringenden Augen strahlten in hellem Glanze. Von einer Familie des Ostens abstammend, hatte er eine gute Schulbildung genossen, die jetzt freilich durch Mangel an Übung etwas eingerostet war.

„Bist du der Bursche, von dem man mir erzählt hat – der jüngste Reiter der Expresslinie?"

Will gab eine bejahende Antwort und nannte seinen Namen.

„So, so", fuhr Joe in seinem Präriedialekt fort, „du hast natürlich wieder Geld in deinem Beutel dort? Ich bin nämlich auf einem Streifzug nach dem Big Horn begriffen und fand zwei Kerls, die sicherlich dir auflauerten. Wir hatten einen kleinen Strauß miteinander, und ich konnte ihnen nicht helfen, sie mussten ins Gras beißen."

Will dankte ihm aufs Wärmste und bat ihn, sich doch nicht den Gefahren am Big Horn auszusetzen, worauf California Joe nur lachte und Will aufforderte, weiterzureiten.

Auf seiner Station angekommen, erzählte Will sein Abenteuer, worauf der Posthalter sagte: „Na, fahr wohl, California Joe, dich sieht man nicht wieder!"

Will aber hatte eine bessere Meinung von seinem neuen Freunde gefasst und prophezeite dessen glückliche Rückkehr.

Dieses Vertrauen wurde drei Monate später durch California Joes Erscheinen in dem am Overlandpfad befindlichen Lager gerechtfertigt. Man begrüßte ihn aufs Herzlichste, und sämtliche Reiter versicherten ihm, dass sie nicht geglaubt hätten, ihn lebend wiederzusehen. Darauf erzählte er ihnen sein allerdings höchst interessantes Erlebnis.

„Vor einiger Zeit“, begann er, „begab sich ein großer Trupp Goldgräber in die Gegend des Big-Horn-Tales. Da sie niemals wiederkehrten, sandte mich der General auf Kundschaft nach ihnen aus. Die Gegend wimmelte dort von Indianern, und ich musste scharf auf der Hut sein. – An eine Belästigung durch Weiße dachte ich selbstverständlich nicht. Einmal ließ ich aus Versehen meine Pistole an dem Platze liegen, wo ich mein Mittagsmahl eingenommen hatte, und als ich den Verlust bemerkte, ging ich den gleichen Weg zurück. Eben war ich im Begriff, die Waffe aufzuheben, da bemerkte ich, dass ein Weißer heimlich meiner Spur folgte. Wohl ahnte mir nichts Gutes, allein ruhig bestieg ich wieder mein Pferd und ritt langsam weiter, als ob ich nichts gesehen hätte. Die nächste Nacht nun verfolgte ich den eingeschlagenen Weg so lange, bis ich ein Lager fand, zu dem der Fremde ohne Zweifel gehörte. Wie ich erwartet hatte, wär er einer von den dreien, die dort die Nacht verbrachten, doch sah ich fünf Pferde angepfählt. Ich wette, was du willst, Freund Billy“, wandte er sich an Will, „dass die zwei dir auflauernden Schurken die im Lager fehlenden Männer waren. Sie dachten jedenfalls, ich hätte Gold gefunden, wollten mir nun bis zur Grube folgen, mich dann abtun und sich der Mine bemächtigen.

Es ist wahr, Gold gibt’s dort die Menge, aber nicht nur das, sondern auch viel Silber, Eisen und Kupfer; doch niemand nimmt davon Notiz, solange man eben Gold haben kann. Von denen aber, die auf Gold ausgehen, muss gar mancher seinen Skalp zurücklassen.

Tag für Tag verfolgten wir dieselbe Führte, wobei einer von den Männern mir nachging, der andere vorausschlich, mich dabei aber stets im Auge behielt und seinem Gefährten den Weg vorzeichnete. Als wir ins Herz des Indianergebietes kamen, musste ich alle nur denkbare Vorsicht beobachten; jeder kleinen Rauchfäule, die ein Dorf oder Lager bezeichnete, wich ich aus, auch erlegte ich nicht ein einziges Wild, um meine Munition zu sparen.

Endlich kam ich an eine Stelle, die deutliche Spuren eines Kampfes zeigte. Schädel und Knochen lagen umher, und schon nach einem kurzen Überblick bestand kein Zweifel mehr, dass Weiße an diesem Kampfe teilgenommen hatten. Mein Reisezweck war damit erfüllt, denn ich konnte nun mit voller Sicherheit berichten, dass die vermissten Weißen von Indianern aus dem Leben befördert worden waren.

Es fragte sich jetzt nur, ob ich zurückkehren konnte, ohne selbst den Indianern in die Hände zu fallen. Vor allem aber musste ein Mittel gefunden werden, meinen weißen Verfolgern auszukneifen.

Noch in derselben Nacht begab ich mich vorsichtig und zum Glück unbemerkt zum Bett eines Flüsschens hinab, folgte dessen Lauf, ritt am Lager meiner weißen Feinde vorbei und nahm den Indianerpfad erst etwa eine halbe Meile vom Lager entfernt wieder auf.

Es war das Beste, was ich hatte tun können. Denn noch war ich erst eine kurze Strecke weit geritten, als ich das wohlbekannte Siegesgeschrei der Rothäute vernahm und daraus schließen konnte, dass die Indianer meine unliebsamen Bekannten überfallen und skalpiert hatten. Dasselbe Schicksal hätte auch mich ereilt, wenn ich nicht einen anderen Weg eingeschlagen hätte.

Eines aber lasst euch sagen, Jungens", schloss Joe seine Erzählung, „die Gegend dort ist großartig, reich an hohen Bergen, lieblichen Tälern und mächtigen Bäumen." –

Ungefähr um die Mitte September machten sich die Indianer in der Nähe des Sweetwater auf immer beunruhigendere Weise bemerklich. Einmal wurde Will aus einem Hinterhalt überfallen, zum Glück aber ritt er eines der flüchtigsten Ponys der Gesellschaft und entkam, sich flach auf den Rücken seines Pferdes legend, glücklich den Rothäuten. Auf der Vorspannstation fand er den Posthalter ermordet, und da die Pferde gestohlen waren, musste er auf dem gleichen Tiere bis zu der zwölf Meilen entfernten Station Plontz reiten.

Einige Tage später rief der die verschiedenen Stationen der Linie inspizierende Beamte Will beim Umsteigen hastig zu: „Überall sind Spuren von Indianern, halten Sie Ihre Augen offen!"

„Ich bin auf der Hut", antwortete Will, während er das Pferd wechselte und davonjagte.

Der Pfad führte durch eine schauerliche Wildnis. Berge mit schroff überhängenden Klippen und riesigen schwarzen Tannen umdüsterten ihn. Die Sinne des jugendlichen Reiters aber waren durch sein gefahrvolles Leben geschärft, und so prüfte er, während er den Weg in rasender Eile hinabjagte, mit geübtem Blick jeden dunklen Felsen und Baumstamm auf etwaige ihm auflauernde Feinde. Gerade vor Will, wenn auch weiter unten im Tale, lag ein großer Felsblock, auf dessen Spitze er eine Sekunde lang einen dunklen Punkt erscheinen sah.

Trotzdem behielt Will seine Richtung bei, bis er in Schussweite gelangt war, dann aber bog er scharf nach der anderen Seite hin ab. Der Anschlag der Feinde war misslungen. Hinter dem Felsblock stieg eine Rauchsäule auf, und zwei Indianer in prächtiger Kriegsrüstung und mit bemalten Gesichtern kamen zum Vorschein. Auf dieses Zeichen hin sprengte von der entgegengesetzten Seite des Tales eine Schar schreiender Rothäute aus dem Walde heraus.

Gelang es Will, den vor ihm liegenden schmalen Engpass vor den Indianern zu erreichen, so befand er sich gewissermaßen in Sicherheit. Die hinter dem Felsblock hervorgekommenen Indianer hatte er nicht zu fürchten, da sie unberitten waren. Es handelte sich also nur darum, den aus dem Walde daher jagenden Rothäuten zu entkommen, deren Häuptling ein äußerst flüchtiges Pferd ritt. Immer mehr näherte sich dieser dem Engpass, und bald musste Will sich sagen, dass ein Entfliehen unmöglich sei. So stellte er sich zum Kampfe auf und zog seine Pistole hervor, während der Indianer den Bogen spannte.

Will war jedoch eine Idee flinker. Seine Pistole krachte, und der Indianer glitt getroffen aus dem Sattel. Sein Fall gab das Zeichen zu einem wahren Pfeilregen, von denen einer Wills Pferd verwundete. Trotzdem wurde die Station noch rechtzeitig erreicht.

Die Überfälle der Indianer nahmen jetzt einen immer bedrohlicheren Charakter an. Zwischen Splitt Rock und Three Crossing raubten sie eine Post- und Vorratsstation vollständig aus, töteten den Fuhrmann, sowie zwei Reisende und verwundeten Leutnant Flowers, den Kontrolleur dieser Abteilung. Sie bemächtigten sich der Pferde aus verschiedenen Vorspannstationen und belästigten unaufhörlich die Expressreiter und Fuhrleute. So frech wurden schließlich die Indianer, dass die Expressritte sechs Wochen lang eingestellt werden mussten. War eine besonders wichtige Botschaft oder Sendung zu befördern, so ließ man eine Postkutsche unter scharfer Bedeckung abgehen. Diese bestand aus vierzig Mann, aus Fuhrleuten, Expressreitern, Posthaltern und Rancheros, die unter dem Befehl des erfahrenen Präriekenners, des sogenannten „Wilden Bill“, mit dem Will seit Jahren befreundet war, standen.

Nicht Auflehnung gegen die Gesetze hatte jenem seinen Spitznamen eingetragen, sondern nur seine Verwegenheit und sein unerschütterlicher Mut. Dabei war er äußerlich ein fast vollkommen schöner Mensch: groß, stark und ebenmäßig gebaut, mit breiten Schultern und kraftvoll entwickelter Brust. Er hatte ein hübsches Gesicht mit klaren blauen Augen, einem energischen, schöngeschnittenen Munde und einer Adlernase, dazu braunes, lockiges Haar, das ihm bis auf die Schultern herabhing. Einer feinen, gebildeten Familie angehörend, schien er gleich Bill von einem Urahnen die Leidenschaft für das wilde Prärieleben geerbt zu haben.

Zu jener Zeit war der „Wilde Bill“ bereits ein berühmter Kundschafter und leistete während des Krieges in dieser Eigenschaft den Vereinigten Staaten von Amerika große Dienste.

Elftes Kapitel

Ein kurzer, aber erfolgreicher Zug gegen die Indianer

Da Will zu den beurlaubten Expressreitern gehörte, so wurde ihm, obwohl er das jüngste Mitglied der Gesellschaft war, gestattet, sich dem Zug gegen die räuberischen Indianer anzuschließen.

Der Kampf war kurz, aber heftig. Bis zum Powder River benützte die Abteilung den Indianerpfad, dann folgte man dem Laufe dieses Flusses bis etwa vierzig Meilen von dem Punkte entfernt, wo sich jetzt das alte Fort Reno erhebt. Von dort aus führte der Pfad gen Westen am Fuße des Gebirges hin und wurde von dem sogenannten „Bach der Verrückten", einem Nebenflüsschen des Powder, durchschnitten.

Dieses Bächlein trug einstens wegen der an seinem Rande wachsenden besonderen Art Gras den Namen „Der lange Bart". An seinem Ufer lag ein Dorf der Crowindianer, in dessen Mitte sich ein Handelsmann von halb europäischer, halb indianischer Abkunft niedergelassen hatte. Er nahm den Rothäuten die erlegten Felle ab und gab ihnen dafür bunte Glasperlen, farbigen Kattun, Schminke und wollene Decken. Es dauerte nicht lange, so hatte er sich sämtliche im Dorfe vorhandene Felle erhandelt. Nun packte er sie auf Ponys und verabschiedete sich von seinen indianischen Freunden. Diese ließen ihn nur ungern ziehen, allein er versprach ihnen, bald aus dem Lande der Bleichgesichter zurückzukehren und viele neue Dinge mitzubringen. Monate vergingen. Da eines Tages verkündigten die Vorposten der Indianer die Annäherung eines ihnen unbekannten Gegenstandes. Das ganze Dorf lief zusammen, denn noch niemals hatte man dort ein Ochsenfuhrwerk gesehen. Die Erregung erreichte ihren Höhepunkt, als sich herausstellte, dass diese seltsame Erscheinung das Eigentum des Händlers sei.

Er hatte seine Frau, eine Weiße, mitgebracht, die ebenfalls die höchste Neugierde der Indianer erregte.

Der Handelsmann baute ein Häuschen aus Holz und Steinen und stellte seine Waren zum Verkauf aus. Außerdem hatte er den ganzen Stamm mit einem Teil der mitgebrachten Perlen, Bänder und Messingringe beschenkt.

Eines Tages besuchte der oberste Häuptling den Laden. Der Handelsmann führte ihn in ein Hinterzimmer, nahm ihm das Versprechen ab, zu schweigen, und gab ihm eine dunkle Flüssigkeit zu trinken. Ein ungewohntes Glücksgefühl bemächtigte sich des Häuptlings. Er, der sonst sehr stolz und würdig aufzutreten pflegte, sang und tanzte jetzt unter dem Einfluss des seltsamen Getränks die Straßen auf und ab und verfiel schließlich in tiefen Schlaf, aus dem man ihn kaum zu erwecken vermochte. Dieses Spiel wiederholte sich Tag für Tag, bis die Indianer schließlich einen Kriegsrat zusammenriefen. Sie beschuldigten den Handelsmann, ihren Häuptling behext zu haben, und einigten sich dahin, dass sie, wenn der Sache nicht sofort Einhalt getan werde, den Störenfried ermorden würden. Ein Indianer im Kriegsschmuck wurde abgeschickt, der dem Handelsmann diese Botschaft übermitteln musste. Dieser lachte indes nur, zog den Indianer mit sich ins Hinterzimmer, nahm ihm den Eid des Schweigens ab und gab auch ihm von der dunklen Flüssigkeit zu trinken. Gerade so lachend und singend, wie vor ihm der Häuptling, kam jetzt auch der junge Indianer auf die Straße getanzt. Aufs Höchste erstaunt, scharten sich seine Gefährten um ihn und fragten nach der Ursache seiner Heiterkeit. „Geht nur zum Händler und lasst euch von dem dunklen Wasser geben“, antwortete er lallend.

Als sie jedoch von dem seltsamen Getränke verlangten, behauptete der Handelsmann, keines zu besitzen, dann gab er ihnen einen Schluck gewöhnliches Wasser, das natürlich ohne Wirkung blieb. Als der junge Indianer dann endlich ganz zum Bewusstsein kam, befragten ihn seine Kameraden von Neuem über den Grund seiner Heiterkeit und über das dunkle Wasser, worauf er sagte, er müsse wohl nicht recht bei Sinnen gewesen sein und dummes Zeug geschwatzt haben.

Von nun an waren der Häuptling und der junge Indianer täglich betrunken, was den ganzen Stamm in große Unruhe und Verwirrung versetzte. Ein zweiter Kriegsrat wurde abgehalten, wobei sich ein anderer junger Indianer erhob und sagte, dass er eine Wand im Hause des Handelsmanns durchbrochen und den Vorgang belauscht habe. Es sei Tatsache, der Händler gebe den Freunden dunkles Wasser zu trinken. Nun wurden der Mischling und die beiden Indianer vor den Kriegsrat befohlen, worauf der zweite junge Indianer seine Anklage wiederholte und hinzufügte, dass er denjenigen, der ihm nicht glaube, zum Kampfe herausfordere. Das zweite Opfer des dunklen Wassers leugnete indes auch jetzt noch die Geschichte und zieh den jungen Indianer der Lüge. Der Handelsmann aber hatte nun wohl seinen Zweck erreicht, denn er gestand alles ein. Man veranlasste ihn, von dem Wasser herbeizuschaffen, damit die anderen es auch kosten könnten. Allein noch vor seinem Weggehen forderte der junge Indianer den, der ihn der Lüge beschuldigt hatte, zum Kampfe heraus. Dieser Krieger war aber als der beste Speerwerfer des ganzen Stammes bekannt, sodass jedermann den Tod des jungen Indianers erwartete. Das dunkle Wasser hatte jedoch bereits des Kriegers Arm gelähmt. Seine zitternde Hand versagte den

Dienst, und schon beim ersten Angriff wurde ihm das Herz durchbohrt. Nun begab sich der ganze Stamm ins Haus des Händlers, wo dieser ihnen allen von dem dunklen Wasser zu trinken gab. Sie tanzten und sangen, fielen dann zu Boden und versanken in tiefen Schlaf.

Nach einigen Tagen weigerte sich der Mischling, dunkles Wasser ohne entsprechende Vergütung herzugeben, indem er sagte, dass, wenn die Indianer künftighin welches haben wollten, sie dafür bezahlen müssten. Zuerst gab er ihnen ein „Schlaftränkchen", wie sie es nannten, für eine Büffelhaut oder ein Fell, als aber der Vorrat des dunklen Wassers zur Neige ging, wurden zwei, drei und dann mehrere Felle und Häute dafür verlangt. Endlich sagte er, dass er nur noch so viel habe, als er für seinen eigenen Bedarf brauche. Daraufhin boten ihm die Indianer sogar ihre Ponys an, bis er schließlich sämtliche Pferde und Felle des ganzen Stammes in seinem Besitz hatte.

Nun erklärte er, ins Land der Bleichgesichter zurückkehren und sich neue Vorräte von dunklem Wasser verschaffen zu wollen. Ein Teil der Indianer war damit einverstanden, andere behaupteten, dass er sicherlich noch genügend dunkles Wasser habe und jetzt mit ihren Feinden, den Sioux, einen Handel anfangen wolle. Es war, als sei der Teufel in den ganzen Stamm gefahren. Des Händlers Laden und Vorratsräume wurden durchsucht, allein keine dunkle Flüssigkeit gefunden. „Er hat es versteckt", schrien nun die Indianer. Der Handelsmann solle es sofort herbeischaffen, sonst würden sie ihn töten. Das ging nun natürlich über sein Können. Wind hatte er gesät, nun erntete er Sturm. Vor den Augen seines entsetzten Weibes wurde er skalpiert und sein Körper verstümmelt. Die arme Frau versuchte zu entfliehen, ein Indianer aber schlug sie mit seinem Tomahawk, sodass sie wie tot niederfiel. Das Haus wurde in Brand gesteckt, und während dies geschah, bemerkte ein Indianerweib, dass die weiße Frau nicht tot war. Sie trug die Verwundete in ihre eigene Hütte, verband ihre Wunden und pflegte sie gesund. Allein der Geist der Unglücklichen hatte sich umnachtet; sie konnte den Anblick eines Indianers nicht mehr ertragen.

Sobald sie wieder zu gehen vermochte, lief sie davon, und als die Weiber nach ihr suchten, fanden sie die Ärmste wehklagend am Ufer des „Langen Bartes“ hin und her laufen. Mit ihnen ließ sie sich wohl in ein Gespräch ein, erschien aber ein Indianer, so verbarg sie sich so lange, bis er wieder verschwunden war. Um sie vor dem Verhungern zu bewahren, brachten ihr die Weiber Nahrung in eine kleine Höhle, die sie sich zu ihrem Zufluchtsort erwählt hatte. Eines Tages stieß ein auf der Jagd befindlicher Indianer auf sie; er glaubte, sie habe sich verirrt, und wollte sie ins Dorf zurückbringen, denn wie alle Indianer hatte er eine hohe Ehrfurcht vor Irrsinnigen. Sie floh jedoch ins Gebirge und wurde niemals wieder gesehen. Das Flüsschen aber nannten die Indianer von nun an den „Bach der Verrückten“, ein Name, den er bis auf den heutigen Tag behielt.

An dieser Stelle nun – um auf meine Erzählung zurückzukommen – mussten allen Anzeichen nach nicht unbedeutende Verstärkungen zu der ursprünglichen Masse der Indianer gestoßen sein. Die Weißen befanden sich jetzt im Herzen der Indianergebiete, wo die äußerste Vorsicht beobachtet und ein scharfer Vorpostendienst unterhalten werden musste. Als der Clear Creek, ein weiteres Nebenflüsschen des Powder, erreicht war, entdeckten sie am jenseitigen Ufer in einer Entfernung von etwa drei Meilen ein Indianerlager.

Sofort wurde Kriegsrat gehalten. Noch niemals waren die Weißen so tief in die Gebiete der Rothäute eingedrungen, und so durfte man sich nicht wundern, dass diese keine besondere Wachsamkeit beobachteten. Nicht ein einziger Kundschafter war aufgestellt.

Auf Rat des Wilden Bill wurde mit einem Angriff bis zum Anbruch der Nacht gewartet. Im Schutze der Dunkelheit sollte die Abteilung das Indianerlager überfallen und die Pferde an sich reißen.

Der Plan wurde glänzend durchgeführt. Die Zahl der Indianer übertraf zwar die der Weißen ums Dreifache. Da diese aber wie ein Sturmwind durchs Lager sausten, machten die Indianer keinen Versuch, sie zurückzuwerfen, und als sich die Rothäute allmählich von ihrer Überraschung erholten, hatten die Angreifer bereits alle Ponys weggetrieben, sowohl die gestohlenen, als auch die den Indianern gehörenden. Nach wenigen Schüssen ritten dann die Weißen unbeschädigt und unverfolgt davon.

Sie nahmen nun die Marschlinie nach Sweetwater Bridge, wo die Abteilung vier Tage später mit ihren eigenen und hundert Indianerponys anlangte.

Dieser erfolgreiche Ausfall hielt die Feindseligkeiten eine Zeitlang zurück. Die wiedergewonnenen Pferde wurden auf die betreffende Station zurückgebracht, worauf die Fuhrleute und Ponyreiter ihre unterbrochene Tätigkeit wieder aufnahmem.

„Billy", sagte Slade, der große Zuneigung zu Will gefasst hatte, „dieser Beruf ist schwer, und du bist wirklich zu jung, um ihn auf die Dauer aushalten zu können. In Anbetracht deiner vortrefflichen Dienste will ich dich zum überzähligen Reiter ernennen. Du brauchst dann nur zu reiten, wenn Not an Mann kommt."

Nun folgte für Will eine Zeit behaglichen Nichtstuns – Tage, wo er, ungestört auf dem Rücken liegend, den Zug der Wolken beobachten und die Schönheit des Waldes und den Zauber der Prärie auf sich einwirken lassen konnte, ohne mit fieberhafter Spannung jeden Baum und

Hügel prüfen zu müssen, ob sich nicht ein ihm auflauernder Indianer dahinter versteckt halte. So kam der Winter heran und mit ihm die Erinnerung an jene Felljagd von 1860 auf 1861, wo er seinen ersten und letzten Bären erlegt hatte. Warum sollten sich diesem einen nicht noch mehrere zugesellen? Im Gebirge gab es ihrer ja in Hülle und Fülle. So ritt er denn an einem klaren Wintermorgen den am Ende des Horseshoetales gelegenen Hügeln zu. Antilopen und Hirsche tummelten sich im Tale, Rebhühner und Feldhasen wurden durch den Hufschlag seines Pferdes aufgescheucht; solch niederem Wilde aber schenkte er keine Beachtung.

Es war zwei Uhr vorüber, und noch zeigten sich, außer einigen Fährten im Schnee, keine Anzeichen eines Bären. Die scharfe Winterluft hatte Wills Appetit rege gemacht, und so schoss er ein noch vor kurzem verachtetes Feldhuhn und briet es an einem Feuer, das zu längerem Aufenthalt einlud, als ihn sich ein eifriger Bärenjäger gestatten durfte. Die Nacht brach herein, von der ersehnten Jagdbeute aber war noch immer weit und breit nichts zu sehen. Da Will sich nicht gern den Spottreden der Postleute aus der Station aussetzen wollte, so beschloss er, sich an Ort und Stelle nach einem Nachtquartier umzusehen. Bald fand er auch einen geschützten Platz in der Nähe des Ufers eines kleinen Flusses. Zwei weitere Feldhühner wurden erlegt, und schon war Will im Begriff, ein Feuer anzuzünden, als das Wiehern eines Pferdes an sein Ohr schlug. Rasch lief er zu seinem eigenen Pferde, um dessen vermutliche Antwort zu unterdrücken, sattelte es und bereitete für den Notfall alles zur Flucht vor. Hieraus griff er zur Flinte und ging auf Kundschaft aus.

Bald stieß er aus etwa zwölf oder mehr Pferde, die bei einer Krümmung des Flüsschens angepfählt waren. Stromaufwärts an einem Abhang glänzte ein Licht. Als Will sich näherte, sah er, dass es aus einer Höhle kam, und zugleich hörte er die Laute seiner eigenen Sprache. Beruhigt ging er darauf los und klopfte an die dort angebrachte Türe.

Plötzliches Schweigen, dann hastiges Flüstern und die Frage: „Wer ist da?“

„Gut Freund und Weißer“, antwortete Will.

Zögernd wurde die Tür geöffnet, und ein wenig Vertrauen erweckender Kerl forderte Will auf, einzutreten. Dieser leistete der Einladung indes nur ungern Folge, denn gegen die acht Schurkengesichter, die sich in der Höhle befanden, wäre ein Kampf schwer aufzunehmen gewesen. Zum Umkehren war es jedoch zu spät, und so blieb nichts anderes übrig, als eine kecke Miene zu zeigen und sich von seinem Verstand irgendeinen Rettungsweg eingeben zu lassen. Zwei von den Männern erkannte Will als entlassene Fuhrleute von Lew Simpsons Zuge, und da er den Grund ihrer Entlassung kannte, so schloss er ganz richtig, dass er seinen Kopf in die Behausung von Rossdieben gesteckt hatte.

„Wer ist in Ihrer Begleitung?“, lautete die erste Frage, und nachdem diese beantwortet war, folgte an Stelle irgendeiner sonstigen Erkundigung die andere: „Wo ist Ihr Pferd?“

„Dort unten am Bache“, sagte Will.

„Gut, mein Söhnchen, dann wollen wir hinuntergehen und es holen“, war die verbindliche Entgegnung.

„Bitte, bemühen Sie sich doch ja nicht“, antwortete Will. „Ich werde es selbst holen und mit Ihrer Erlaubnis hier oben über Nacht festbinden. Ich will meine Flinte inzwischen hier lassen.“

„Ja, gut, lassen Sie die Flinte nur hier, brauchen tun Sie sie ja doch nicht“, sagte der Anführer der Diebesbande. „Jim und ich begleiten Sie.“

Da dieses Anerbieten nicht wohl abgelehnt werden konnte, tröstete sich Will mit dem Gedanken, dass es immerhin leichter sei, zwei Männern zu entwischen als acht.

Als sie bei Wills Pferd angekommen waren, bot sich einer der Schurken aufs Höflichste an, das Pferd zu führen.

„Gut", sagte Will nachlässig. „Ich will nur die von mir erlegten Hühner mitnehmen, gehen Sie nur voran."

Will folgte mit den Rebhühnern, während der dritte die Nachhut bildete. Als die Höhle wieder in Sicht kam, ließ Will eines der Hühner fallen und bat den ihm folgenden Mann, es aufzuheben. Während sich nun sein höflicher Hintermann danach bückte, versetzte Will ihm mit dem Pistolengriff einen betäubenden Schlag auf den Kopf. Der Vordermann wandte sich bei dem Lärm um und legte die Flinte an. Will kam ihm zuvor, schoss ihn nieder, sprang auf sein Pferd und jagte davon.

Als die sechs in der Höhle zurückgebliebenen Männer den Schuss hörten, griffen sie hastig zu den Waffen, liefen den Abhang hinab, wo sie ohne Zweifel von dem neben dem Rebhuhn niedergestürzten und inzwischen wohl wieder zur Besinnung gelangten Diebesgenossen die Einzelheiten der Flucht erfuhren und sich dann mit großem Eifer an die Verfolgung machten. Der Bergabhang war steil und holperig, sodass man zu Fuß besser vorwärts kam als zu Pferde. Will stieg somit ab, klopfte seinem Pferde zum Abschied liebevoll auf den Rücken, ließ es den Abhang hinuntergehen und versteckte sich etwas abseits hinter einer mächtigen Tanne. Die Verfolger rannten an ihm vorüber, und als sie glücklich außer Sicht waren, kletterte er den Hügel zurück und suchte zu Fuß seinen Weg nach Horseshoe. Es war eine Entfernung von fünfundzwanzig Meilen, und todmüde, mit schmerzenden Füßen langte Will endlich gegen Morgen auf der Station an.

Er weckte die Fuhrleute und erzählte sein Abenteuer, worauf Slade sofort einer Anzahl Männer befahl, sich zur

Einfangung der Pferdediebe zu rüsten. Zwanzig wohlbewaffnete Fuhrleute, Ponyreiter und Rancheros ritten bei Sonnenaufgang davon, und trotz seiner Müdigkeit begleitete Will sie als Führer.

Die hässlichen Vögel aber waren ausgeflogen, das Nest öde und leer. – –

Will, der seines leichten Dienstes gar bald überdrüssig wurde, nahm nun voller Freude die ihm angebotene Stelle eines Hilfswagenmeisters unter dem Wilden Bill an, der mit der Regierung einen Vertrag zur Abholung einer Proviantkolonne in Rolla, im Staate Missouri, abgeschlossen hatte.

Mit einem Armeetrain kehrte dann Will nach dem im gleichen Staate liegenden Springfield zurück und stattete hierauf einen Besuch in der Heimat ab. Zu unserem Bedauern fiel dieser indes nur kurz aus, denn die Luft war zu sehr von Kriegslärm erfüllt, als dass Will eine lange Untätigkeit hätte ertragen können. Nur in der Arbeit Befriedigung findend, beteiligte er sich an zahlreichen, von der Regierung angeordneten Frachtzügen, bis er die Nachricht erhielt, dass die Mutter gefährlich erkrankt sei. Sofort kündigte er seine Stellung und eilte nach Hause.

Zwölftes Kapitel

Der Mutter letzte Krankheit

Der Herbst des Jahres 1863 war herangekommen. Will hatte sich, obwohl noch nicht ganz achtzehn Jahre alt, zu einem stattlichen, kräftigen und athletisch gebauten jungen Mann entwickelt. Unsere älteste Schwester Julia war, seit dem verflossenen Frühjahr an einen Herrn J. A. Goodman verheiratet.

Die Lebenskräfte unserer armen Mutter aber waren von Tag zu Tag schwächer geworden. Wir, die wir stets um sie waren, hatten uns kaum Rechenschaft darüber gegeben, Will aber war aufs Höchste bestürzt über die Veränderung, die sich während der wenigen Monate seiner Abwesenheit an ihr vollzogen hatte. Nur durch Anspannung äußerster Willenskraft war sie im Stande gewesen, ihre körperliche Hinfälligkeit so lange zu besiegen. Nun aber brach sie zusammen, und es schien uns, als ob ihr Körper sichtlich dahinschwinde.

Will war in der Tat keine Minute zu früh nach Hause gekommen, denn schon drei Wochen nach seiner Rückkehr teilte der Arzt unserer guten Mutter mit, dass sie nur noch wenige Stunden zu leben habe und etwaige letztwillige Verfügungen lieber gleich treffen möge. Noch am selben Abend wurden wir Kinder eines nach dem anderen zu ihr gerufen und empfingen ihr letztes Lebewohl und ihren Segen. Die Mutter war eine fromme Christin, unter uns Kindern aber schien ich zu jener Zeit die einzige religiös angelegte Natur zu sein. So jung ich damals noch war, so hat mich doch die Erinnerung an jene feierliche Stunde, da die Mutter mir das geistige Wohl der Familie ans Herz legte, mein ganzes Leben hindurch begleitet. Nachdem ich an ihrer Seite niedergekniet war, und sie meinem kindlichen Gemüt nicht die Kümmernisse des Todes, sondern die Seligkeit der Auferstehung einzuprägen versucht hatte, sagte sie mir Lebewohl, als ob sie im Begriff sei, eine schöne Reise zu unternehmen, und ich küsste sie zum letzten Male in diesem Leben. Als ich sie dann wiedersah, war ihr Gesicht kalt und starr. Die schöne Seele hatte ihre irdische Hülle verlassen und wartete, ein verklärter Geist im Reich des Unsichtbaren, auf die Nachfolge der geliebten Wesen, deren Lebenslauf noch nicht vollendet war.

Julia und Will aber blieben die Nacht hindurch bei ihr. Kurz vor dem Tode kam noch etwas von ihrer einstigen, längst eingebüßten Lebhaftigkeit über sie – das letzte Aufflackern des Lebenslichtes vor dem Erlöschen. Bis gegen Morgen sprach sie fast ohne Pause mit ihren beiden ältesten Kindern. In ihre Hände wurde die Aufgabe niedergelegt, die jüngeren Geschwister zu erziehen, und tief grub sich diese Verpflichtung in ihre Herzen und Gewissen ein. Charlie, der während der ersten Unruhen in Kansas geboren war, hatte der Mutter immer Sorge gemacht, und seine Zukunft bedrückte ihre Seele jetzt ganz besonders.

„Wenn es den Dahingeschiedenen möglich ist", sagte sie, „die Lebenden zu sich zu rufen, so werde ich mir Charlie holen."

Nach Verlauf eines Jahres war auch Charlie von uns gegangen. Wer aber vermag zu sagen, ob das Sehnen eines Mutterherzens nach ihrem Kinde nicht mächtiger ist als irdische Einflüsse?

Auch auf die Prophezeiung der Wahrsagerin, dass Wills Name in der ganzen Welt bekannt würde, kam die Mutter mit ihm zu sprechen, wobei sie die Verantwortung klar zu machen suchte, die ein solches Schicksal auferlege.

„Doch wisse“, sagte sie, „dass sich nur solche, die sich als rechtschaffen, brav, mäßig und wahr bewähren, einen ehrenhaften Ruf erwerben können. Auch vergiss es nie, dass derjenige, der sich selbst überwindet, größer ist, als derjenige, der ‚Städte gewinnt‘. Du hast bereits den Beweis geliefert, dass Gott dir große Fähigkeiten verliehen hat, doch bedenke, dass damit auch eine schwere Verantwortung auf dir lastet. Du bist mir immer ein guter Sohn gewesen, stets hast du mir in der Not beigestanden, sodass ich jetzt wenigstens mit dem Bewusstsein sterben kann, meine Kinder nicht ohne Mittel zurücklassen zu müssen. Ich wollte nicht, dass du Kriegsdienste nähmest, erstens weil du zu jung dazu warst, und zweitens weil mein Leben sich seinem Ende zuneigte. Doch nun bist du fast achtzehn Jahre alt, und wenn nach meinem Tode das Vaterland deiner Dienste bedarf, so bitte ich dich jetzt, werde Soldat und kämpfe für die Sache, der dein Vater sein Leben geopfert hat.“

In derselben liebevoll ermahnenden Weise sprach sie weiter, bis sie erschöpft in einen sanften Schlummer versank. Beim Erwachen versuchte sie, sich in die Höhe zu richten. Will sprang herzu, um sie zu stützen. Allein den Blick nach oben gerichtet, als schaue ihr Auge dort unaussprechliche Dinge, verschied sie in Wills Armen.

Mit dem Morgen des 22. November 1863 brach der schmerzlichste Tag unseres Lebens an. In einem hässlichen alten Rumpelwagen machten wir mit der Leiche die lange, kalte, traurige Fahrt nach dem Friedhof auf dem Pilot Knob. Wir wollten, dass unsere Eltern auch im Tode vereinigt sein sollten, wie sie es im Leben gewesen, und so senkten wir die Mutter in ein neben dem Vater gelegenes Grab.

Die vom Kirchhof ausgehende Straße teilte sich kurz vor Leawenworth in zwei Wege, von denen der eine nach der Stadt, der andere, sich längs des Government Hill hinwindend, nach unserem Hause führte. Als wir nun bei der Rückkehr an dieser Gabelung angelangt waren, sprang Will plötzlich aus dem Wagen.

„Ich kann nicht nach Hause zurückkehren, nun ich weiß, dass die Mutter nicht mehr dort ist", sagte er. „Ich gehe nach Leawenworth zu Eugen Hathaway und übernachte bei ihm."

Will tat uns von Herzen leid – er und die Mutter waren sich gegenseitig so viel gewesen – und so machten wir auch keinerlei Einwand, was wir sicherlich getan haben würden, wenn wir den wirklichen Zweck seines Besuches gekannt hätten.

So waren wir am nächsten Morgen natürlich im höchsten Grade überrascht, als wir ihn und Eugen in der blauen Uniform eines Soldaten der Vereinigten Staaten in den Hof reiten sahen. Überwältigt von Schmerz über der Mutter Tod, glaubten wir es nicht ertragen zu können, nun auch noch unseren großen Bruder in den Krieg ziehen lassen zu müssen. Wir drohten ihm, den Werbeagenten zu verraten, dass er noch nicht ganz achtzehn Jahre alt sei, Will aber war es zu ernst mit seinem Vorhaben, als dass er sich von unseren Einwänden hätte beeinflussen lassen. Da das Regiment, dem er zugeteilt war, bereits seinen Marschbefehl erhalten hatte, so war Will nur zum Abschiednehmen nach Hause gekommen. Dann ritt er hinaus, den Mühseligkeiten, Gefahren und Entbehrungen eines Soldatenlebens entgegen. Und doch war er zu beneiden, denn in der Freude an Arbeit und Tätigkeit konnte er am ehesten seinen Schmerz betäuben, wogegen wir das den Frauen und Mädchen gewöhnlich zufallende Los ertragen mussten – ein tatenloses Warten, während das Herz von Angst,

Sorge und Ungewissheit über das Schicksal eines geliebten Wesens, das in täglicher, ja stündlicher Gefahr steht, verzehrt wird.

Der dem Regiment Wills zugegangene Marschbefehl wurde indes widerrufen, und so blieb Will noch einige Zeit in Leawenworth. Man kannte dort seine im wilden Westen gesammelten Erfahrungen wohl, und diesem Umstand ist es wahrscheinlich zuzuschreiben, dass man ihn zum Überbringer militärischer Depeschen nach Fort Larned bestimmte. Einigen unserer einstigen Feinde von der Sklavenpartei, die im Begriff waren, sich der Armee der Südstaaten anzuschließen, kam Wills Auftrag zu Ohren. Sie beschlossen, diese Gelegenheit nicht unbenützt vorübergehen zu lassen und ihrem alten Groll gegen den Vater dadurch Genüge zu tun, dass sie den Sohn umbrachten. Die Ermordung konnte ja unter dem Vorwande geschehen, dass sie ihrer Partei damit einen Dienst hatten erweisen wollen. Es wurde somit der Plan gefasst, Will am Ufer eines zu durchquerenden Flüsschens aufzulauern und ihm seine Depeschen abzunehmen.

Die Verschwörung wurde Will jedoch verraten. Bei einem Auftrag, wie dem seinigen, ist ja ohnedies jeden Augenblick die äußerste Vorsicht zu beobachten, und nun Will von dem ihm drohenden Überfall wusste, war er vollends die Wachsamkeit selbst. Dabei kamen ihm seine Kenntnisse der indianischen Kriegsführung ungemein zu statten. Kein Baum, kein Felsen oder Hügelchen entging seinem scharfen Blick. Als er in die Nähe des Flüsschens kam, bei dem der Überfall zu erwarten war, verließ er den Pfad, um sein Pferd einige hundert Yards oberhalb des gewöhnlichen Übergangs durch den Fluss waten zu lassen, allein er fand ihn von den kurz vorher niedergefallenen Regengüssen so sehr angeschwollen, dass er es nicht wagen konnte. So ritt er vorsichtig zurück auf den Pfad.

Das Lager der Mörder befand sich etwa zwei- bis dreihundert Yards vom Flüsschen entfernt. Im Schutze der hereinbrechenden Dämmerung und des mit hohem Buschwerk bewachsenen Ufers hoffte Will, seinen Feinden ein Schnippchen zu schlagen und unbemerkt über das Flüsschen zu kommen, umso mehr, als er annehmen durfte, dass ihn seine Feinde aus einer anderen Richtung erwarteten. Als er an der Stelle angelangt war, von wo aus er die kleine Höhle sehen konnte, in der sich die Männer aller Wahrscheinlichkeit nach versteckt hielten, bemerkte er fünf gesattelte, in einem Dickicht verborgene Pferde.

„Fünf gegen einen, dagegen wäre nicht leicht aufzukommen, wenn sie mich sehen", sagte er zu sich selbst, während er, die geladene Flinte in der Hand, langsam und ruhig weiterritt.

„Jungens, da reitet er, dort drüben bei der Furt!", ertönte es plötzlich aus dem Lager, und ein Schuss krachte. Einige weitere Kugeln folgten, und aus einem plötzlichen Satz seines Pferdes musste Will schließen, dass es verwundet sei. Rasch ritt er ins Wasser hinein, wandte sich dann im Sattel um und zielte blitzschnell auf einen gerade noch in Schussweite befindlichen Mann. Der Bursch wankte und stürzte zu Boden, während Will seinem Pferde die Sporen gab und sich erst wieder umwandte, nachdem das andere Ufer erreicht war. Ihre Flinten auf ihn abfeuernd, kamen die übrigen Männer gegen das Ufer gelaufen, wo sie von Wills rasch aufeinander folgenden Schüssen empfangen wurden. Nachdem Will etwa zwei- bis dreihundert Yards Vorsprung gewonnen hatte, brauchte er unberittene Verfolger nicht mehr zu fürchten, und bis diese ihre Pferde erreicht und bestiegen hatten, war er längst außer Gefahr. Dabei hing freilich alles von seinem Pferde ab. Konnte es bei seiner Verwundung die eingeschlagene rasche Gangart lange aushalten? Allein Meile um Meile wurde zurückgelegt, ehe das mutige Pferd zusammenbrach. Will nahm nun Sattel und Zaumzeug auf den Rücken und setzte seinen Weg zu Fuß fort. Nach kurzer Zeit kam er an eine Ansiedlung, verschaffte sich dort ein neues Reitpferd und war bald in Fort Larned angelangt.

Schon nach wenigen Stunden Rast begab er sich dann mit dem Antwortschreiben auf den Rückweg nach Fort Leawenworth. In der Nähe der Furt verdoppelte er, obwohl er kaum einen erneuten Angriff erwartete, seine Wachsamkeit. Die fünf Männer mussten ihres Sieges über einen einzigen Jüngling so sicher gewesen sein, dass sie sich nicht die Mühe genommen hatten, sich zu vermummen, und so hatte Will mehrere von ihnen erkannt. Er seinerseits war überzeugt, dass sie alle so rasch als möglich der Gegend den Rücken gekehrt hatten. Nichtsdestoweniger gebrauchte er die größte Vorsicht und hielt die Flinte zum Schusse bereit.

Da hörte er aus der Richtung der Höhle einen leisen Ruf ertönen, der sich jedoch nicht wiederholte, und dem dumpfe Klagetöne folgten.

Es war nicht ausgeschlossen, dass man ihm eine Falle stellen wollte. Trotzdem ritt Will etwas näher heran und rief: „Wer ist da?“

„Um Gottes Barmherzigkeit willen, kommen Sie herein! Ich sterbe hier ganz verlassen“, lautete die flehentliche Bitte.

„Wer sind Sie?“

„Ed Norgroß.“

Nun sprang Will vom Pferde. Es war der Mann, auf den er geschossen hatte. Rasch trat er in die Höhle.

„Was fehlt Ihnen?“, fragte er.

„Ich bin von einer Kugel verwundet worden“, antwortete Norgroß stöhnend, „meine Kameraden ließen mich im Stich.“

Will befand sich jetzt dem armen, auf dem Boden liegenden Manne gegenüber.

„Will Cody, du bist es!“, rief er.

Will kniete neben dem Sterbenden nieder, die Gemütsbewegung hinunterwürgend, die die Erinnerung an Jahre warmer Freundschaft in ihm hervorgerufen hatte.

„Mein armer Ed!“, murmelte er. „Und meine Kugel war es, die dich zu Boden streckte.“

„Es geschah in Verteidigung deines eigenen Lebens, Will“, sagte Norgroß. „Gott ist mein Zeuge, ich mache dir keinen Vorwurf daraus, denke nur du nicht zu schlecht von mir. Glaube mir, ich tat alles, um dich zu retten. Von mir ging jene Warnung aus. Ich hoffte, du werdest einen anderen Pfad ausfindig machen.“

„Ich schoss nicht mit den anderen“, fuhr Norgroß nach kurzem Schweigen fort. „Sie ließen mich hier liegen und versprachen mir Hilfe zu schicken, taten's aber nicht.“

Will füllte die leere, auf dem Boden liegende Feldflasche mit frischem Wasser und brachte die wollene Decke in Ordnung, die als Kopfkissen diente, dann bot er sich an, die Wunde zu verbinden. Allein schon legten sich die Schatten des Todes auf Norgroß' Gesicht.

„Lass nur gut sein, Will“, flüsterte er, „es lohnt sich nicht mehr. Aber bleibe bei mir, bis ich tot bin.“

Die Krankenwache dauerte nicht lange. Neben seinem alten Freunde sitzend, befeuchtete er ihm mit Wasser die bleichen Lippen. Rasch nahte das Ende heran. Will drückte dem Freunde die Augen zu und faltete ihm die Hände über der Brust, dann verließ er, einen letzten Blick nach dem Jugendgefährten zurückwerfend, die Höhle.

Zum ersten Male hatte er etwas von der Härte und Grausamkeit des Krieges gekostet, und mit ernster, niedergeschlagener Miene vollendete er den Dienst der Reise.

In der Nähe von Leawenworth traf er jenen Freund, der ihm im Auftrage des Toten jene Warnung übermittelt hatte, und ihn beauftragte er nun, den Leichnam nach Hause zu bringen. Wills niedergedrückte Stimmung aber konnte selbst durch die ihm von dem Befehlshaber des Forts Leawenworth dargebrachte Beglückwünschung über den Mut und die Geistesgegenwart, womit er sein Leben sowohl als auch die Depeschen gerettet hatte, nicht gehoben werden.

Diesem Ereignis folgte wieder eine Zeit der Untätigkeit, was für einen Burschen von Wills lebhaftem Temperament keine leichte Geduldsprobe war. Inzwischen aber hatten auch wir zu Hause unsere kleinen Unannehmlichkeiten zu bestehen.

Die Entscheidung Schwester Julias, dass es für uns nun an der Zeit sei, die Dorfschule zu verlassen und die höhere Schule von Leawenworth während des Winter- und Frühlingsemesters zu besuchen, wurde mit großer Freude begrüßt. Bei den Kleidern aber, die Julia uns dazu verfertigte, folgte sie noch ganz der alten, ländlichen Mode, die mehr auf Dauerhaftigkeit als auf Schönheit berechnet war. Noch befanden wir uns keinen Tag in der Stadtschule, so mussten wir die schmerzliche Entdeckung machen, dass uns wegen unseres Anzugs in großen Buchstaben der Stempel „bäurisch“ aufgedrückt worden war. Zudem hatte unser Schwager in dem Bestreben, unser Vermögen möglichst sparsam zu verwalten, jeder von uns ein Paar äußerst grobe Kalblederstiefel gekauft. An ein solch derbes Schuhzeug waren wir nun aber durchaus nicht gewöhnt, da die Mutter uns stets mit zwar praktischen, aber doch niedlichen Schuhen ausgestattet hatte. Der Urheber unseres tiefen Verdrusses, der für die schüchterne, empfindsame Seele eines Schulmädchens kein Verständnis hatte, lachte nur über unsere Einreden, und zu seiner Rechtfertigung muss gesagt werden, dass er in der Tat keine Ahnung von den Qualen hatte, die er uns auferlegte.

Nun wandten wir uns an Will. In jeder Not war ja er unser erster Gedanke, diesmal aber mussten wir es erleben, dass selbst seine Macht eine Grenze hatte, die wir uns nicht träumen ließen. Er antwortete auf unseren Brief, dass er kein glänzend bezahlter Ponyreiter mehr sei, sondern nur die bescheidene Löhnung eines Soldaten beziehe, und dass sogar ihre Ausbezahlung diesmal im Rückstand geblieben sei. Selbstvorwürfe erstickten unsere Enttäuschung. Hätten wir vorher bedacht, wie schwer ihm eine abschlägige Antwort fallen musste, so würden wir den Brief nicht abgeschickt haben, worin ihm übrigens nur in zarter Anspielung die schöne Gelegenheit geboten war, schwesterlichen Kummer zu beseitigen. Mit Freuden hatte er bis jetzt alle unsere Wünsche erfüllt, nun aber gehörten seine Pflichten vor allem dem Vaterlande. Bald jedoch erhielten wir einen zweiten Brief, der unsere zarten Gewissen wieder beruhigte.

„Liebe Schwestern!

Es tut mir herzlich leid, dass ich Euch keine Kleider nach Eurem Geschmack beschaffen kann. Während ich dies schreibe, ist mein Beutel so leer, dass, wenn ein ganzer Mississippi-Dampfer für zehn Cents feil wäre, ich mir nicht ein Brett davon verschaffen könnte. Bald hoffe ich jedoch, meine Löhnung zu erhalten, und dann will ich sie Euch bis auf den letzten Cent schicken. Ertragt also in Gottes Namen die Unannehmlichkeit geduldig noch ein Weilchen. Inzwischen will ich an Al. schreiben.

In Liebe

Euer Will."

Ja, beruhigt hatte uns der Brief, zugleich aber war auch meine letzte Hoffnung dahingeschwunden. Ich hatte die anstoßerregend en, von meinem Vormund angeschafften Schuhe noch niemals getragen, und nun beabsichtigte ich, mich ihrer für immer zu entledigen. Mit einem gefälligen Hebräer schloss ich einen meiner Ansicht nach sehr vorteilhaften Handel ab und gelangte in den Besitz von ein Paar glänzenden Saffianschuhen, die etwa ein Drittel von dem wert waren, was die meinigen gekostet hatten. Das Schlimmste dabei aber war, dass sie zwar wie Schuhe aussahen, sich aber für den täglichen Gebrauch durchaus nicht eigneten. Dennoch erfüllten sie ihren Zweck, denn der Tausch brachte meinem Vormund die Überzeugung bei, dass die Anschaffung von Kalblederschuhen – wenigstens von solchen nach seiner Bestellung – nicht die richtige Sparsamkeit sei. Kurze Zeit darauf erhielt er dann einen Brief von unserem Bruder, worin ihm dieser unsere Kümmernisse mitteilte und sich zu unserem Anwalt machte. Auch schickte uns Will seine ganze Monatslöhnung, sobald er sie ausbezahlt bekam.

Im Februar 1864 trat Sherman seinen Marsch durch den Staat Mississippi an. Das unter dem Namen „Jennison-Jayhawkers“ bekannte siebente Kansasregiment wurde in Leawenworth mit gedienten Soldaten reorganisiert und nach Memphis, Tennecticut, gesandt, wo es sich dem Oberbefehl des Generals A. J. Smith zu unterstellen hatte. Dieser sollte gegen General Forrest vorgehen und den Rückzug des Generals Sturgis decken, der bei Cross Roads von General Forrest eine böse Schlappe erhalten hatte. Wills glühender Wunsch war, an einer großen Schlacht teilzunehmen, und so ließ er durch einige mit ihm bekannte Offiziere ein Gesuch übermitteln, in jenes Regiment versetzt zu werden. Die Bitte wurde gewährt, und sein Entzücken kannte keine Grenzen. Uns schrieb er, dass sein heißes Sehnen sich der Erfüllung nähere, und er nun hoffentlich bald wissen werde, was eine wirkliche Schlacht sei.

In der Kriegsführung der Indianer war er wohl bewandert; nun brannte er darauf, aus eigener Erfahrung auch den Kampf zwischen zivilisierten Gegnern kennen zu lernen.

General Smith hatte sich über die Leistungen des jungen Mannes als Präriekundschafter unterrichten lassen, und schon einige Tage nach Wills Ankunft in Memphis erhielt er den Befehl, sich behufs besonderer Dienstleistungen ins Hauptquartier zu begeben.

„Ich muss durchaus zuverlässige Kenntnisse über die Lage und Bewegungen des Feindes haben", sagte der General zu Will. „Diese können aber nur im Lager der Südstaatenarmee selbst erlangt werden. Sie haben die nötigen Eigenschaften: Energie, Kaltblütigkeit und Gewandtheit – ich glaube, Sie wären der richtige Mann dazu."

„Sie wollen damit sagen", antwortete Will ruhig, „dass ich als Spion ins Lager der Feinde gehen soll?"

„Ganz richtig. Doch müssen Sie sich die Gefahr klarmachen, der Sie sich dabei aussetzen. Wenn Sie gefangen genommen werden, knüpft man Sie auf."

„Ich bin bereit, den Auftrag zu übernehmen, Herr General", sagte Will, „und zwar sofort, wenn Sie es wünschen."

General Smiths strenges Gesicht heiterte sich bei dieser raschen Antwort auf.

„Ich bin überzeugt, Cody", sagte er freundlich, „dass wenn irgendjemand die Sache glücklich zu Ende führen kann, Sie die richtige Persönlichkeit dazu sind. Ihre Kämpfe mit den Indianern waren eine gute Vorbereitung für Ihre bevorstehende Arbeit, die eine rasche Entschlossenheit und unermüdliche Wachsamkeit erfordert. Ich zwinge niemals jemand zu einem derartigen Dienst, doch wenn Sie freiwillig gehen wollen, so nehmen Sie diese Landkarten mit in Ihr Quartier und studieren Sie sie gründlich. Heute Abend erwarte ich Sie wieder hier, um Ihnen genaue Verhaltungsmaßregeln zu geben."

Während der wenigen Tage, die sein Regiment im Feldlager verbrachte, hatte Will bereits zwei oder drei Rekognoszierungsritte unternommen, sodass ihm die unmittelbare Umgebung der hier zusammengezogenen Streitmächte der Union ziemlich bekannt war. Die Karten erwiesen sich als ungewöhnlich genau, denn Seen, Flüsse, Bäche und Verkehrswege, ja selbst die von einer Ansiedlung zur anderen führenden Nebenpfade waren sorgfältig eingezeichnet.

Bei einem dieser Ritte hatte Will sogar einen Soldaten der Südstaatenarmee gefangen genommen, der sich als ein alter Bekannter von ihm erwies. Will und Nad Golden waren einmal zusammen bei einem der Frachtzüge der Firma Russell, Majors & Waddell angestellt gewesen. Bei irgendeiner Gelegenheit hatte Will Nad Golden das Leben gerettet und sich dessen andauernde Freundschaft erworben. Nad stammte aus dem Osten, war aber, wie noch so viele andere, von der Sehnsucht nach dem fernen Westen gepackt worden und von Hause fortgelaufen, um sich dem freien Prärieleben hinzugeben.

„Das ist wirklich zu dumm", sagte Will, als er seinen alten Freund erkannte. „Jeden anderen Kerl hätte ich lieber gefangen genommen als gerade dich. Ich mag dich doch nicht als Gefangenen ins Lager bringen. Wie konntest du dich auch von den Konföderierten anwerben lassen?"

„So ist's nun eben einmal im Kriege, mein alter Billy", antwortete Nad lachend. „Freund kehrt sich gegen Freund und Bruder gegen Bruder, heißt es bekanntlich. Übrigens wäre ich jetzt nicht dein Gefangener, wenn mir meine Flinte nicht versagt hätte. Nun aber bin ich freilich froh darüber, denn ich hätte nicht derjenige sein mögen, der dich niederschießt."

„Und ich mag es nicht mit ansehen, dass man dich aufknüpft", sagte Will, „gib mir also die Papiere, die du bei dir trägst, dann bringe ich dich als gewöhnlichen Gefangenen in unser Lager."

Mit erblasstem Gesicht fragte Nad: „Hältst du mich denn für einen Spion?“

„Ich weiß, dass du einer bist.“

„Nun denn“, lautete die Antwort, „ich habe zwar mein Leben zur Erlangung dieser Papiere aufs Spiel gesetzt, da man sie mir ja aber doch abnehmen wird, so ist es wohl klüger, sie gleich jetzt herzugeben und dadurch dem Galgen zu entgehen.“

Eine Prüfung der Papiere ergab, dass sie Karten enthielten, in denen sich die Stellung und Lage der Unionsarmee aufs Genaueste eingezeichnet fand, außerdem aber auch noch wertvolle Verzeichnisse, die über die Zahl der Mannschaft und Offiziere und die beabsichtigten Truppenbewegungen Aufschluss gaben. Will vernichtete diese Papiere nicht, sondern wollte sie jetzt zu seinem eigenen Vorteil benützen. Als er sich am Abend zur Empfangnahme seiner Verhaltungsbefehle im Zelte des Generals Smith einfand, sagte er deshalb: „Ich schloss aus der unvorsichtigen Rede eines Soldaten, der gestern gefangen genommen wurde, dass es einem Spion der Südstaatenarmee gelungen ist, sich Karten und Verzeichnisse über die Lage unserer Truppen zu verschaffen und sie dem Feinde zu übermitteln.“

„Wirklich?“, sagte der General. „Ich bin Ihnen sehr dankbar für diese Mitteilung und werde meine Verfügungen sofort ändern, damit seine Berichte für den Feind wertlos werden.“

Hierauf wurden dem freiwilligen Kundschafter die genauesten Instruktionen über seinen künftigen Auftrag erteilt.

„Wann gedenken Sie sich auf den Weg zu machen?“, fragte der General.

„Noch diese Nacht. Ich habe mir bereits eine Uniform verschafft und alles zu meinem Abgang vorbereitet.“

„Sie wollen also die Flagge wechseln, was?“

„Für den Augenblick ja, doch nicht meine Grundsätze."

Beifällig ruhte der Blick des Generals auf Will.

„Sie werden all Ihren Verstand und Mut und Ihre ganze Energie und Vorsicht brauchen, wenn Sie diese harte Probe bestehen wollen", sagte er. „Ich bin aber überzeugt, dass Sie die Sache durchführen werden, und verlasse mich ganz auf Sie. Leben Sie wohl, möge das Glück Sie begleiten!"

Noch ein warmer Händedruck, dann kehrte Will in sein Zelt zurück und legte sich einige Stunden zur Ruhe nieder. Gegen vier Uhr befand er sich bereits im Sattel und auf dem Wege nach dem feindlichen Lager.

Dreizehntes Kapitel

Im Geheim-Kundschaftsdienst

Im gewöhnlichen Leben ist das Spionieren ein unedles Handwerk, im Kriege aber kann man den Spionierdienst nicht entbehren. Dazu braucht man kräftige, energische Männer, die sich auf einen Wink ihres Befehlshabers in den Sattel schwingen und, unbekümmert um den sich an ihre Fersen heftenden Tod, mit Windeseile davonjagen. Sie sind die ungenannten Helden eines jeden Krieges.

Mit dem vollen Bewusstsein der ihn erwartenden Gefahren sprengte Will, die fremde Uniform unter dem Arm, zum Unionslager hinaus. Sobald er die Vorposten hinter sich hatte, stieg er ab und vertauschte den blauen Rock der Unionsarmee mit dem grauen der Südstaaten. Ein gut Teil des Glückes, dessen er sich in seinem Leben rühmen durfte, verdankte er seinem hübschen, offenen Gesicht, das die heiße südliche Sonne gebräunt hatte. Aber auch ein tapferes Herz schlug unter seinem Wams, und aus seinen Augen leuchteten Mut und Selbstvertrauen.

Der Tau fiel nieder, als er die Vorposten der Südstaatenarmee zu Gesicht bekam. Was ihn jenseits der feindlichen Linien erwartete – nur die Zukunft konnte es offenbaren. Mit einem beruhigenden Griff nach den Papieren in seiner Tasche gab er seinem Pferde die Sporen und ritt auf die nächste Schildwache zu.

Der gewohnte Ruf empfing ihn: „Halt, werda?"

„Gut Freund."

„Steigen Sie ab, Freund, und geben Sie die Parole."

„Ich kenne die Parole nicht", entgegnete Will, vom Pferde steigend, „doch habe ich wichtige Kunde für General Forrest. Bringen Sie mich sofort zu ihm."

„Sind Sie ein Soldat der Südstaatenarmee?"

„Nicht eigentlich. Doch habe ich wertvolle Nachrichten über die Yankees. Das Beste ist, Sie führen mich sofort zum General."

Die Auskunft war klar. Die von Will benützte höhnische Bezeichnung „Yankee" mochte den Posten vermuten lassen, dass er einen Anhänger der Südstaaten vor sich habe. Trotzdem beobachtete er die ihm anbefohlene Vorsicht. Der Pseudosüdstaatler wurde entwaffnet und von zwei Mann der Wache nach dem Hauptquartier gebracht, während manch neugieriges Auge im Lager dem Trio folgte.

Kaum hatte Forrest die Meldung entgegengenommen, so ließ er den Gefangenen vor sich führen. Ein rascher Blick in des Generals hübsches, aber strenges Gesicht genügte Will, alle seine fünf Sinne für das bevorstehende Verhör aufs Höchste anzuspannen. Jene kalten, durchdringenden Augen kannten keine Barmherzigkeit. Alles hing von diesem ersten Gespräche ab; war einmal des Generals Vertrauen erworben, dann hoffte er gewonnenes Spiel zu haben.

Mehrere Sekunden lang ruhte des Generals scharfer Blick auf dem jugendlichen Gesicht.

„Nun", sagte er, „was haben Sie mir mitzuteilen?"

Nach Yankeeart war die Antwort eine Frage: „Der Herr General schickten einen Mann namens Nad Golden in die Reihen der Union?"

„Und wenn dem so wäre, was hat das hiermit zu tun?"

„Nad ist ein alter Freund von mir. Er versuchte, ins Lager der Union zu schleichen, um sich dort zu vergewissern, ob die in seinen Papieren enthaltenen Angaben über die Stellung der Union richtig seien. Ehe er das Lager erreichte, traf er mit mir zusammen und übergab mir für den Fall der Gefangennahme seine Papiere."

„So", sagte Forrest kalt. „Und er wurde tatsächlich gefangen genommen?"

„Ja, Herr General. Doch hängte man ihn nicht auf, wie ich zufällig erfuhr, da diese Schriftstücke ja nicht bei ihm gefunden wurden."

Will hatte während des Sprechens die von Golden erhaltenen Papiere aus der Tasche gezogen und übergab sie nun dem General mit der Bemerkung: „Golden bat mich, sie Ihnen zu überbringen."

General Forrest kannte zufällig Goldens Handschrift, die Papiere wurden somit als echt erkannt. Kein Verdacht stieg in ihm auf. „Dies sind äußerst kostbare Papiere", sagte er, nachdem er sie überflogen hatte. „Sie enthalten wertvolle Informationen, doch werde ich sie nicht ausnützen können, da ich im Begriff bin, unsere Stellung zu ändern. Kennen Sie den Inhalt der Papiere?"

„Ja, jedes Wort", lautete die wahrheitsgetreue Antwort. „Ich studierte sie, damit ich Ihnen, falls sie mir auf irgendeine Weise abhandengekommen wären, den Inhalt mündlich hätte mitteilen können."

„Das war sehr klug gehandelt", sagte Forrest beifällig. „Sind Sie Soldat?"

„Noch habe ich mich keiner Armee angeschlossen, doch ist mir diese Gegend sehr wohl bekannt, so dass ich Ihnen vielleicht als Kundschafter dienen könnte."

„Hm!", machte der General, den ruhig vor ihm stehenden jungen Mann fixierend. „Sie tragen unsere Uniform."

„Es ist die von Golden", war die zweite wahrheitsgetreue Antwort. „Er ließ sie bei mir zurück, als er die blaue anzog."

„Und wie ist Ihr Name?"

„Frederick Williams."

Auch das wich nicht weit von der Wahrheit ab – ein S am Ende und eine andere Zusammenstellung der Taufnamen.

„Gut", sagte der General, das Verhör beschließend, „Sie können vorderhand im Lager bleiben. Wenn ich Ihrer bedarf, werde ich Sie holen lassen."

Er rief eine Ordonnanz herbei und befahl, dem freiwilligen Kundschafter eine gute Unterkunft anzuweisen. Mit einem Seufzer der Erleichterung folgte Will dem Soldaten. Das erste Probestück war gut abgelaufen. Nun galt es zu handeln.

Zwei Tage vergingen, während derer Will hier und dort wertvolle Erkundigungen einzog, Karten zeichnete und sich bereit machte, bei der ersten günstigen Gelegenheit davonzureiten. Seiner Ansicht nach hätte General Forrest ihm nun längst einen Auftrag erteilen sollen. Doch auch bei Anbruch des nächsten Tages saß Will ungeduldig wartend in seinem Zelt. Diese Art Untätigkeit war schwerer zu ertragen als wirkliche Gefahren, und schon begann er sich mit dem Gedanken vertraut zu machen, das Lager ohne Befehle, dafür aber unter pfeifendem Kugelregen zu verlassen. Während er, mit diesem Vorsatze beschäftigt, das Lager durchstreifte, fiel sein Auge plötzlich auf einen Menschen, den er vor allen anderen am wenigsten hier vermutet hätte – Nad Golden.

Nad, im Gespräche mit einem Generaladjutanten!

Nur zwei Wege blieben jetzt für Will offen: Golden zu Boden zu schlagen, oder sich Knall und Fall aus dem Staube zu machen. Absichtlich würde Nad ihn ja nicht verraten, jedenfalls aber unwissentlich, sobald ihn der General ausfragte. Ein Zweifel über den nun einzuschlagenden Weg konnte nicht mehr bestehen – Will musste so schnell als möglich zu entfliehen versuchen. Rasch lief er in sein Zelt, steckte seine Papiere zu sich, sattelte sein Pferd und ritt mit ruhiger Miene den Vorposten zu. Der Zufall wollte es, dass der Unteroffizier, mit dem Will schon bei der Ankunft verhandelt hatte, auch an diesem Tage die Wache befehligte. Will stellte eine unwichtige Frage über die Vorpostenlinien an ihn, und als er dann unbehelligt weiterritt, konnte er nicht umhin, einen besorgten Blick nach rückwärts zu werfen.

Von Verfolgung keine Spur. Bald hatte er auch die äußerste Linie der Feldwachen etwa fünfzig Yards hinter sich. Vor ihm lag ein Stück Wald.

Da plötzlich schlugen Hufschlüge an sein Ohr, und als er sich umwandte, sah er einen Trupp Reiter im Galopp auf sich zureiten. Rasch gab er seinem Pferde die Sporen und jagte in den Wald hinein.

Doch das hieß aus dem Regen in die Traufe kommen, denn er fiel mitten in eine Schar berittener Feinde hinein, die zwei gefangene Unionisten bewachten.

„Leute, ein Spion der Unionsarmee entflieht dort drüben", schrie Will. „Reitet, was ihr könnt und fangt ihn ein. Ich will inzwischen bei euren Gefangenen Wache halten."

Der Befehl wurde in solch gebieterischem Tone gegeben, dass man annehmen musste, er komme von einem Offizier, und ohne auch nur den geringsten Zweifel in seine Berechtigung zu setzen, jagten die Reiter in der angegebenen Richtung davon.

„Kommt rasch, ich bin der Spion", flüsterte Will hastig, aber lächelnd den beiden niedergeschlagenen Unionssoldaten zu, indem er die Stricke, mit denen ihre Handgelenke zusammengebunden waren, zerschnitt. „Nun gilt es einen Ritt auf Tod und Leben!"

Dahin sauste das Trio, es war aber auch allerhöchste Zeit. So kurz Wills Aufenthalt gedauert hatte, seinen Verfolgern war er doch zugutegekommen, denn in einer Entfernung von kaum hundert Yards kamen sie mit Nad Golden an der Spitze über Stock und Stein hinter ihm her geritten.

Dies war nun wirklich eine Jagd, bei der sich der Tod an die Fersen heftete. Wohl hielt der Wald einen Teil der pfeifenden Kugeln ab, doch flogen noch manche zwischen den Bäumen durch, und eine davon durchbohrte einem der Flüchtlinge den Arm. Für Will bedeutete Gefangennahme den sicheren Tod, für seine Gefährten jedoch schlimmstenfalls die Einsperrung ins Fort Andersonville oder Libby. Doch wollte Will sie nicht verlassen, obwohl sein Pferd frisch war und er ihnen mit Leichtigkeit hätte vorankommen können.

Bald war das Ende des Waldes erreicht, und dort drüben – welch eine beglückende Aussicht! – lagen die Vorposten der Unionsarmee. Beim Anblick der feindlichen Reiter bliesen die Feldwachen Alarm, und sofort rückten die Unterstützungen vor.

Will hätte sich gern an dem nun folgenden Scharmützel beteiligt, doch hielt er es für seine erste Pflicht, die Papiere, für deren Erlangung er sein Leben in die Schanze geschlagen hatte, abzuliefern. So wandte er, Freund und Feind ihrem Schicksal überlassend, sein Pferd nach der Baumgruppe, wo er seine Uniform versteckt hatte, und tauschte sie gegen die graue um, die ihren Zweck erfüllt und nun nicht länger angebracht war. Dann ritt er unter der wahren Flagge ins Lager ein.

Fast unmittelbar darauf zog sich Forrest aus dieser Gegend zurück und verließ nach dem entsetzlichen Blutbad bei Fort Pillow am 12. April den Staat Mississippi. General Smith wurde mit seinem Regiment zurückberufen, Will aber unter Ernennung eines Führers und Kundschafters in das neunte Kansasregiment versetzt.

Die Indianer zeigten sich längs des alten Santa Fé-Pfades von Neuem in solch beunruhigender Weise, dass militärische Abteilungen zum Schutze der Postwagen, der Auswanderer- und Frachtzüge, die diesen Verkehrsweg benützten, erforderlich wurden. Wie fast alle unsere Kämpfe mit den Indianern, so wurde auch dieser Ausstand durch das rücksichtslose Vorgehen der Weißen gegen gewisse eingeborene Stämme hervorgerufen. Im Jahre 1860 hatte Oberst A. G. Boone, der würdige Enkel des unsterblichen Daniel, einen Vertrag mit den Comanches, Kiowas, Cheyennes und Arapahoesindianern abgeschlossen, und auf ihre Bitte ernannte man ihn zu ihrem Geschäftsträger. Während seiner weisen, gerechten und menschenfreundlichen Verwaltung verhielten sich alle Stämme ruhig und zeigten die freundschaftlichsten Gefühle für die Weißen. Jedermann konnte ungefährdet die weiten Ebenen durchkreuzen. Da wurde im Jahre 1861 ungerechterweise von dem Oberrichter des Staates Indiana eine Anklage wegen Veruntreuung gegen Oberst Boone erhoben, und es gelang jenem Oberrichter, den vortrefflichen Mann aus seiner Stellung zu verdrängen. Russell, Majors & Waddell, die den guten Einfluss Boones auf die Indianer wohl kannten, boten ihm nun vierhundert Morgen Landes in der Nähe von Pueblo im Staate Colorado an. Oberst Boone zog dorthin, und der Ort erhielt den Namen Booneville. Fünfzig Häuptlinge der oben erwähnten Indianerstämme besuchten Oberst Boone im Herbst des Jahres 1862 in seinem neuen Wohnort und baten ihn, zu ihnen zurückzukehren. Er antwortete, dass der Präsident ihn weggeschickt habe. Nun boten sie ihm an, durch Verkauf ihrer Pferde Geld zusammenbringen zu wollen, damit er nach Washington reisen und dem „Großen Vater“ sagen könne, wie es ihr jetziger Geschäftsträger treibe, dass er ihr Eigentum stehle und es dann wieder an sie verkaufe. Auch solle der Oberst sagen, dass die Unruhen fortdauern würden, solange man nicht einen anderen an die Stelle des unehrlichen Beamten setze. Mit der den Indianern eigenen Logik erklärten sie, dass wenn die Staatsbeamten das Recht haben, sie zu bestehlen, sie auch mit dem gleichen Rechte die vorüberziehenden Karawanen bestehlen können.

Die Regierung schenkte diesen Wünschen und Klagen jedoch kein Gehör, da sie eine den Indianern zugefügte Ungerechtigkeit als eine zu unbedeutende Sache ansah, und ihre Interessen durch den Krieg mit den Südstaaten vollauf in Anspruch genommen waren.

Im Herbst des Jahres 1863 zog nun eine kleine Karawane mit geringer Bedeckung den alten Indianerpfad entlang. Die Rothäute hatten sich aber schon so lange ruhig verhalten, dass man allmählich die Furcht vor ihnen verlor. Da kam eine Schar Indianer an den Zug herangeritten, und einer von ihnen bat in freundlichster Weise um einige Lebensmittel. Die Wagenführer huldigten jedoch noch dem Grundsatz: Nur ein toter Indianer ist etwas wert. Sie glaubten wohl eine menschenfreundliche Handlung zu tun, wenn sie eine Rothaut töteten, und so wurde ein unschuldiger, vertrauensvoller Indianer ohne allen Grund totgeschossen.

Die Kugel aber, die sein Herz traf, verwundete zugleich auch das aller Angehörigen dieser Stämme. Mit Ausnahme eines einzigen Mannes wurden sämtliche Teilnehmer des Zuges erschlagen, das Vieh weggetrieben und die Wagen verbrannt.

Die Flammen der Unzufriedenheit, die zwei Jahre lang in der Brust der Indianer fortgeglimmt hatten, loderten nun plötzlich wieder mit vulkanischer Gewalt auf. Hunderte der scheußlichsten Ermordungen wurden verübt und die Besitzungen der Weißen zerstört.

Das neunte Kansasregiment, unter dem Befehl Oberst Clarks, wurde nun zum Schutze des alten Pfades zwischen Fort Lyon und Fort Larned entsendet, wobei sich Will als Führer und Kundschafter vollständig zu Hause fühlte. Er kannte den Indianer und seine Gebräuche und fürchtete ihn nicht. Voll kindlicher Freude hing sein Auge an seinem schönen Pferde mit dem glänzenden Sattelschmuck, und wer mag ihm das Gefühl des Stolzes – oder sagen wir der Eitelkeit – verdenken, dass er nun seinem Regiment längs des Arkansas River als Führer dienen durfte?

Den Sommer über gab es allerlei Scharmützel mit den Indianern. Die alte, in früheren Zeiten in den Grenzgebieten geübte, nimmer ruhende Wachsamkeit war erforderlich, und manch scharfer, gefährlicher Ritt musste gemacht werden, um die Feinde aus der Nähe des Pfades zu vertreiben. Über alles konnten sich Oberst Clarks Leute während dieses Sommers eher beklagen als über Langeweile oder den Mangel an Aufregungen.

Im Herbst wurde das siebente Kansasregiment zur Armee zurückberufen, und auf die Bitte der ihm angehörenden Offiziere versetzte man Will zu seinem alten Truppenkörper. General Smith hatte den Befehl erhalten, nach Nashville aufzubrechen. Rosecrans war damals Befehlshaber der in Missouri stationierten Streitkräfte. Die Zahl seiner Truppen betrug nur etwa sechstausendfünfhundert Mann, während Price, der General der Südstaaten, im Begriff stand, mit zwanzigtausend Mann in den Staat einzurücken. Infolge dieser Überzahl erhielt General Smith Gegenbefehl und verblieb nun in Missouri, wo er sich mit Rosecrans Truppen vereinigen und sich General Price gegenüberstellen sollte. Da Rosecrans Streitmacht trotzdem nur elftausend Mann zählte, so hielt er es für angezeigt, seine Truppen um das Fort St. Louis zu konzentrieren. Ewings Truppen und ein Teil derjenigen des Generals Smith hielten den Pilot Knob besetzt. Eines Montags, den 24. September 1864, rückte Price gegen diese Stellung vor, wurde jedoch unter großen Verlusten zurückgeschlagen. Ein angrenzendes Fort in der Nähe von Ironton sollte nun erstürmt werden, aber auch hier erlitten die Truppen der

Südstaaten eine schwere Niederlage. Von diesem Fort aus hatte man einen weiten Überblick über die Shepard Mountains, die die Südstaatenarmee besetzt hielt. Ihr wohlgezieltes Feuer zwang General Ewing, sich nach der Station Harreson zurückzuziehen, wo er halt machte und einen heißen Kampf zu bestehen hatte. Aufs Neue musste er zurückweichen, doch gelang es ihm, sich mit dem größten Teil seiner Truppen bei Rolla mit dem General Mc Neill zu vereinigen.

Dies war Wills erste wirkliche Schlacht. Der Zufall wollte es, dass er sich während deren Verlauf einer Abteilung Missouritruppen gegenüber befand, in deren Reihen viele jener Männer standen, die vor neun Jahren zu den Feinden und Verfolgern seines Vaters gehört hatten. In der Hitze des Gefechts erkannte Will mehrere von ihnen, und mit diesem Erkennen kam auch die Erinnerung wieder an das als Knabe ausgesprochene Gelübde, seines Vaters Tod rächen zu wollen. Drei dieser Leute fielen in dieser Schlacht, und mochte nun er oder ein anderer sie niedergestreckt haben – jedenfalls fühlte Will sich von diesem Tage an seiner traurigen Verpflichtung enthoben.

Nach mehreren blutigen Schlachten verließ Price mit dem Rest seiner Truppen – statt zwanzigtausend waren es noch siebentausend – den Staat Missouri.

Will hatte während dieses Krieges verschiedene Male lobende Anerkennungen über „seine außergewöhnliche Tapferkeit, sowie seine wertvollen, auf dem Schlachtfelde geleisteten Dienste“ erhalten, und bald drang sein Ruf auch in die anderen Hauptquartiere. Wohl kannte und schätzte man das Verdienst all der vielen erprobten Krieger; keiner von ihnen aber wurde so häufig zu wichtigen und gefährlichen Aufträgen herangezogen als Will. Dabei schien es, als ob sein Leben gefeit sei. Oft schickte man ihn mit Befehlen über das Schlachtfeld, und obwohl manches Pferd von

Kugeln durchbohrt oder von Säbelhieben zerfleischt unter ihm zusammenbrach – er selbst entkam stets unbeschädigt.

Auch mit seinem alten Präriefreund, dem „Wilden Bill“, traf er während dieses Feldzugs zusammen. Als er eines Tages vor einer Meierei anhielt, um sich etwas zu essen geben zu lassen, drangen zu seiner nicht geringen Überraschung plötzlich die Worte an sein Ohr: „Na, Billy, mein Junge, wie geht's?“

Und als er sich umschaute, bemerkte er, wie sich ihm aus dem Ärmel einer grauen Uniform eine Hand entgegenstreckte. Da Will den Wilden Bill jedoch als eifrigen Unionisten kannte, so vermutete er ganz richtig, dass sich dieser bei einem ähnlichen Unternehmen befinde wie er selbst. Und nun begann ein gegenseitiges Necken und Foppen über graue und blaue Uniformen, bis dann ernstere Gespräche folgten.

„Nehmen Sie diese Papiere, Billy“, sagte der Wilde Bill, dem jungen Mann ein Paket übergebend. „Bringen Sie sie General Mc Neill und sagen Sie ihm, die Neuigkeiten, die ich aufzugabeln im Begriff bin, seien zu interessant, als dass ich mich jetzt schon vom Lager der Südstaatler trennen könnte.“

„Wagen Sie nur nicht gar zu viel“, warnte ihn Will, wohl wissend, dass der andere sich ja doch durch keine Gefahren abhalten ließ.

Oberst Hickok, um ihn auch einmal bei seinem richtigen Namen zu nennen, erwiderte lachend: „Üben Sie nur selbst, was Sie predigen. Ihr Kopf ist mehr wert als der meinige, denn Sie haben eine Zukunft vor sich, die meinige aber ist nahezu abgeschlossen. Ich fange an alt zu werden.“

In diesem Augenblick machte die freundliche Hausbesitzerin dem Gespräch ein Ende, indem sie den beiden ein schmackhaftes Mahl vorsetzte, das sie mit gutem Appetit und leichtem Gewissen verzehrten, trotzdem ihre Wirtin sich weigerte, von Soldaten der Südstaatenarmee eine Bezahlung anzunehmen.

„Solange ich noch ein Stückchen Brot im Hause habe", sagte sie, „will ich es gern mit unseren Soldaten teilen."

Die angeblichen Südstaatler aber lohnten ihr ihre Güte mit besserer Münze als mit Geld. In einem Anfall von Geschwätzigkeit hatte sie ihnen nämlich den beabsichtigten Besuch ihres Mannes und Sohnes verraten, wovon die Männer nun aber aus Dankbarkeit keinen Gebrauch machten. So brachte ihr die gespendete Guttat hundertfältige Früchte.

Die beiden Freunde trennten sich nun wieder. Will kehrte in die Reihen der Union, Oberst Hickok in das entgegengesetzte Lager zurück.

Wenige Tage später, als die Truppen der Südstaaten die Stellung der Unionisten einzuschließen begannen und eine Schlacht bevorstand, sah man plötzlich zwei Reiter aus den feindlichen Reihen ausbrechen und in rasender Eile auf das diesseitige Lager zu jagen. Es war, als ob der Anblick dieser unerhört kühnen Flucht die Feinde einen Augenblick lähme. Gleich darauf wurde jedoch den beiden Flüchtlingen ein wahrer Kugelregen nachgesandt, und einer von ihnen sank getroffen vom Pferde, noch ehe die herbeigeeilte Unterstützung, zu der auch Will gehörte, sie hätte erreichen können. Als der Überlebende näher kam, rief Will: „Es ist der Wilde Bill, der Unionskundschafter!"

Lautes Freudengeschrei begrüßte den kühnen Oberst Hickok, als er, umgeben von einer Schar von Bewunderern, ins Lager ritt. Die Nachrichten, die er mitbrachte, erwiesen sich bei der bereits erwähnten Schlacht am Pilot Knob, die fast unmittelbar darauf folgte, von großem Wert.

Vierzehntes Kapitel

Eine Rettung und darauffolgende Verlobung

Nach der Schlacht am Pilot Knob wurde Will durch Verwendung des Generals Polk behufs außerordentlicher Dienstleistungen dem Hauptquartier in St. Louis zugeteilt. Frau Polk und unsere Mutter waren Schulfreundinnen gewesen und hatten bis zum Tode der Mutter einen lebhaften Briefwechsel unterhalten. Sobald Frau Polk nun erfuhr, dass der Sohn ihrer alten Freundin in der Unionsarmee stehe, ließ sie es sich angelegen sein, ihm eine angenehme Stellung in einem militärischen Bureau zu verschaffen. Allein ein an das aufregende Leben eines Ponyreiters gewöhnter junger Mann kann sich nicht so leicht an das Einerlei einer Schreibstube gewöhnen, und so fand Will an seiner neuen Tätigkeit etwa ebenso viel Geschmack, als wenn er Kommisdienste in einem Schnittwarengeschäft zu verrichten gehabt hätte. Von Tag zu Tag wurden ihm seine neuen Pflichten unerträglicher, ihm, dem nur ein mit Gefahren und Abenteuern gewürztes Dasein wertvoll erschien.

Da trat ein Ereignis ein, das ihn rasch von der drückenden Einförmigkeit erlöste – er begegnete Luise Frederici, dem Mädchen, das seine Gattin wurde.

Schon verschiedentlich ist diese Brautwerbung von phantasievollen Erzählern geschildert worden, und zwar in den glühendsten Farben, begleitet von Mord und Totschlag, von Lassowerfen und ausreißenden Rossen. Aber wenn diese Beschreibungen auch übertrieben sind, so war die Liebesgeschichte doch immerhin recht romantisch.

Mehr als einmal schon hatte Will bei seinen morgendlichen Spazierritten eine junge Dame von anziehendem Äußern bemerkt, die mit der Anmut einer Diana im Sattel saß. Nun ist aber nichts so sehr im Stande, Wills Augen zu fesseln, als glänzende Reitkunst, und so stieg bald der Wunsch in ihm aus, die junge Dame kennen zu lernen. Da jedoch keiner seiner Freunde sie kannte, musste die Vorstellung unterbleiben.

Schließlich kam ihm der Zufall zu Hilfe. Eines Morgens riss der Zügel ihres Pferdes, es ging durch, Will eilte zu Hilfe, und die Bekanntschaft war gemacht.

Ein gänzlich unerfahrener Schüler Cupidos war Will ja nicht mehr, man erinnere sich nur seiner mit Steve Gobel verbrachten Schulzeit. Aber immerhin war ihm die Annehmlichkeit, mit weiblichen Wesen zu verkehren, nur selten zuteilgeworden, und diesem Umstand ist wohl auch der Eifer zuzuschreiben, mit dem er jetzt die sich ihm darbietende Gelegenheit ergriff. Noch ehe der Krieg zu Ende war und sein Regiment aufgelöst wurde, war Will der angenommene Freier Fräulein Luise Fredericis geworden.

Der Frühling des Jahres 1865 nahte heran. Will, obwohl noch nicht zwanzig Jahre alt, war doch verständig genug, sich zu sagen, dass er nicht daran denken dürfe, auf seiner Hochzeit zu tanzen, ehe nicht seine finanzielle Lage auf einer sichereren Basis stand, als es bei dem wechselvollen Los eines Soldaten möglich war. Gerne wäre er jetzt noch länger in St. Louis geblieben, das Schicksal aber rief ihn in die Ferne, und so machte er sich auf die Suche nach einer einträglichen, ihm zusagenden Stellung.

Zuerst sollte zu Hause ein Besuch abgestattet werden, wo ihn der herzlichste Willkomm erwartete. Während seiner Abwesenheit hatte sich seine zweite Schwester Eliza mit einem Herrn Myers verheiratet, wir übrigen aber waren im alten Heim verblieben. Die Freude, mit der wir Wills

Heimkehr begrüßten, wurde noch durch die Hoffnung erhöht, er werde jetzt für immer zu Hause bleiben und die Verwaltung des Gutes übernehmen. Allein noch ehe diese Wünsche ihm gegenüber berührt wurden, teilte er uns seine Verlobung mit Fräulein Frederici mit, eine Nachricht, die durchaus keine Eifersucht, sondern nur helles Entzücken in uns hervorrief. Julia verlieh dieser Stimmung Ausdruck, indem sie sagte: „Wenn du verheiratet bist, Will, dann muss auch dein Wanderleben aufhören."

Diese Bemerkung führte zur Besprechung unseres Planes, Will möchte die Verwaltung des Gutes übernehmen – aber leider auch zu dessen Vereitelung. Die Bezahlung eines Soldaten im Kriege war äußerst gering gewesen, sodass Will unmöglich etwas hatte zurücklegen können. Er wollte deshalb jetzt die erste beste Gelegenheit ergreifen, um seine pekuniäre Lage zu verbessern.

Die nächste Beschäftigung, die sich ihm darbot, bestand in dem Transport von Zugpferden von Leawenworth nach Fort Kearny, und kaum hatte Will den Fuß ins Fort gesetzt, so stieß er auf eine alte Präriebekanntschaft, Bill Trotter.

„Sie sind gerade der richtige Mann, den ich brauche", sagte Trotter, als er erfuhr, dass Will eine feste Anstellung suche. „Ich bin Direktor der Abteilungsstation hier. Die Stellung eines Postillons, die ich Ihnen anzubieten habe, ist allerdings gefährlich, da die Strecke durch Indianer und Wegelagerer unsicher ist. Verschiedene Wagenführer sind kürzlich überfallen und getötet worden. Ein sehr verlockendes Amtchen ist es also nicht, aber die Bezahlung ist gut, und Sie kennen die Gegend. Wenn irgendjemand den Postwagen glücklich durchbringt, so sind Sie es. Wollen Sie die Stelle annehmen?"

Wenn ein Mann verliebt und der Hochzeitstag zwar noch nicht festgesetzt, aber doch in Aussicht genommen ist, gewinnt das Leben an Reiz und Wert, und da ist es doch wohl nicht gerade verlockend, es der Schießkunst eines Indianers oder Wegelagerers auszusetzen. Will hatte schon so viele Gefahren glücklich bestanden; war es da nicht Torheit, neue aufzusuchen? Beim Gedanken an Luise und den bevorstehenden Hochzeitstag fehlte nicht viel, so hätte er Trotters Frage mit nein beantwortet.

Doch ging es ihm auch jetzt wie in allen früheren Fällen. Neben ihm stand Trotter, der ihm zuredete und Wills Gewandtheit und Präriekenntnisse lobte – von deren Wahrheit übrigens Will vollkommen überzeugt war, denn er wusste, was er zu leisten im Stande sei. Die Bezahlung war gut; je rascher Geld verdient wurde, desto früher konnte die Hochzeit stattfinden, und so erhielt Trotter eine bejahende Antwort.

Die betreffende Linie gehörte zu der von Russell, Majors & Waddell ins Leben gerufenen Postverbindung nach dem Westen. Zu der Zeit, da Gold aus „Pikes Peak" entdeckt wurde, gab es außer den beschwerlichen Ochsenzügen, Mauleseltransporten oder vierspännigen Privatpostkutschen keine Reisegelegenheit durch die großen Prärien des Westens. Zwischen St. Joseph und der Salzseestadt bestand zwar eine vierzehntägige Postverbindung, doch bot sie nur wenig Bequemlichkeit, war sehr langsam und oft einundzwanzig Tage lang unterwegs. Der Senior der Firma Russell, Majors & Waddell eröffnete deshalb später in Gemeinschaft mit S. Jones aus Missouri eine neue Linie zwischen dem Missouri und Denver, einem damals noch ganz vereinzelt daliegenden kleinen Bergdorfe. Tausend Kentuckymaulesel wurden gekauft und so viele Kutschen angeschafft, als erforderlich waren, um täglich von jeder Endstation einen Wagen abgehen lassen zu können. Die Entfernung wurde in sechs Tagen zurückgelegt, wobei täglich hundert Meilen gemacht werden mussten.

Der erste Postwagen erreichte Denver am 17. Mai 1859. Die neue Postlinie wurde allgemein als ein äußerst gelungenes Unternehmen betrachtet, was auch einerseits ganz richtig war. Allein die Ausrüstung hatte solch große Summen verschlungen, dass die Unternehmer ihren Verbindlichkeiten bald nicht mehr nachkommen konnten. Um das Ansehen ihres ältesten Teilhabers zu retten, kam nun die Firma Russell, Majors & Waddell der bedrohten Linie zu Hilfe. Sie kaufte nicht nur alle ausstehenden Schuldverschreibungen auf, sondern setzte sich auch in den Besitz der Konkurrenzlinie zwischen St. Joseph und der Salzseestadt. Hierauf vereinigte sie diese beiden Linien und hoffte dadurch auch die sogenannte Overlandlinie einträglicher zu gestalten. St. Joseph wurde jetzt der Ausgangspunkt beider Linien. Von dort aus ging der Weg nach Fort Kearny und folgte hierauf dem alten, zu Anfang des Buches beschriebenen Salzseepfade. Vom Salzsee aus führte die Linie durch Camp Floyd, Ruby Valley, Carson City, Placerville und Forsom und endigte in Sacramento.

Aus dieser alten Postlinie betrug die Entfernung von St. Joseph bis Sacramento nahezu neunzehnhundert Meilen, wozu von der Postverwaltung und der Regierung als Maximum neunzehn Tage gebraucht werden durften. Zuweilen gelang es zwar, die Strecke in fünfzehn Tagen zurückzulegen, allein es gab stets so viele Veranlassungen zu einer Verzögerung, dass die angegebene Zeit doch meistens in Anspruch genommen werden musste.

Die Strecke wurde in Abteilungen, sogenannte Divisionen, eingeteilt und jede der Aufsicht eines Direktors unterstellt. Ein Mann von hervorragenden Fähigkeiten war zu einer solchen Stellung erforderlich, denn an ihm lastete die Verantwortung für alle auf der betreffenden Linie vorkommenden Zwischenfälle. Volle Gewalt war ihm eingeräumt; in Streitsachen hatte er allein die richterliche Entscheidung zu treffen. Er dingte und entließ die Angestellten, besorgte den Ankauf der Pferde und Maulesel und überwachte deren Verteilung auf die verschiedenen Stationen. Er war für die zweckmäßige Errichtung von Gebäuden, sowie für die Wasservorräte verantwortlich und hatte sämtlichen Angestellten den Lohn auszubezahlen.

Außer ihm gab es noch einen weiteren Oberbeamten, den sogenannten Kondukteur. Er saß neben dem Kutscher und legte häufig die zweihundertfünfzig Meilen seiner Division ohne Unterbrechung zurück, sich dabei nur so viel Schlaf gönnend, als man auf dem Bock einer dahinjagenden Postkutsche finden kann.

Der Wagen, der sich anstatt auf Federn auf Schwungriemen wiegte, war sehr geräumig. Er wurde stets von einem Gespann von sechs Pferden oder Mauleseln gezogen, und das Tempo war oft von halsbrecherischer Geschwindigkeit. Die Reisenden durften fünfundzwanzig Pfund Gepäck mit sich führen und waren ebenso wie die Brief- und Eilgutspost der Sorge des Kondukteurs unterstellt.

Bis zum Jahre 1862 arbeitete die Overlandpost mit Verlust. Im März desselben Jahres traten Russell, Majors & Waddell die Linie samt der ganzen Ausrüstung an Ben Holliday ab, der ein bekannter und sehr erfahrener Grenzbewohner und zugleich ein äußerst energischer Charakter war. Er hatte nun das Glück, dass dieser Linie gerade zu der Zeit, als er sie übernahm, die Beförderung der Staatspost übertragen wurde. Da nun die Regierung für die Überbringung ihrer Post nach San Francisco jährlich achtmalhunderttausend Dollars verausgabte, so gelangte auch die Overlandpostlinie auf eine sichere finanzielle Grundlage.

Am Morgen nach seinem Gespräch mit Trotter trat Will bereits sein Amt an, und als er den Bock bestieg und die Zügel der sechs feurigen Pferde zur Hand nahm, waren die

Reisenden überzeugt, einen erfahrenen Führer vor sich zu haben.

Die ihm übertragene Strecke ging von Fort Kearny bis Plum Creek, eine Gegend, die Will aufs Genaueste kannte; hatten sich doch dort seine ersten Kämpfe mit Indianern abgespielt. Es war eine lange, einförmige und bei kaltem Wetter recht unangenehme Fahrt, aber sie trug Will hundertfünfzig Dollars im Monat ein, und jeder Zahltag brachte ihn St. Louis näher.

An Anzeichen von in der Nähe befindlichen Indianern hatte es den ganzen Weg entlang nicht gefehlt, doch war es bei diesen Anzeichen geblieben. Da, an einem trüben Novembertage, klang plötzlich beim Durchqueren des Plum Creek ein gellender Warnungsruf an Wills Ohr. Es unterlag keinem Zweifel, dass eine Schar Indianer auf dem Kriegspfade begriffen war, weshalb man aus alles gefasst sein musste. Leutnant Flowers, der Kondukteur der Division, saß neben Will auf dem Bock, und im Wagen befanden sich sechs wohlbewaffnete Reisende.

Schon war der halbe Weg zurückgelegt, als Wills geübtes Auge die vermuteten Rothäute entdeckte. In geringer Entfernung war ein Flüsschen, das durchquert werden musste, und dessen Ufer dicht mit Buschwerk bewachsen war. Dort hielten sich die Indianer versteckt, um den Wagen an der einzigen Stelle zu überfallen, wo er überhaupt durch den Fluss kommen konnte.

Ein Wort über das fast märchenhafte Glück, das Will bei seinen Abenteuern begleitete, ist hier wohl nicht am unrechten Platze. Denn nicht nur, dass er bei den verschiedenen Gefahren, denen er ausgesetzt war, sein eigenes, oft nur noch an einem Haar hängendes Leben zu retten vermocht hatte, sondern er war auch stets im rechten Augenblick erschienen, um andere vor Vernichtung zu bewahren. Glück war bei diesen Unternehmungen freilich stets mit im Spiel, zum größten Teil aber verdankte Will seine Erfolge doch der klugen Vorsicht, mit der er stets zu Werke ging. Er hatte die Prärie studiert wie ein Astronom das Himmelsgewölbe. Nicht die geringste unnatürliche Veränderung entging seinem scharfen Auge. Bei einem Astronomen ist es ein Komet oder eine sonstige asteroidische Erscheinung, die seinem geübten Blick sofort auffällt, bei Will war es ein halbversteckter Federbusch an einer Stelle, wo nur ein Baum, ein Felsen oder Gras hätte sichtbar sein sollen – eine sich bewegende Gestalt, wo die Natur sonst starr und leblos war.

Hatte er diese Abnormitäten entdeckt, so wurden sie in Berechnung gezogen, wie die von den Astronomen beobachteten Gestirne. Ein Planet muss zu einer bestimmten Zeit an einen bestimmten Ort gelangen, ein Indianer kann die Furt eines Flusses in so und so viel Minuten erreichen. Ist es möglich, vor ihnen hinüberzukommen, so handelt es sich um einen scharfen Ritt, hat aber der Indianer mehr Aussicht zu gewinnen, so muss ein anderer Ausweg gefunden werden.

Ein weniger erfahrener Beobachter als Will hätte die lauernden Rothäute nicht bemerkt; ein weniger schlauer Grenzläufer hätte ihre Absichten nicht erraten; ein weniger geschickter Rosselenker hätte das Wettrennen nicht aufzunehmen gewagt; ein weniger guter Schütze hätte von der Höhe eines schwankenden, stoßenden Kutscherbocks herab nicht mit jedem Schuss einen Indianer getroffen.

Will zögerte nicht. Ein Warnungsruf zu den Passagieren, dann sauste die Peitsche hernieder, und davon flogen die Pferde in rasendem Galopp. Als die Indianer bemerkten, dass man sie entdeckt hatte, kamen sie aus ihrem Versteck hervor und trieben ihre Pferde der Flut zu, doch waren sie noch fünfhundert Yards davon entfernt, als der Wagen den Fluss bereits erreicht hatte. Es ist bezeichnend für die

Besonnenheit des Postillons, dass er seinen Tieren am Flussufer die Zeit zu einem Schluck Wasser gönnte, woraus sie, gestärkt, von Neuem in höchster Geschwindigkeit weiterjagten.

Die in jeder Fuge krachende Kutsche schaukelte gleich einem Fesselballon hin und her. Die bedauernswerten Insassen wurden von einer Seite des Fahrzeugs auf die andere geschleudert oder stießen ihre Köpfe, wenn der Wagen umzustürzen drohte, an dessen Decke an. Von außen wurden sie von Indianern bedroht, im Innern schien ihnen das Los beschieden, ihre Hirnschalen an den Wänden des Wagens zu zerschmettern.

Will gebrauchte unbarmherzig die Peitsche, und so treulich folgten die kraftvollen Pferde der Mahnung, dass die Indianer sie nur langsam einholten. Die Bande mochte aus fünfzig Rothäuten bestehen, doch war Will der Ansicht, dass, wenn er die Vorspannstation erreichen könnte, er im Verein mit den beiden dortigen Posthaltern, sowie mit Leutnant Flowers und den Passagieren dem Feind reichlich gewachsen sein würde.

Als die Verfolger in Schussweite kamen, händigte Will Leutnant Flowers die Zügel ein, drehte sich auf seinem Sitze um und schoss auf den Häuptling.

„Seht nur“, rief einer der Passagiere, „jener Kerl mit dem Federbusch ist getroffen!“ Erneute Schüsse wurden vom Innern des Wagens aus abgefeuert, wenn auch ohne Erfolg.

Die Station war jetzt in nächster Nähe, und die durch die Schüsse aufmerksam gewordenen Posthalter kamen herbeigelaufen, um sich am Kampfe zu beteiligen. Entmutigt durch den Tod ihres Häuptlings, erlahmten aber die Indianer und gaben, noch weitere Verstärkungen vermutend, die Verfolgung auf.

Leutnant Flowers und zwei der Reisenden waren verwundet, Will aber konnte ein Lächeln nicht unterdrücken, als ihm einer seiner Fahrgäste erregt versicherte, dass sie – die Reisenden – einen Indianer getötet und die übrigen in die Flucht gejagt hätten. Auch der Posthalter lächelte, sagte aber nichts. Es wäre ja auch zu grausam gewesen, dem armen Kerl die Freude zu verderben.

Als die Nachricht bekannt wurde, dass die Rothäute sich wieder auf dem Kriegspfade befanden und die Postkutschen bedrohten, schickte man eine Abteilung Militär ab, um die Gegend zu säubern. Die Indianer wurden vollständig zurückgedrängt, und Will bekam den ganzen Winter über keinen mehr zu Gesicht.

Im Februar hatte er indes ein Abenteuer anderer Art zu bestehen. Als er im Begriff war, sich auf seinen Postwagen zu schwingen, nahm Trotter ihn auf die Seite mit dem Bemerken, dass sich ein kleines Vermögen im Postwagen befinde und ganz besondere Vorsicht geboten sei, da das Vorhandensein dieses Schatzes bekannt geworden sein könnte.

„Ich will mein Möglichstes tun", antwortete Will. Kaum war er unterwegs, so erregten die beiden unheimlich aussehenden Reisenden, die er zu befördern hatte, seinen Verdacht. Auch dass der Kondukteur kurz vor der Abfahrt abgerufen worden war, erschien Will nicht ganz geheuer. Er entschloss sich deshalb, einem Überfall zuvorzukommen und lieber seine Reisenden anzugreifen, als von ihnen angegriffen zu werden. Ohne zu zögern, hielt er den Wagen an, sprang ab und untersuchte das Zaumzeug, als ob irgendetwas nicht in Ordnung sei, dann ging er an die Wagentüre und bat seine Fahrgäste, ihm einen im Wagen liegenden Strick herauszugeben. Als sie seinem Wunsche nachkamen, sahen sie die Mündung von zwei geladenen Pistolen.

„Hände in die Höhe!", rief Will.

„Was fällt Ihnen ein?", fragte der eine, nachdem beide die Arme erhoben hatten.

„Ich dachte nur, ich wollte Ihnen zuvorkommen", lautete die ruhige Antwort.

Der zweite Schurke, der mit einer humoristischen Ader ausgestattet zu sein schien, sagte: „Sie sind ein forscher Kerl, junger Herr. Aber warten Sie nur, Sie werden noch andere auf diesem Wege finden, die Ihnen über sind."

„Mit diesen will ich mich dann später abgeben", sagte Will. „Wollen Sie nun so freundlich sein und Ihrem Kameraden die Hände binden? So, danke. Nun werfen Sie Ihre Waffen fort. Sind das alle, die Sie bei sich führen? Gut. Geben Sie Ihre Hände her."

Nachdem die beiden Schurken entwaffnet und geknebelt waren, wurde die Reise fortgesetzt. Aus der dem einen Kerl entschlüpften Bemerkung ging deutlich hervor, dass sie zu einer Räuberbande gehörten. Deshalb musste Will so rasch als möglich die Station zu erreichen suchen. Gelang ihm dies, ehe ein Angriff auf den Wagen gemacht wurde, so hatte er sich bereits einen Plan für sein weiteres Vorgehen ausgedacht.

Glücklich gelangte Will auf der Vorspannstation an. Nachdem er die Gefangenen dem Posthalter übergeben hatte, brachte er den Schatz vor weiteren Belästigungen in Sicherheit. Er schnitt ein Polsterkissen des Wagens auf, nahm einen Teil der Füllung heraus und steckte sämtliche Wertsachen, auch seine Uhr und Brieftasche, in die entstandene Höhlung. Dann legte er wieder einen Teil der Füllung darauf und brachte dem Kissen möglichst das vorige Aussehen bei.

Wenn ihm wirklich eine Schar Diebe auflauerte, durfte er sie an jener Furt vermuten, wo auch die Indianer ihn abzufangen versucht hatten. Er täuschte sich auch wirklich nicht; denn als er in die Nähe des das Ufer begrenzenden Weidengebüschs kam, stürzten etwa zwölf Männer mit drohend erhobenen Flinten auf den Wagen zu.

„Halt oder du bist des Todes!“, lautete der übliche, in diesem Fall aber äußerst freundlich aufgenommene Gruß.

„Was wünschen Sie von mir?“, fragte Will.

„Den Geldsack, den Sie bei sich führen, geben Sie ihn her.“

„Meine Herren“, sagte Will lächelnd, „in diesem Fall hat ein Dieb den anderen bestohlen.“

„Was soll das heißen?“, rief einer der Schurken, der sich durch die unverblümte Sprache in seinem Empfinden verletzt fühlte.

„Das soll nun zwar nicht heißen, dass ich der Dieb bin, sondern dass Ihre Freunde Ihnen bereits zuvorgekommen sind.“

„Haben die Kerls Sie ausgeraubt?“, schrie die Bande, außer sich über die Heimtücke ihrer Kameraden, wie aus einem Munde.

„Wenn noch irgendetwas Begehrenswertes im Wagen zurückgeblieben ist, so nehmen Sie es ungesäumt“, sagte Will in verbindlichem Tone.

„Wo ist Ihr Geldsack?“, fragten die Schurken.

Will zog ihn hervor und zeigte seine traurige Leere.

„Wo griffen die Kerls Sie an?“, fragte der Anführer der Bande.

„Acht oder neun Meilen weiter zurück. Sie werden etwas Stroh aus der Stelle finden. Wenn Sie danach Verlangen tragen, niemand wird es Ihnen streitig machen.“

„Hatten sie Pferde in der Nähe?“

„Sie waren zu Fuß, als ich sie zuletzt sah.“

„Jungens, dann können wir sie noch einholen“, schrie der Anführer, während frohe Hoffnung seine Brust schwellte.

„Kommt rasch!“

Ihren Pferden die Sporen gebend, setzten sie über die Weidenhecken und jagten davon.

„Grüßt sie von mir!“, rief Will ihnen nach, doch nur das Klippklapp der Pferdehufe antwortete ihm.

Will fuhr nun unbehindert seinem Reiseziele zu, wo er das ihm anvertraute Gut unversehrt ablieferte. Da er befürchtete, seine List könnte entdeckt worden sein, so beobachtete er auch auf dem Rückwege die ihm von Trotter anempfohlene außergewöhnliche Wachsamkeit; allein kein Wegelagerer war auf dem Pfad mehr zu sehen. Auf der Vorspannstation holte er sich die Gefangenen ab und brachte sie nach Fort Kearny. Hätten ihre Gefährten den ihnen gespielten Schabernack entdeckt, so würden sie sicherlich blutige Rache am Postillon genommen haben.

Nach Schluss dieser aufregenden Fahrt fand Will einen Brief von Fräulein Frederici vor, worin sie ihn dringend bat, seinen gefährlichen Beruf aufzugeben, nach dem Osten zurückzukehren und eine andere Stellung zu suchen. Da dies ohnehin in seiner Absicht lag, so bedurfte es keiner weiteren Überredung. In seiner Antwort bat er um die Festsetzung des Hochzeitstages, hierauf überreichte er Trotter sein Entlassungsgesuch.

„Ich sehe Sie nur ungern scheiden“, bemerkte Trotter.

„Ich nahm die Stellung nur an“, erwiderte Will, „um mir Geld zu meiner Heirat zu verdienen.“

„Wenn die Sache so steht“, sagte Trotter lächelnd, „dann bleibt mir freilich nichts anderes übrig, als Ihnen meine herzlichsten Glückwünsche auszusprechen.“

Fünfzehntes Kapitel

Will als junger Ehegatte

Bei seiner Ankunft zu Hause fand Will einen zweiten Brief Fräulein Fredericis vor, worin sie auf seine Bitte hin den Hochzeitstag auf den 6. März 1866 festsetzte.

Die Trauung fand in der Heimat der Braut statt, und all die vielen Freunde und Bekannten, die ihr anwohnten, waren darüber einig, dass sich wohl kaum je ein hübscheres Paar Hymens Fesseln gebeugt habe.

Die Hochzeitsreise wurde auf einem Missouri-Dampfer nach Leawenworth gemacht. Fahrten auf diesen äußerst elegant und bequem ausgestatteten Schiffen waren zu jener Zeit sehr in der Mode. Der Tisch war vorzüglich, und wenn nicht gerade partikularistische Feindseligkeiten das Leben auf Deck störten, so konnte ein Ausflug auf einem dieser Dampfer als ein großer Genuss betrachtet werden.

Bald jedoch musste der junge Ehemann die Erfahrung machen, dass der Krieg seine düsteren Schatten überallhin wirft, und dass man selbst auf der Hochzeitsreise nicht von den verderblichen Einflüssen des Parteihasses verschont bleibt. Ein Teil der an Bord befindlichen Vergnügungsreisenden legte nämlich ein solch zweifelhaftes Interesse für das junge Paar an den Tag, dass sich Luise, um vor ihren Belästigungen sicher zu sein, bald in ihre Kajüte zurückzog. Nachdem sie sich entfernt hatte, begann Will ein Gespräch mit einem Herrn aus Indiana, der sich sehr artig gegen ihn benommen hatte, und fragte ihn, ob er vielleicht den Grund des angezogenen Benehmens jener

Leute kenne. Nach kurzem Zögern antwortete der Herr: „Um Ihnen die Wahrheit zu sagen, Herr Cody, jene Leute sind Missourianer und behaupten, Sie als Angehörigen des ‚Jennison-Jayhawker-Regiments' zu erkennen. Sie sind ein Feind der Südstaaten und folglich auch der ihrige."

„Ich war allerdings während des Krieges Soldat und Kundschafter der Unionsarmee", antwortete Will ruhig, „allein schon vor dieser Zeit hatte ich die Erfahrung gemacht, was man von den Südstaatlern zu halten hat." Er erzählte nun dem Herrn einige von den Vorfällen aus der Zeit der alten Grenzstreitigkeiten in Kansas, an denen er und sein Vater auf so hervorragende Weise beteiligt gewesen waren.

Auch am nächsten Tage setzten jene Leute ihr freches Betragen fort. Will wäre ihnen am liebsten sofort scharf entgegengetreten, seine Gattin aber bat ihn so dringend, es zu unterlassen, dass er ihrem Wunsche willfahrte.

Eines Nachmittags, als das Schiff, um Holz einzunehmen, an einem einsamen Landungsplatze anlegte, zeigten die Missourianer eine ausfallende Erregung und beobachteten mit augenscheinlicher Spannung das Ufer.

Die Matrosen waren gerade beschäftigt, das Schiff am Lande zu verankern, als eine Schar bewaffneter Reiter aus dem Walde heraus auf den Landungsplatz zugesprengt kam. Da der Kapitän einen Angriff aufs Schiff vermutete, gab er eilig den Befehl, vom Ufer zu stoßen, zugleich rief er die aus Negern bestehende Schiffsmannschaft an Bord zurück. Nur zu gern kamen die Schwarzen, die schon ernstlich unter den Gewalttätigkeiten frecher Räuber zu leiden gehabt hatten, dem Befehle nach. Der Anführer der Bande ritt jetzt rasch heran und feuerte sein Gewehr ab, sobald er in Schussweite gelangt war. Dann schrie er: „Wo ist der Kansasjayhawker? Seinetwegen sind wir gekommen." Ein anderer, der Will entdeckte, rief: „Wir kennen Sie wohl,

Will Cody!“ Die Angreifer kamen jedoch zu spät, denn schon dampfte das Schiff, rückwärts steuernd, vom Ufer fort, seine Laufplanke, die die Neger im Schrecken herauszuziehen vergessen hatten, durchs Wasser nachschleppend. Als die Kerls sahen, dass ihre Pläne vereitelt und sie ihrer Beute beraubt waren, machten sie ihrer Enttäuschung in einem gellenden Wutgeschrei Luft. Aufs Geratewohl wurde noch eine Salve auf den sich zurückziehenden Dampfer abgefeuert, der jedoch bald außer Schussweite kam und seinen Weg stromaufwärts fortsetzte.

Will hatte sich aufs Schlimmste gefasst gemacht. Den Revolver in der Hand, stand er auf der obersten Treppenstufe, entschlossen, den Feinden den Eingang zu wehren.

Außer ihm befanden sich noch etwa acht bis zehn Soldaten an Bord, von deren Anwesenheit Will jedoch nichts gewusst hatte, da sie Zivilkleidung trugen. Als sie aber von der Gefahr hörten, in der ihr Kamerad stand, gaben sie sich zu erkennen und machten sich zur Verteidigung des jungen Kundschafters bereit. Zum Glück wurde die Gefahr abgewendet, sodass man ihre Hilfe nicht in Anspruch zu nehmen brauchte. Der Rest der Fahrt verlief ohne weiteren Zwischenfall.

Später erst erfuhr man den näheren Zusammenhang dieses Überfalls. Kaum waren die Missourier des an Bord befindlichen Unionskundschafters ansichtig geworden, so hatten sie an zwei ihrer Kameraden telegraphiert und sie gebeten, ihnen einige Hilfsmannschaften an den abgelegenen Landungsplatz zu schicken, wo sie den jungen Soldaten einzufangen und fortzuschleppen gedachten. Will fürchtete, seine Frau werde durch das auf ihrer Hochzeitsreise erlebte Abenteuer etwas entmutigt sein. Allein der dem jungen Paare bei seiner Ankunft in Leawenworth bereitete schmeichelhafte Empfang war ganz dazu angetan, alle unangenehmen Zwischenfälle wieder gut zu machen.

Luise konnte sich davon überzeugen, dass ihr Gatte, der in seiner ihnen zu Ehren veranstalteten Gesellschaft als Löwe des Tages gefeiert wurde, in der Heimat eine große Anzahl von Freunden hatte.

Veranlasst durch die Bitten seiner jungen Frau, das gefahrvolle Wanderleben aufzugeben, fasste Will den Gedanken, das von unserer Mutter einstens mit viel Erfolg betriebene Gasthaus zu übernehmen. Das Gebäude, das sie zu diesem Zwecke hatte erbauen lassen, war nach ihrem Tode an Doktor Crook, einen Arzt im siebenten Kansasregiment, verkauft worden und stand jetzt zu vermieten, ein Umstand, der bei der Wahl eines Berufes bestimmend auf Will einwirkte. Es war ihm ein wohltuender Gedanke, unter dem Dache zu wohnen, das der Mutter letzte Lebenstage beschirmt hatte, und nun sein junges Weib in der alten, trauten Umgebung schalten und walten zu sehen. So wurde Will also Gastwirt und forderte May und mich auf, zu ihm zu ziehen.

In Julias Heim war inzwischen ein kleiner Junge angekommen, den May so sehr lieb gewann, dass sie sich nicht zum Fortgehen entschließen konnte. Ich aber, aus deren Herzen der geliebte Bruder durch niemand zu verdrängen war, folgte voll Freuden dem Rufe.

Thoreau hat einmal ein sympathisches Bild eines Gastwirts entworfen, von dem es hieß, dass er seine Gastfreundschaft in gleichem Maße ausstrahlen lasse wie die Sonne ihre Wärme, also ohne auf Wiedervergeltung zu rechnen, und dass er die Menschen aus reiner Liebe zu den Geschöpfen füttere und beherberge. Aber selbst ein solch idealer Wirt muss, wenn er sein Geschäft lange fortbetreiben will, auf Verdienst bedacht sein und auf der einen Seite hereinzubringen suchen, was er auf der anderen austeilt. Auch Will ließ „seine Gastfreundschaft ausstrahlen“, und zwar in so hohem Maße, dass sich sein Ruf als Menschenfreund weit umher verbreitete und Reisende ohne Geld oft meilenweite Umwege machten, um in seiner Schenke abzusteigen. In geselliger Hinsicht war er ein tadelloser, in finanzieller dagegen ein ganz schlechter Wirt.

Zudem ist das Leben eines Gasthausbesitzers, trotz seiner mancherlei Annehmlichkeiten und der reichen Gelegenheit, seine Nächstenliebe zu betätigen, doch immerhin etwas prosaischer Natur. Oft konnten unsere Gäste einen zerstreuten Ausdruck in den Augen ihres Wirtes, dessen Gedanken draußen auf den großen Ebenen weilten, beobachten. Auch Luise entging dieser geistesabwesende Blick nicht, was sie, neben der Teilnahme, die sie für seine heimliche Sehnsucht empfand, veranlasste, nach sechsmonatlichem Betrieb des Gasthauses einen Blick in die Geschäftsbücher zu werfen. Das Ergebnis war, dass sie halb lächelnd, halb weinend in die Wiederaufnahme seines Prärielebens willigte.

Will löste nun seinen Mietsvertrag und brachte seine Angelegenheiten in Ordnung. Nachdem alle Rechnungen bezahlt und Schwägerin Lu und ich in einer traulichen Wohnung in Leawenworth eingerichtet waren, stellte sich heraus, dass Will, in der großmütigen Sorge, uns für den Winter ein behagliches Heim zu schaffen, sich selbst fast gänzlich aufs Trockene gesetzt hatte. Sein Plan war jetzt, eine Frachtbeförderung auf eigene Rechnung zu übernehmen. Allein die Anschaffung eines Gespanns samt Wagen und die sonstige dazu erforderliche Ausrüstung bot in Anbetracht der wenigen Dollars, die ihm noch zur Verfügung standen, ein kaum zu besiegendes Hindernis.

Zum ersten Male standen ernste Enttäuschung und große Mutlosigkeit auf seinem Gesicht geschrieben, eine Entdeckung, die mich tief betrübte. Denn niemals hatte er mir einen Wunsch versagt, wenn dessen Erfüllung in seiner Macht lag, und nun war ich doch mit die Ursache, dass er sich nicht in besserer pekuniärer Lage befand. Da ich kaum sechzehn Jahre alt war, so konnte ich erst in zwei Jahren selbständig über mein Vermögen verfügen, und doch musste sogleich etwas geschehen.

So entschloss ich mich denn, dem Rechtsanwalt Douglas meine Angelegenheit zu unterbreiten. Sicher würde er mir seinen Rat zu geben vermögen, wie ich meinem Bruder helfen konnte. Wohl hatte ich selbst schon einen Plan entworfen, doch war ich überzeugt, dass Will nicht darauf eingehen würde.

Seitdem Douglas vor Jahren unseren ersten Prozess gewonnen hatte, war er der Rechtsbeistand unserer Familie geblieben. Wir berieten nun die Sache hin und her, wobei Douglas mir sagte, dass ein gewisser Buckley, ein alter Bekannter unserer Familie, einen Frachtzug samt Gespann zu verkaufen habe. Das Fuhrwerk sei brauchbar und solid und entspreche wahrscheinlich vollständig Wills Wünschen. Ich sei zwar noch nicht mündig, wenn jedoch Buckley mich als Bürgen für die Kaufsumme annehmen wolle, so unterliege der Kauf keiner weiteren Schwierigkeit.

Buckley war sofort mit dem Vorschlag einverstanden und sagte, dass Will die ganze Ausrüstung gegen einen von mir unterzeichneten Schuldschein haben könne.

Nachdem dies geregelt war, handelte es sich darum, nun auch Frachtgüter für den Wagen zu finden. Da fiel mir ein zweiter alter Bekannter unserer Familie ein, namens M. E. Albright, ein Kolonialwarenhändler in Leawenworth. Ob er Will wohl eine Ladung Lebensmittel anvertrauen würde? Ja, er erklärte sich dazu bereit.

Nun alles glücklich geordnet war, eilte ich nach Hause, der letzten, aber durchaus nicht leichtesten Aufgabe entgegen – Will zur Annahme der ihm von seiner kleinen Schwester angebotenen Hilfe zu überreden – jener

Schwester, die vor langer Zeit einmal seinen Beistand in einer Schuhangelegenheit in Anspruch genommen hatte.

Will aber blieb in der Tat nichts anderes übrig, als das Anerbieten anzunehmen, und eines schönen Tages fuhr er als selbständiger Frachtfuhrmann und bescheidener Konkurrent des Hauses Russell, Majors & Waddell stolz und glücklich zum Städtchen hinaus.

Doch ach, wie selten bringen jene Geschäfte Glück, die man mit geliehenem Kapital gegründet hat! Meistens lassen sie ihre Unternehmer nicht nur mittellos, sondern auch noch mit Schulden behaftet zurück. Unser junger Grenzbewohner, der sein Leben so oft zum Schutze fremden Eigentums in die Schanze geschlagen hatte, war nicht im Stande, sein eigenes Besitztum glücklich ans Ziel zu bringen. Der Wagen samt Pferden und Frachtgütern wurde von den Indianern abgefangen, und nur mit Mühe konnte ihr Besitzer sein eigenes Leben retten. Von einem sicheren Schlupfwinkel aus musste er es mit ansehen, wie die Rothäute ihn bankerott machten. Es dauerte Jahre, bis er sich von diesem Schlage erholt hatte, und mehr als einmal sagte er, dass ihn die bei seiner ersten Geschäftsspekulation mit geliehenem Gelde gemachten Erfahrungen um Jahre gealtert haben.

Die dem Orte seines Missgeschicks zunächst gelegene Station hieß Junction City. Dahin lenkte er seine Schritte in der Hoffnung, seiner traurigen Lage durch irgendeine Anstellung aufhelfen zu können. Oberst Hickok befand sich zufällig dort, und in der Wiedersehensfreude vergaß Will für kurze Zeit sein Ungemach. Zuerst wurde die Geschichte seiner Heirat sowie seine traurigen Erlebnisse als Wirt und Menschenfreund erzählt; dann folgte, nachdem Wills alter Gefährte auch noch in das Misslingen seines neuesten Unternehmens eingeweiht worden war, die Frage: „Und nun, wissen Sie mir vielleicht irgendeine Beschäftigung, bei der Geld verdient werden kann?“

„Wohl weiß ich eine, wenn sie auch gerade keine Reichtümer einbringt“, antwortete der Wilde Bill. „Onkel Sam in Ellsworth hat mich nämlich auf Kundschaft hierhergeschickt, und da ich weiß, dass der Befehlshaber des hiesigen Forts noch mehr Kundschafter braucht, so kann ich Sie ihm als einen empfehlen, der seine Sache versteht.“

„Gut“, sagte Will, wie immer rasch von Entschluss, „ich werde Sie begleiten und um sofortige Anstellung bitten.“

Er war recht froh über Oberst Hickoks Empfehlung, die sich jedoch als überflüssig erwies, da Wills eigener Ruf ihm bereits vorangegangen war. Mit Vergnügen reihte ihn der Kommandant seinen Truppen ein. Das Gebiet, das Will auszukundschaften hatte, lag zwischen Fort Ellsworth und Fletcher, wo Will abwechslungsweise den Winter verbrachte.

In Fort Fletcher war es auch, wo Will im Frühling 1867 den kühnen General Custer kennen lernte, mit dem ihn bald warme Freundschaft verbinden sollte, die erst mit dem Tode des an der Spitze seiner tapferen Dreihundert gefallenen Generals ihr Ende fand.

Der Frühling dieses Jahres war sehr regnerisch, sodass ein am Ufer des Big Creek gelegenes kleines Fort derart von den Fluten überschwemmt wurde, dass die Besatzung es räumen musste. In einiger Entfernung von diesem errichtete man nun an einem südlicher gelegenen Arm des Flusses ein neues Fort, das man Fort Hayes nannte.

Als Will eines Tages nach einem weiten Rekognoszierungsritt auf dem Heimweg begriffen war, bemerkte er aus verschiedenen Anzeichen, dass eine beträchtliche Anzahl Indianer in der Nähe sei. Sofort jagte er dem Fort zu, um die Nachricht zu melden, als eine weitere Entdeckung seinen raschen Lauf hemmte. Die Feinde befanden sich zwischen ihm und der Festung.

In diesem Augenblick tauchte eine Schar Reiter auf, und als Will sah, dass es Weiße waren, wartete er ihr

Näherkommen ab. Die kleine Abteilung bestand aus General Custer und einer Bedeckung von zehn Mann, die sich auf dem Wege von Fort Ellsworth nach Fort Hayes befanden.

Will meldete dem General, dass der Weg von Indianern abgeschnitten und ein Entweichen nur durch eine rasche Umgehung möglich sei.

„Übernehmen Sie die Führung, Kundschafter, wir folgen Ihnen", lautete der kurze Befehl.

Will wandte sein Pferd, gab ihm die Sporen und sauste wie der Sturmwind dahin, während die anderen dicht hinter ihm folgten. Sie alle waren genügend mit der Kriegführung der Indianer vertraut, um sich den Ernst ihrer Lage klar zu machen. Auf einem einen großen Bogen beschreibenden Pfade gelangten sie, ohne einen Indianer zu Gesicht bekommen zu haben, glücklich ins Fort, schlossen aber aus den Berichten anderer, dass sie nur mit knapper Not entkommen waren.

General Custer befand sich auf dem Wege nach dem von Hayes noch sechzig Meilen entfernten Fort Larned und brauchte einen Führer, wozu er ausdrücklich Will bestimmte, so zufrieden war er mit dem bereits von ihm geleisteten Dienste.

„Das ist eben der Mann, den auch ich Ihnen mitzugeben beabsichtigte, Herr General", sagte der Kommandant, der den glühenden Wunsch der Indianer, des „gelben Haarschopfs", wie sie Custer nannten, habhaft zu werden, wohl kannte. „Cody weiß in dieser Gegend Bescheid wie in seiner Tasche. Er ist mit allen Indianerschlichen vertraut und niemals um einen Ausweg verlegen."

Vor Tagesgrauen wurde abgeritten, und zwar mit der Absicht, die sechzig Meilen noch vor Anbruch der Nacht zurückzulegen. Will saß auf einem mausfarbenen Maultier, an dem er sehr hing und in das er großes Vertrauen setzte.

Custers Blick jedoch ruhte verächtlich auf dem ärmlichen Streitross.

„Glauben Sie denn, Cody, dass dieses Maultier in einem Tage den Ritt nach Larned machen kann?", fragte er.

„Wenn Sie in Larned einreiten, Herr General", erwiderte Will lächelnd, „werden das Maultier und ich ganz sicher an Ihrer Seite sein."

Custer entgegnete nun nichts weiter, das Tempo aber, das er anschlug, war beredt genug, und das mausfarbene Maultier musste mit verdoppelter Dampfkraft arbeiten, um mit den übrigen Schritt zu halten. Aber auch für die Pferde, die nicht die zähe Ausdauer des Maultiers hatten, war es eine mörderische Gangart. Will bedauerte fast, das arme Tier geritten zu haben, und fragte sich eben, ob er es wohl zu noch größerer Eile antreiben solle, als er, einen Blick auf General Custer werfend, einen spöttischen Ausdruck in dessen Augen zu entdecken glaubte. Es war klar, er wollte Will das Zugeständnis eines Irrtums abzwingen, Will aber streichelte nur liebevoll sein mausgraues Maultier.

Weitere fünfzehn Meilen wurden zurückgelegt. Custers Vollblutpferd befand sich noch immer in vortrefflicher Verfassung, aber auch das Maultier jagte unentwegt weiter und sah aus, als ob es überhaupt keine Ermüdung kenne.

„Können Sie Ihr Pferd noch etwas stärker antreiben, Herr General?", fragte Will mit heimlicher Bosheit.

„Wenn Ihr Maultier es aushält, warum nicht? Reiten Sie nur voran", lautete die Antwort.

Zu des Generals Überraschung übernahm Meister Langohr tatsächlich die Führung, und als die Gesellschaft auf hügeliges Terrain kam und das Fortkommen beschwerlicher wurde, schlug er eine Gangart an, die dem Vollblutpferd des Generals ernstlich zu schaffen machte.

Wieder lagen fünfzehn Meilen hinter ihnen, und nun wurde Mittagsrast gehalten. Die Pferde bedurften dringend der Ruhepause, das mausfarbene Maultier aber sah noch immer höchst unternehmend aus.

„Nun, was halten der Herr General von meinem Maultier?“, fragte Will, als sie sich von Neuem auf den Weg machten. Custer lachte.

„Hübsch ist es ja nicht, aber es scheint seine Sache zu verstehen, ebenso wie sein Reiter. Sie sind ein famoser Führer, Cody. Bei Ihnen könnte man auch glauben, Sie folgten wie die Indianer mehr Ihrem Instinkt, als den Wegen und Grenzsteinen.“

Ein Lob aus diesem Munde war dem jungen Kundschafter von größerem Wert, als das irgendeines anderen Offiziers.

Mit dem Glockenschlage vier Uhr trabte das Maultier, triumphierend mit den Ohren nickend, in Fort Larned ein. In einiger Entfernung hinter ihm ritt Custer auf seinem gänzlich ermüdeten Vollblut, während die Geleitsmannschaft wohl eine Meile weit zurück auf dem Wege verstreut daherkam.

„Cody“, sagte der General lachend, „Ihr bewunderungswürdiger Vierfüßler sieht bei Gott aus, als wäre er sofort wieder zum Rückweg bereit. Unsere Pferde sind gründlich abgehetzt, wir haben aber auch einen raschen, famosen Ritt hinter uns. Schnurgerade, ohne Umwege und ohne Zögern brachten Sie uns quer durchs Land; solche Dienste lasse ich mir gefallen. Wenn Sie Arbeit brauchen, wenden Sie sich nur stets an mich, ich werde dafür sorgen, dass man Ihnen Beschäftigung gibt.“

Custer beabsichtigte, einige Zeit in Fort Larned zu bleiben, Will aber, der wusste, dass man in Fort Hayes seiner bedurfte, gönnte sich nur eine kurze Rast zum Abendessen, ehe er sich zur Rückkehr auf den Weg machte.

Als sich die Nacht herniedersenkte, beobachtete er die größte Vorsicht, denn schon auf dem Herwege hatte er

Custer auf verschiedene Anzeichen aufmerksam gemacht, aus denen man auf die Nähe einer kleinen berittenen Schar Indianer schließen musste.

Plötzlich blitzte in der Ferne ein Licht auf, allein noch ehe Will sein Maultier anhalten konnte, war es wieder verschwunden. Er ritt nun einige Schritte zurück, und da tauchte auch das Licht wieder auf. Allem nach drang der Schein aus einem schmalen Hohlweg. Die Sache musste untersucht werden. Will stieg ab, band sein Maultier fest und machte sich in der Richtung des Lichtes auf den Weg.

Nachdem er eine halbe Stunde zurückgelegt hatte, befand er sich zwischen zwei Sandhügeln. Vor ihm lag eine Höhle, in der eine ziemlich beträchtliche Anzahl Indianer um ein Feuer lagerte, dessen Schein er gefolgt war. In einiger Entfernung befanden sich die Ponys.

Wills Lage war etwas kritisch, da die Indianer ohne Zweifel eine Wache aufgestellt hatten. Dennoch hielt er es für seine Pflicht, sich eine möglichst genaue Kenntnis von der Anzahl der versammelten Rothäute zu verschaffen. Er, der es in heimlichen Schlichen jedem Indianer gleich tat, näherte sich mehr und mehr dem Lager, als plötzlich ein unerwarteter Ton durch die Luft klang – und zwar nicht etwa der eines Schusses, sondern der melodische Schrei seines Maultiers.

Selbst bei Tage in friedlich-schöner Umgebung berührt die Stimme eines Maultiers noch unangenehmer, als der sicherlich nichts weniger als bezaubernde Klang eines Dudelsacks. Bei Nacht aber und in der Wildnis, wenn jeder Nerv angespannt ist, wirkt dieser Klang geradezu niederschmetternd.

Auch Will war natürlich erschrocken zusammengefahren, der Indianer aber bemächtigte sich sofort die entsetzlichste Verwirrung. Sie erstickten das Lagerfeuer und sammelten sich zur Verteidigung, als plötzlich eine Rothaut, kaum zehn Schritt von Will entfernt, hinter einem Felsen hervorsprang, dann aber im Nu wieder verschwand.

Der Kundschafter behielt seine Stellung bei, bis er die ungefähre Zahl der Feinde festgestellt hatte, dann lief er zu seinem Maultier zurück, dessen wiederholte, anscheinend Protest einlegende Rufe ihn sicher führten.

Als er in die Nähe des Tieres kam, sah er, dass zwei berittene Indianer es festhielten und zum Mitgehen zu bewegen versuchten. Das Maultier aber weigerte sich, den alten Traditionen und seinem Rufe getreu, hartnäckig, ein Bein zu rühren.

Das Bild war höchst drollig, Will sagte sich jedoch, dass vom Possenspiel zum Drama nur ein Schritt sei. Ein Schuss streckte einen der Indianer nieder, während der andere in der Dunkelheit verschwand. Wieder ließ das Maultier seine Stimme ertönen, diesmal aber klang sie wie ein Triumphgeschrei, als sich Will, mit einem von dem verwundeten Indianer abgeschossenen Pfeil im Rockärmel, in den Sattel schwang. Den Pfeilschuss des armen Wichtes ungerächt lassend, ritt er in den Wald hinein, während ringsumher das Geschrei der ihn verfolgenden Indianer an sein Ohr schlug.

„Höre, mein mausfarbener Freund“, sagte Will, „wenn du diesen Wettlauf gewinnst, so sollst du in Zukunft den Namen Custer tragen.“

Es war, als ob das Maultier die Worte verstände, jedenfalls vollbrachte es seinen Auftrag, indem es die Flüchtigkeit des Renners mit der Ausdauer des Büffels vereinigte. Bald gaben die Indianer auch die Verfolgung auf, da sie ihr Wild nicht mehr sehen konnten.

Früh am Morgen langte Will in Fort Hayes an, wo er die glückliche Ankunft Custers und die Entdeckung der etwa zweihundert Mann starken Indianerabteilung zur Meldung brachte. Das Maultier erhielt eine „lobende Erwähnung“ in Wills Bericht und wurde zum Vollblutmaultier befördert.

Der Oberst war eben im Begriff, Truppen gegen die Indianer abzuschicken, und fragte Will, ob er sie, wenn er sich genügend ausgeruht habe, als Führer begleiten wolle. Lächelnd fügte er hinzu: „Sie können ja Ihr Maultier reiten, wenn es Ihnen Spaß macht.“

„Nein, Herr Oberst, ich danke“, antwortete Will lachend. „Bei einer Jagd auf Indianer ist ein Tier, das eine Blechmusik bei sich führt, nicht wohl angebracht.“

Rittmeister Georg A. Armes vom zehnten Reiterregiment sollte das Detachement, bei dem sich eine Abteilung Negerkavallerie und eine Anzahl Geschütze befanden, befehligen. Als sich das Kommando eben zum Abmarsch formierte, kam ein Bote auf schaumbedecktem Pferde mit der Nachricht, dass die an der Kansas-Pazifik-Eisenbahn angestellten Arbeiter von Indianern überfallen, sechs Weiße getötet und über hundert Pferde und Maulesel, sowie eine große Menge Vorräte geraubt worden seien.

Eilig ritt die Schar von dannen. Besonders die schwarzen Burschen lechzten nach einem Kampfe mit den Rothäuten, während Rittmeister Armes mehr als geneigt war, ihren Rachedurst zu befriedigen.

Bei Anbruch der Nacht schlugen die Truppen ein Lager in der Nähe des Saline River auf, da man die Indianer in dieser Gegend vermutete. Noch vor Morgengrauen saßen sie dann wieder im Sattel und machten ohne Rücksicht auf die vorhandenen Pfade einen weiten Rekognoszierungsritt durchs Land.

Wills Vermutung wurde auch diesmal durch die Entdeckung eines großen feindlichen Lagers am gegenüberliegenden Flussufer bestätigt. Allein auch die Rothäute hatten die Weißen sofort bemerkt, und da jene den Soldaten an Zahl bei weitem überlegen und noch dazu durch ihren kürzlichen siegreichen Ausfall sehr ermutigt waren, so warteten sie den Angriff nicht ab, sondern rückten über den Fluss herüber ihren Feinden entgegen.

Immerhin aber waren sie noch fast eine Meile entfernt, sodass Rittmeister Armes Zeit blieb, die Geschütze auf einer kleinen Bodenerhebung aufzustellen. Zwanzig Mann wurden zu ihrer Bedienung zurückgelassen, die anderen ritten zum Kampfe vor.

Es sollte eben der Angriff vor sich gehen, da ließ sich plötzlich ein wildes Geschrei im Rücken vernehmen, und ein rascher Blick belehrte den Rittmeister, dass ihm der Rückzug zu den Geschützen durch eine zweite Schar Rothäute abgeschnitten sei, er sich also zwischen zwei feindlichen Abteilungen befinde. Der einzige Weg, der ihm offen blieb, war, den entgegenrückenden Feind zurückzuwerfen. Gelang ihm dies und flohen seine schwarzen Schützen nicht vor der überwältigenden Überzahl, so hoffte er seine Streitkräfte durch einen zweiten Angriff wieder zu vereinigen.

Heulend und schreiend kamen die Rothäute mit ihrem gewohnten Ungestüm dahergejagt, wurden aber von den disziplinierten Truppen mit einem solch verheerenden Feuer empfangen, dass sie sich in wilder Unordnung zurückzogen. In diesem Augenblick eröffneten auch die Geschütze ihr Feuer. Die Wirkung auf die Kinder der Prärie war geradezu magisch – ja fast lächerlich. Eine wilde, sinnlose Flucht folgte.

„Mir nach!“, rief Rittmeister Armes und galoppierte zur Verfolgung vor. Allein in ihrem Übereifer, bei dem jeder der erste in der Hetzjagd sein wollte, gerieten die Truppen in solche Unordnung, dass sie durch ein Hornsignal zurückgerufen werden mussten, ehe dem fliehenden Feinde irgend ein weiterer Schaden hatte zugefügt werden können. Trotzdem setzten die Indianer ihre Flucht fort; der Schrecken war gar zu groß gewesen!

Rittmeister Armes ärgerte sich zwar darüber, dass gar keine Gefangenen gemacht worden waren, tröstete sich aber damit, dass er fast alle kürzlich gestohlenen Pferde zurückbringen konnte. Man fand sie nämlich beim Lager am jenseitigen Flussufer, wo die Indianer sie auf ihrer Flucht zurückgelassen hatten, angepfählt.

Kurze Zeit nach diesem Kriegszuge beteiligte sich Will bei Ländereispekulationen. Auf einem seiner Kundschaftsritte nach Fort Harker kam er auch nach Ellsworth, eine nur drei Meilen vom Fort entfernte Ansiedlung. Dort lernte er einen Mann namens Rose kennen, der mit der Kansaseisenbahn einen Vertrag über den Erwerb von größeren Ländereien in der Nähe des Forts Hayes abgeschlossen hatte. Er beabsichtigte dort eine Stadt anzulegen, brauchte jedoch einen Teilhaber zu dem Unternehmen.

Die Lage des Platzes war günstig. Der Big Creek befand sich in nächster Nähe, auch bot das nahe Fort den Ansiedlern genügende Sicherheit gegen Indianerüberfälle. Will leuchtete deshalb das Unternehmen sehr ein. Außer dem Geld, das er jeden Monat nach Hause sandte, hatte er eine kleine Summe beiseitegelegt, und diese steckte er nun in das Teilgeschäft mit Rose.

Der Platz, wohin die Stadt kommen sollte, wurde vermessen und in einzelne Bauplätze eingeteilt; hierauf errichtete man ein Gebäude, versah es mit Waren, wie man sie in den Grenzgebieten braucht, und verlieh dem aufkeimenden Ort den klassischen Namen „Rom".

Um Ansiedler anzuziehen, wurde jedem, der sich verpflichtete, ein Haus zu errichten, ein Bauplatz unentgeltlich angewiesen, wobei die Eigentümer des Bodens selbstverständlich die günstigsten Plätze für sich in Beschlag nahmen.

So wuchs Rom mit schwindelhafter Schnelligkeit. Ehe sechzig Tage verflossen waren, standen bereits zweihundert

Hütten. Rose und Will schüttelten sich erfreut die Hände und rühmten gegenseitig ihre Klugheit und Geschäftskenntnis. Bald würden sie ja Millionäre sein. Aber ach, sie waren nur „Wickelkinder“!

Eines Tages ließ sich ein Doktor W. E. Webb in Rom nieder. Er war ein Mann von vielversprechendem Äußern, sodass sich die Inhaber der Firma Rose & Cody bei seinem Eintritt in ihr Geschäftslokal auf große Bestellungen an Waren gefasst machten. Doktor Webb aber kaufte keine Spezereien. Zuerst plauderte er ein Weilchen über das Wetter und das rasche Aufblühen Roms, dann machte er Anspielungen, wie notwendig die Firma einen dritten Teilhaber brauche. Das war jedoch das letzte, was die scharfsichtigen Zukunftsmillionäre wünschten, und so wurde der gute Rat ihres Besuchers höflich, aber bestimmt zurückgewiesen.

Doktor Webb war jedoch nicht der Mann, der es bei einem Rat bewenden ließ. Er sagte, er sei im Begriff, Städte für die Kansas-Pazifikbahn anzulegen. Da sich indes Rom in bestem Aufschwung befinde, so wolle er nicht hindernd dazwischen treten, doch müsse mit Rücksicht auf die Eisenbahngesellschaft auch auf ein gutes Äußere der betreffenden Städte gesehen werden.

Weder Rose noch Will hatten eine Ahnung von der Macht einer großen Genossenschaft, wie die der Pazifik-Eisenbahngesellschaft. Befriedigt, dass sie in dieser Gegend die einzig gute Lage für eine Stadt für sich in Anspruch genommen hatten, erklärten sie, die Eisenbahngesellschaft müsse sich eben mit ihrer Stadt, so wie sie sei, zufrieden geben.

Doktor Webb lächelte freundlich, aber fast mitleidig. „Dann seien Sie nur auf Ihrer Hut“, sagte er beim Abschied.

Bald darauf legte er in nächster Nähe von Rom eine neue Stadt an. Den Einwohnern Roms wurde zu verstehen gegeben, dass man die Verkaufsmagazine für die Eisenbahn auf die neue Ansiedlung bauen werde, und dass diese ohne Zweifel einmal die Hauptstadt von Kansas zu werden verspreche.

Die Folge war, dass Rom eine Wüste wurde. Seine Einwohner flüchteten sich in die neue Stadt, und in Rose und Will begannen ernstliche Zweifel an ihrer Klugheit und Geschäftsgewandtheit aufzusteigen.

Noch ehe Will für seine Familie in Rom hatte ein Haus erbauen können, war im kleinen Leawenworther Heim große Freude durch die Geburt einer kleinen Tochter, der der Vater den Namen Arta gab, eingezogen. Da Will indes vor Ablauf einiger Monate unmöglich nach Hause zurückkehren konnte, so wurde der Entschluss gefasst, dass die Mutter, das kleine Kind und ich bei Luises Eltern in St. Louis einen Besuch abstatten sollten. Die Reise wurde glücklich überstanden, und während die Großeltern an der Kleinen ihr Entzücken hatten, erfreute ich mich zum ersten Male am Anblick einer großen Stadt.

Während dann Rom im Aufblühen begriffen war und großen Erfolg versprach, holte Will Gattin und Kind aus St. Louis, um sie in das nun fertiggestellte, behaglich eingerichtete kleine Haus zu führen. Ich dagegen kehrte nach Leawenworth zurück.

Nach dem Falle Roms aber war die kleine Behausung nicht mehr jener ideale Aufenthaltsort, den sich Will in seiner Phantasie ausgemalt hatte, und als dann Rom immer mehr in sein Nichts zurücksank, kehrte die kleine Familie nach St. Louis zurück.

Sechzehntes Kapitel

Wie Will zum Spitznamen Buffalo Bill kam

In jenen Tagen der Grenzstreitigkeiten gab es für jeden Mann, der arbeiten wollte, Beschäftigung die Fülle. Die am besten bezahlte sagte Will, so hart oder gefährlich sie auch sein mochte, stets am besten zu.

Zur Zeit, als Rom in Verfall geriet, nahm der Bau der Kansas-Pazifikbahn einen überaus raschen Fortgang, wodurch sich dem jungen Teilhaber der einst so vielversprechenden Firma Rose & Cody ein neues Feld der Tätigkeit eröffnete – das des Büffeljägers. Zwölfhundert Leute waren beim Eisenbahnbau beschäftigt, und die Gebrüder Goddard, die die Verpflegung dieser gewaltigen Arbeitermasse übernommen hatten, konnten oft nur mit großer Schwierigkeit frisches Fleisch herbeischaffen. Um diesem Übelstand abzuhelfen, wurden Büffeljäger angestellt, und da Will als geübter Büffelerleger bekannt war, so reihten ihn die Geschäftsführer mit Vergnügen in das Jagdpersonal ein. Wills Kontrakt verpflichtete ihn, durchschnittlich zwölf Büffel täglich zu erlegen, wofür er einen monatlichen Gehalt von fünfhundert Dollars erhielt. Dies war nun wirklich eine gute Einnahme, obwohl dabei auch viele Gefahren und Anstrengungen mit in Kauf genommen werden mussten. Zuerst hatte er die Gegend nach dem Wilde zu durchstreifen, wobei ihm stets die angenehme Aussicht blühte, mit Indianern zusammenzutreffen. War das Wild dann erlegt, so musste er dessen Zerteilen und Zurichten, sowie die Fortschaffung nach den betreffenden

Speisestationen der Arbeitsleute überwachen. Bei diesem Berufe nun erwarb er sich den Spitznamen „Buffalo Bill", der ihm für alle Zeiten haften blieb, und der ihn mit größerem Stolze erfüllte, als es der Titel Prinz oder Herzog im Stande gewesen wäre. Tausende von Menschen kennen meinen Bruder wahrscheinlich heute überhaupt nur unter diesem Namen.

Ehe Will seine neue Tätigkeit aufnahm, verschaffte er sich ein für die Büffeljagd zugerittenes Pferd, das den berüchtigten Namen „Brigham" führte. Von der Regierung wurde er mit einem erprobten Hinterlader ausgerüstet, den er in Anbetracht seiner mörderischen Eigenschaften „Lucretia Borgia" nannte.

An Büffeln fehlte es auf der weiten Prärie ja nicht. Trotzdem gab es Zeiten, wo sich keine zeigen wollten und die Fleischvorräte im Lager recht knapp wurden. Während einer dieser unfreiwilligen Ruhepausen wurde Brigham, als gerade Pferdemangel war, vor eine Egge gespannt. Man stelle sich seine Empörung vor. Ein vor einen Straßenbahnwagen gespanntes Rennpferd hätte nicht mehr Grund zur Widersetzlichkeit gehabt, als ein für die Büffeljagd dressiertes Rassepferd, das man zusammen mit ganz gemeinen Rossen, die niemals etwas Höheres als eine Egge oder einen Pflug gekannt hatten, vor ein Ackerbaugeräte spannte. Brigham weigerte sich rundweg, und zwar in solch unzweideutiger Weise, dass Will lachend eben im Begriff war, ihn wieder abzuschirren, als plötzlich der Ruf ertönte: „Da kommen sie!" Zugleich sah man eine Büffelherde über den Hügel heruntertraben.

Im Nu hatte sich Brigham von der Egge befreit, und rasch schwang sich Will auf den bloßen Rücken – der Sattel war in dem einige Meilen entfernten Lager zurückgelassen worden. Nachdem Will den Leuten noch den Befehl zugerufen hatte, ihm zur Aufnahme der toten Tiere mit einem Wagen zu folgen, jagte er in gestrecktem Galopp dem Wilde entgegen.

Er war jedoch an diesem Tage nicht der einzige Jäger. Aus dem nahegelegenen Fort kamen mehrere Offiziere geritten, und Will begab sich, die Büffel erwartend, zu ihnen. Sie waren erst vor kurzem in diese Gegend gekommen, und auf ihren Schulterklappen stand zu lesen, dass der eine den Grad eines Hauptmanns, die anderen den eines Leutnants bekleideten. Buffalo Bill kannten sie nicht. Für sie war der Ankömmling ein hübscher junger Mensch in gewöhnlichem Arbeiteranzug, der ein wenig hübsches Pferd ohne Sattel und mit einem Notzügel ritt. Sehr jagdgemäß sah er allerdings nicht aus, sodass der Hauptmann sich veranlasst sah, ihn etwas gönnerhaft zu behandeln.

„Hallo!", rief er. „Sie scheinen es auf dasselbe Wild abgesehen zu haben als wir."

„Ja, Herr Hauptmann", antwortete Will, „in unserem Lager ist das frische Fleisch knapp geworden."

Ein kritischer Blick streifte Brigham.

„Glauben Sie wirklich, mit einem solchen Pferde einen Büffel zu Tode hetzen zu können?", fragte er.

„Wieso?", entgegnete Will unschuldig. „Laufen die Büffel denn so schnell?"

„Schnell? Jedenfalls braucht man ein sehr flottes Pferd, um diese Tiere auf offener Prärie zu überholen."

„Wirklich?", sagte Will mit einem spöttischen Augenzwinkern, das der Offizier jedoch nicht bemerkte. Bekanntlich berührt nichts komischer, als über einen Gegenstand belehrt zu werden, den man selbst von Grund aus kennt, und dabei zu bemerken, dass der Lehrmeister selbst nichts davon versteht. Allem Anschein nach hatte bis jetzt noch keiner der Offiziere einen Büffel geschossen.

„Kommen Sie mit uns", sagte der Hauptmann huldvoll.

„Wir wollen einige von den Tieren erlegen, zum Vergnügen natürlich. Wir beanspruchen nur die Zunge und einige Stückchen Lendenbraten, mit dem übrigen Fleisch können Sie dann machen, was Sie wollen."

„Ich danke", erwiderte Will. „Reiten Sie, bitte, voran, ich folge Ihnen."

Die Herde mochte aus etwa zwölf Büffeln bestehen, und die Offiziere ritten drauf los, als ob es bloß an ihnen läge, wie viele sie zur Strecke bringen wollten. Will, der bemerkte, dass das Wild die Richtung nach dem Flusse nahm, ritt, die Gewohnheit der wilden Bestien kennend, dem Wasser zu, um sie dort anzugreifen.

Als die Herde, der das Militärquintett in einer Entfernung von etwa fünfhundert Yards folgte, an Will vorüberkam, riss er ein wenig an Brighams Notzügel. In wenigen Sätzen befand sich das geschulte Jagdpferd neben dem ersten Büffel. „Lucretia Borgia" ließ ihre Stimme ertönen, und tot stürzte der Büffel zu Boden. Ohne eine Aufforderung abzuwarten, hielt Brigham in einer Entfernung von kaum zehn Fuß vor dem nächsten Büffel, der ebenfalls auf den ersten Schuss zusammenbrach. So wurde fortgemacht, bis der letzte Büffel niederstürzte. Zwölf Schüsse waren abgefeuert worden, dann aber blieb Brigham, der seine Kräfte niemals unnötig anstrengte, stehen. Die Offiziere waren nicht ein einziges Mal zum Schuss gekommen. Höchstes Erstaunen stand auf ihren Gesichtern geschrieben, als sie herangeritten kamen.

„Meine Herren", sagte Will beim Absteigen mit der ausgesuchtesten Höflichkeit, „gestatten Sie mir, Ihnen elf Zungen und so viel Lendenbraten, als Sie wünschen, anzubieten."

„Beim Jupiter!", rief der Hauptmann. „So etwas habe ich meiner Lebtag noch nicht gesehen. Wer sind Sie denn?"

„Bill Cody ist mein Name."

„Nun also, Bill Cody, das muss man sagen, das Büffeltöten verstehen Sie, und auch Ihr Pferd hat ja ganz gute Eigenschaften."

„Ja, einige", antwortete Will lächelnd.

Hauptmann Graham – so hieß er, wie sich im Laufe des Gesprächs herausstellte – und seine Gefährten waren etwas enttäuscht, dass sie gar nicht zum Schuss gekommen waren, gestanden aber ein, durch den Anblick eines Kunststücks – Büffel aus ungesatteltem Pferde ohne richtiges Zaumzeug zu schießen, dessen sie einen Weißen nicht für fähig gehalten hätten – reichlich entschädigt zu sein. Will setzte ihnen hierauf auseinander, dass Brigham mehr von der Büffeljagd verstehe, als die meisten zweibeinigen Jäger. Das Einzige, was er vom Reiter verlange, sei, den Büffel zu treffen. Ein, auch zwei Fehlschüsse gestatte Brigham, beim dritten aber verliere er die Geduld, und dann müsse man sich darauf gefasst machen, dass er die Jagd sofort aufgebe.

Dieses Ereignis war ganz dazu angetan, Wills Spitznamen „Buffalo Bill" zu befestigen. Als jedoch die Freunde Billy Comstocks, des Anführers der Kundschafter in Fort Wallace, diesen Namen hörten, legten sie Protest ein. Comstock, sagten sie, sei Cody als Büffeljäger überlegen. Um nun diesen Streit zum Austrag zu bringen, wurde eine Wettjagd veranstaltet, wonach sich entscheiden sollte, ob Cody oder Comstock den Namen „Buffalo Bill" zu tragen das Recht habe.

Das zum Wettkampf bestimmte Gebiet lag in der Nähe von Sheridan im Staate Kansas, wo sich am festgesetzten Tage eine große Menge Zuschauer einfand. Offiziere, Soldaten und Eisenbahnarbeiter erbaten sich einen Urlaubstag, um das interessante Schauspiel mit anzusehen. Selbst eine große Gesellschaft von Herren und Damen, unter denen sich auch Luise befand, kamen von St. Louis herübergefahren.

Schiedsrichter wurden aufgestellt, die den beiden Jägern folgen und ein Verzeichnis über die erlegten Büffel führen sollten. Comstock ritt sein Lieblingspferd und war mit einer Henryflinte von schwerem Kaliber bewaffnet, Brigham und Lucretia begleiteten Will. Bis die erste Herde in Sicht kam, ritten die beiden Jäger Seite an Seite, dann aber auf ein gegebenes Signal sprengten sie auseinander. Will erlegte in diesem Gang achtunddreißig, Comstock dreiundzwanzig Büffel. Dabei waren sie viele Meilen geritten, und weit umher lagen die toten Tiere über die Prärie verstreut. Um die Mittagszeit wurde ein Essen eingenommen, und kaum war es beendet, so kam eine zweite Herde zum Vorschein, die hauptsächlich aus Kühen und Kälbern bestand. Auch diesmal fiel das Ergebnis – achtzehn gegen vierzehn – zu Gunsten Codys aus. In jenen Tagen wimmelte es auf der Prärie mit Büffeln, und noch bevor die Flintenläufe kalt geworden waren, tauchte eine dritte Herde auf. Um auch Brigham seinen Ruhmesanteil zukommen zu lassen, warf Will Sattel und Zaumzeug fort und stürzte sich auf ungesatteltem Pferde ins Gemetzel.

Dies entschied den Wettbewerb. Die Rechnung ergab neunundsechzig zu achtundvierzig. Comstocks Freunde erklärten sich für besiegt, und Cody wurde feierlich zum ersten Büffeljäger der Prärie ausgerufen.

Die Köpfe der bei dieser Jagd erlegten Büffel steckte man auf Anordnung der Eisenbahngesellschaft auf Pfähle und pflanzte sie längs der geplanten Bahnlinie auf. Will setzte dann seine Arbeit als angestellter Büffeljäger der Kansas-Pazifikbahn fort und erlegte während der anderthalb Jahre, die er diesem Beruf widmete, eintausendzweihundertachtzig Büffel. Nachdem die Eisenbahn bis Sheridan fertiggestellt war, beschloss man, sie vorläufig nicht weiter zu bauen, wodurch Will veranlasst wurde, sich nach einer anderen Beschäftigung umzusehen.

Die Indianer hatten sich jetzt wieder auf solch beunruhigende Weise bemerklich gemacht, dass ein allgemeiner Krieg längs der Grenzgebiete auszubrechen drohte. General Sheridan begab sich nach dem Westen, um die militärischen Operationen persönlich zu leiten. Zuerst schlug er sein Hauptquartier in Leawenworth auf; als sich die Indianeraufstände aber auf immer weitere Gebiete erstreckten, verlegte er es nach Fort Hayes, der damaligen Endstation der Kansas-Pazifikeisenbahn. Will stand zu dieser Zeit im Dienste des Quartiermeisteramtes in Fort Larned, wurde jedoch mit der wichtigen Nachricht zu General Sheridan geschickt, dass die Indianer in der Nähe von Larned ihr Lager abzubrechen im Begriff seien. Die Entfernung zwischen Larned und Hayes betrug fünfundsechzig Meilen. Der Weg führte durch eine von Indianern unsicher gemachte Gegend, Will aber brachte die schwierige Aufgabe erfolgreich zur Durchführung und erreichte ohne Unfall den kommandierenden General.

Kurze Zeit darauf sollten Depeschen von Fort Hayes nach Fort Dodge überbracht werden. Fünfundneunzig Meilen lagen zwischen den beiden Orten, und jede einzelne Meile bot neue Gefahren. Fort Dodge selbst war ganz von Indianern umringt, und vor kurzem erst hatten drei Kundschafter auf dem Wege dorthin ihren Tod gefunden. Wills Vertrauen aber auf seine eigene Person und auf seinen guten Stern konnte durch nichts erschüttert werden, und so meldete er sich freiwillig zur Beförderung der Depeschen – das heißt, soweit ihn die Indianer kommen ließen.

„Es ist ein gefährliches Unternehmen“, sagte General Sheridan, „doch hängt ungeheuer viel von der richtigen Ablieferung der Depeschen ab. Wenn Sie also das Wagnis übernehmen wollen, so suchen Sie sich das beste Pferd aus. Je früher Sie sich auf den Weg machen, desto besser.“

Noch vor Ablauf einer Stunde saß der Kundschafter im Sattel. Zu Anfang gestattete Will seinem Pferde ein gemäßigtes Tempo, um es für den Fall einer Verfolgung frisch zu erhalten. Allein nichts Bedrohliches zeigte sich, und als der Morgen graute, hatte Will siebzig Meilen zurückgelegt und eine mit Negertruppen besetzte Station am Coon Creek erreicht. Hier lieferte er einen Brief an Major Cox, den befehlshabenden Offizier, ab, frühstückte, bestieg ein frisches Pferd und setzte seine Reise fort, noch ehe die Sonne ihre ersten Strahlen auf die Prärie sandte.

Glücklich wurde Fort Dodge gegen neun Uhr erreicht, wo Will die Depeschen sofort ablieferte. Dann erst legte er sich zu höchst notwendigem Schlafe nieder. Als er erwachte, versicherte ihm John Austin, der Anführer der Kundschafter in Fort Dodge, dass seine unbehelligte Ankunft aus Fort Hayes fast einem Wunder gleichkomme. Ferner sagte man Will, ein Ritt nach Fort Larned, Wills Hauptquartier, sei noch weit gefährlicher als der soeben von ihm zurückgelegte, da die Feinde jene Gegend ganz besonders dicht besetzt hielten. Als deshalb keiner der Kundschafter die Überbringung der dorthin bestimmten Depeschen übernehmen wollte, bot Will freiwillig seine Dienste an.

„Larned ist ja mein Hauptquartier“, sagte er, „ich muss also sowieso dorthin zurückkehren. Geben Sie mir nur ein gutes Pferd, dann will ich Ihre Depeschen mitnehmen.“

„Wir besitzen kein einziges anständiges Pferd mehr“, erwiderte der Offizier niedergeschlagen, „doch kann ich Ihnen eines unserer vortrefflichen Maultiere anbieten.“ Will machte eine Gebärde der Verzweiflung. Die Aussicht, auf dem Rücken eines Maultiers ein zweites Wettrennen mit Indianern aufnehmen zu müssen, hatte nichts Verlockendes. Zudem gab es nur sehr wenige Maultiere, wie weiland sein mausfarbenes. Allein er schickte sich ins Unvermeidliche, suchte sich das am unternehmungslustigsten aussehende Tier aus und machte sich auf den Weg. Weder er noch das Maultier ahnten, was für eine Überraschung ihrer harrte.

Am Coon Creek stieg Will ab, um einen Schluck Wasser zu trinken, wobei das Maultier die Gelegenheit ergriff, sich langsam aus dem Staube zu machen und ohne seinen Reiter den nach Fort Larned führenden Wagenspuren zu folgen. Will glaubte das launische Tier mit Leichtigkeit wieder einholen zu können, nachdem er aber über eine Meile lang vergebliche Versuche gemacht hatte, ging ihm die Sache denn doch über den Spaß. Er drohte und bat, tobte und schmeichelte – alles umsonst, das Maultier war gleich taub für gute wie strenge Worte. Gleichmäßig trabte es auf seinem Wege weiter, nahe und doch unerreichbar für den jungen Mann, der keuchend hinter ihm herlief. Und Larned lag noch zwanzig Meilen entfernt!

Das trübe, nächtliche Grau der Ebene begann allmählich – wie der Dichter sich ausdrückt – dem goldenen Hauch der Morgendämmerung zu weichen. In einer Entfernung von vier Meilen schimmerten die Lichter von Fort Larned. Der einzige sichtbare dunkle Punkt auf der duftigen Landschaft war das Maultier. In den Augen des ermüdeten Mannes mit den schmerzenden Füßen aber lag ein zorniger Ausdruck.

Bumm! Es war der Reveilleschuss im Fort. Überrascht hob das Maultier den Kopf, bewegte seine Ohren und ließ laut und frohlockend seine Stimme ertönen.

Krach! Diesmal war der Schuss aus Wills Flinte gekommen. Zu Tode getroffen, stürzte das Maultier zu Boden. Es hatte die verhängnisvolle Torheit begangen, über seine Schändlichkeit auch noch zu triumphieren. Nun war ihm dafür getan, ein zweites Mal das Leben eines Reiters aufs Spiel zu setzen.

Fünfunddreißig Meilen hatte Will zu Fuß zurückgelegt, und jeder Knochen schmerzte ihn. Sein Schuss versetzte die Besatzung zwar in Alarm, doch war Will bald mit der nötigen Erklärung zur Stelle. Eilig lieferte er seine Depeschen ab und legte sich schleunigst zu Bett.

Im Laufe des Tages kehrte General Hazen unter Bedeckung aus Fort Harker zurück und brachte Depeschen für General Sheridan. Will bot sich zum Überbringer an. Als man ihm jedoch wieder einen Maulesel mitgeben wollte, weigerte er sich entschieden, sein Leben noch einmal in die Gewalt eines solchen Tieres zu geben. Er suchte sich ein gutes Pferd aus und legte den Ritt ohne Zwischenfall zurück.

Bei Tagesanbruch wurde General Sheridan zur Entgegennahme der Meldungen des Kundschafters geweckt. Aufs Wärmste drückte er Will seine Anerkennung für die glückliche Durchführung der drei langen, gefährlichen Ritte aus.

„Alles in allem", schreibt General Sheridan in seinen Memoiren, „ritt Cody dreihundertfünfzig Meilen in sechzig Stunden, eine Betätigung von Mut und Ausdauer, die mir vollauf die Überzeugung gab, dass mir seine Dienste während des Krieges auch ferner von außerordentlichem Nutzen sein würden. Dies bestimmte mich, ihn bis zur Ankunft einer Abteilung des fünften Reiterregiments in Fort Hayes zurückzubehalten und ihn dann zum Anführer der Kundschafter dieses Regiments zu ernennen."

Siebzehntes Kapitel

Satanta, der Häuptling der Kiowas

Von Fort Larned fiel der Blick auf ein großes in der weiten Ebene liegendes Feldlager der Kiowas und Comanches. Noch trugen sie zwar nicht ihren vollen Kriegsschmuck und auch ihre Gesichter waren noch nicht kriegsmäßig bemalt, doch hatte sich ihrer bereits eine fieberhafte Unruhe bemächtigt, so dass es sich bis zum Ausbruch offener Feindseligkeiten nur noch um Tage handeln konnte.

Satanta, der oberste Häuptling der Kiowas, war ein mächtiger, kriegstüchtiger Indianer, der wegen seiner Sprachgewandtheit der „Prärieredner" genannt wurde. Er war klein und breitschultrig. Glühender Hass gegen die Weißen erfüllte seine Brust, dabei fehlte es ihm nicht an der seinem Volke eigenen Hinterlist, zu der sich noch eine heimtückische Verschlagenheit gesellte, die er sich bei den Unterhandlungen mit betrügerischen Agenten und Handelsleuten angeeignet hatte. Denn wohl niemals hat es einen moralisch so verdorbenen Indianer gegeben, der durch den Verkehr mit einem spitzbübischen Weißen nicht noch tiefer hätte sinken können.

Solange die Kiowas mit der Regierung auf friedlichem Fuße standen, pflegte Satanta einen weißen Gast mit der ganzen dem Stamme zur Verfügung stehenden Prachtentfaltung zu empfangen. Ein Teppich wurde für den weißen Mann zum Niedersitzen ausgebreitet und ein Klappbrett als Tisch vor ihn gestellt. Der Kostenpunkt kam niemals in Betracht.

Aber auch für seine eigene Person liebte Satanta einen gewissen Luxus. Wäre er in Europa gewesen, so hätte er sich sicherlich mit Vorliebe in Zylinder und schwarzem Rock und abends im Gesellschaftsanzug gezeigt. So wie nun aber die Verhältnisse lagen, tat er sich durch besonders farbenprächtige Kleider und Federn hervor.

Ein Teil der Aufgabe, die General Hazen nach Fort Larned geführt hatte, bestand darin, womöglich einen Vertrag mit den schwer beleidigten Kiowas und Comanches abzuschließen. An einem heißen Augustmorgen nun trat der General eine Inspektionsreise an, deren erste Station das am Arkansas im heutigen Kreis Barton gelegene Fort Zarah war. Man machte sich frühzeitig auf den Weg, da vor Mittag dreißig Meilen zurückgelegt werden sollten. Der General saß in einem mit vier Maultieren bespannten Armeeambulanzwagen und wurde von zehn Infanteriesoldaten in einem ebenfalls von vier Maultieren gezogenen Wagen begleitet. Will ritt als Kundschafter voraus.

Nach dem in Fort Zarah eingenommenen Mittagessen begab sich der General nach Fort Harker, nachdem er dem Kundschafter und den Soldaten befohlen hatte, am folgenden Tage nach Larned zurückzukehren. Da jedoch in Zarah nichts weiter zu tun war, so beschloss Will, sogleich den Rückweg anzutreten. Er bestieg also sein Maultier und steuerte Larned zu.

Die erste Hälfte der Reise verlief ohne Zwischenfall. Kaum aber waren die Pawnee Rocks erreicht, so drängte sich ein Ereignis ans andere. Etwa vierzig Indianer kamen hinter den Felsen hervorgesprengt und umringten den Kundschafter.

„Halt, halt!“, riefen sie ihm entgegen und reichten dem weißen Manne die Hände zum Gruß.

Die Rothäute waren im Kriegsschmuck, hatten also feindliche Absichten. Da durch die Erwiderung ihres Grußes indes nichts weiter aufs Spiel gesetzt war, so streckte auch Will seine Hand aus. Einer der Indianer ergriff sie und schüttelte sie heftig; ein anderer packte den Zügel des Maultiers, ein dritter zog die Pistolen aus den Halftern, ein vierter bemächtigte sich der Flinte, während ein fünfter Will mit einem Tomahawk einen Schlag auf den Kopf versetzte, der ihn fast betäubte.

Hierauf setzte sich die Bande singend, johlend und schreiend und auf das Maultier lospeitschend in der Richtung nach dem Arkansas River in Bewegung. Jenseits des Flusses befand sich eine Menge zum Kriegszuge bereiter Indianer. Will und seine Unterjocher wateten durch den seichten Fluss, dann wurde der Gefangene vor den Häuptling des Stammes, bei dem Will einige Bekannte hatte, geführt.

Der Kopf schmerzte ihn heftig von dem Tomahawkschlage, trotzdem arbeitete sein Geist in normaler Weise, und als Satanta ihn fragte, wo er herkomme, antwortete er, dass er sich auf der Suche nach „Whoa-haws“ befunden habe.

Er wusste nicht nur, dass die Indianer eine Herde „Whoa-haws“, wie sie das Rindvieh nannten, erwarteten, sondern auch, dass diese Herde noch nicht angekommen war und die Rothäute seit mehreren Wochen kein Fleisch hatten. Diesen Umstand wollte Will nun dazu benützen, sich bei Satanta wichtig zu machen.

Dies gelang ihm vollständig; Satanta hörte ihn mit dem größten Interesse an. Wo die Viehherde sei? fragte er. O, nur wenige Meilen entfernt, antwortete Will. Er sei ausgeschickt worden, um den Indianern zu melden, dass eine große Menge herrlicher Lendenbraten gegen sie anrücke.

Satanta war hocherfreut und auch die anderen Führer bezeigten die größte Teilnahme. Ob General Hazen ihm gesagt habe, dass das Rindvieh für sie sei? fragten sie, und ob sich der Kundschafter denn auch wirklich nicht täusche?

Ernsthaft verneinte es Will und fragte mit geziemender Würde nach dem Grunde der ihm zu teil gewordenen groben Behandlung.

Ach, das sei alles nur Spaß gewesen, erklärte Satanta. Die Indianer, die den weißen Häuptling gefangen genommen hätten, seien junge, übermütige Kerls, die nur sehen wollten, ob er tapfer sei. Sie hätten ihn einfach auf die Probe stellen wollen. Es sei nur zum Vergnügen – zum Scherz geschehen.

Will ließ sich nicht herbei, über diesen Punkt zu streiten, obwohl er sich sagte, dass es eine merkwürdige Art sei, den Mut eines Mannes zu prüfen, indem man ihm mit dem Tomahawk auf den Kopf schlage. Stirbt er nicht daran, so ist er tapfer wie Agamemnon. Er wandte also nur in ganz ruhiger Weise ein, dass dies doch eine recht raue Art sei, gute Freunde zu empfangen, worauf Satanta seinen kühnen jungen Stammesgenossen einen Verweis gab und ihnen befahl, dem Kundschafter die abgenommenen Waffen zurückzugeben.

Die nächste Frage lautete nun, ob Soldaten bei der Viehherde seien? Natürlich, antwortete Will, eine große Militärabteilung begleite die saftigen Braten. Diese Nachricht veranlasste eine lange Beratung, und das Resultat war, dass die Feindseligkeiten jedenfalls bis zur Ankunft der Viehherde eingestellt werden sollten. Ob Will es übernehmen wolle, das Vieh herzubringen? Gewiss, er sei mit Vergnügen dazu bereit. Ob er wünsche, dass ihn einige junge Indianer begleiten? O nein, auch die Soldaten seien übermütige Kerls, denen es einfallen könnte, den Mut der jungen Indianer zu prüfen, indem sie ihnen Löcher in den Leib schossen. Es sei weit besser, wenn der Kundschafter allein zurückkehre.

Satanta stimmte ihm bei, und Will durchquerte unbelästigt den Fluss. Als er aber einen verstohlenen Blick über die Schulter warf, bemerkte er eine aus zehn bis fünfzehn Indianern bestehende Abteilung, die ihm langsam folgte. Satanta war eben ein äußerst vorsichtiger Häuptling.

Gemächlich ritt Will den das Ufer begrenzenden sanften Abhang hinan, kaum aber lag der Hügelrücken zwischen ihm und den Indianern, so lenkte er sein Maultier westwärts dem Fort Larned zu und trieb es zu seiner schnellsten Gangart an. Als die Indianer die Anhöhe erreicht hatten, von wo aus man das Tal, in dem sich die Rinderherde befinden sollte, überblicken konnte, sahen sie nicht ein einziges Hornvieh, dafür aber den in entgegengesetzter Richtung entfliehenden Kundschafter.

Sie machten sofort Jagd auf ihn, das Maultier aber hatte ein rasches Tempo, sodass die Indianerponys es nur langsam einholten. Bei dem sechs Meilen von Larned entfernten Ash Creek ging der Wettlauf fast gleichmäßig vorwärts, nach weiteren zwei Meilen aber kamen die Indianer auf unheimliche Weise näher. Da ertönte der Abendkanonenschuss aus dem noch vier Meilen entfernten Fort, der in den Ohren des dem sicheren Hafen zujagenden, um sein Leben ringenden Mannes wie ein höhnischer Willkommgruß klang.

In der Nähe des Pawnee Fork, von wo aus man noch zwei Meilen bis zum Fort hatte, waren die Indianer bereits bis auf fünfhundert Yards aufgerückt. Hier aber, am jenseitigen Flussufer, stieß Will auf einen dem Fort zufahrenden Proviantwagen, in dessen Begleitung sich sechs Soldaten und der sogenannte Denver Jim, ein bekannter Kundschafter, befanden.

Rasch lenkten sie den Wagen unter die nahegelegenen Bäume, versteckten sich selbst hinter Gebüsch, und als die Indianer ankamen, empfing sie ein kräftiges Feuer. Zwei

Rothäute wurden getötet, die anderen machten kehrt und ritten so rasch als möglich heimwärts.

Im Jahre 1868 hatte General Sheridan den Oberbefehl über sämtliche im Feld stehende Truppen übernommen und rüstete nun die bekannten Winterexpeditionen gegen die Kiowas, Comanches, Cheyennes und Arapaoes. Er selbst befehligte die aus Fort Dodge abgehenden Truppen, deren Kavallerie unter General Custer stand. General Penrose sollte aus Fort Lyon in Colorado vorrücken, während General Eugen A. Carr den Befehl hatte, mit dem fünften Reiterregiment aus dem Kreis Republican River nach Fort Wallace in Kansas zu marschieren. Will führte zu dieser Zeit eine unter General Carr stehende vierzig Mann starke Kundschafterpatrouille und hatte von General Sheridan den Auftrag, den aus Fort Lyon ausrückenden Truppen des Generals Penrose zu folgen. General Carr sollte nach Fort Lyon marschieren und General Penroses Truppen folgen, die drei Wochen früher von dort abgerückt waren, um dann, wenn er Penrose eingeholt hatte, den Oberbefehl über beide Truppenkörper zu übernehmen. Am 21. November verließen General Carrs Truppen Fort Lyon. Schon am zweiten Tage wurden sie von einem entsetzlichen Schneesturm überfallen, weshalb sie die Anhöhe, wo sie ihn auszuhalten hatten, die „Eiskanone“ tauften, ein Name, den sie heute noch trägt. Da Penrose nur einen Trainzug und kein schweres Geschütz mit sich führte und der Boden mit Schnee bedeckt war, so vermochte man kaum mehr seinen Spuren zu folgen. Schließlich holten sie ihn aber doch glücklich am südlichen Arm des Canadia River ein, wo sie ihn mit seiner Mannschaft in traurigstem Zustande vorfanden. All ihr Vieh war der Kälte erlegen, sodass sie nur Büffelfleisch zur Nahrung hatten.

General Carr ließ nun ein Notlager errichten und stellte es mit einem Teil seiner kampfunfähig gewordenen Mannschaften unter Penroses Befehl. Hierauf machte er sich mit dem fünften Reiterregiment und den besten Pferden und Packeseln in südlicher Richtung auf den Weg nach dem Hauptarm des Canadia River, den Indianern entgegen. Schon war er dreißig Marschtage vom Lager entfernt, ohne auf die Hauptstellung der Indianer gestoßen zu sein. Dies erklärte sich später dadurch, dass General Sheridan sie eingeschlossen und ihnen General Custer entgegengeschickt hatte, der dann auch die Indianer in der bekannten großen Schlacht bei Wichita besiegte.

Nach einem äußerst strengen Winter kehrten die Truppen im März nach Fort Lyon in Colorado zurück.

Im Frühling 1869 erhielt das nach dem Kreise Platte beorderte fünfte Reiterregiment den Befehl, seinen Marsch nach dem im Staate Nebraska gelegenen Fort Mc Pherson zu richten.

Der Militärtrain, zu dem sechsundsiebzig Proviant- und eine beträchtliche Anzahl Ambulanzwagen und Packesel gehörten, war ungewöhnlich groß und stand unter dem Befehl von Oberst Royal, der später durch General Carr ersetzt wurde, sowie dem Major Brown und Hauptmann Sweetman.

Die täglich zurückgelegte Entfernung betrug im Durchschnitt nur zehn Meilen. Als dann die Truppen am Salomon River ihr Lager aufschlugen, war kein frisches Fleisch mehr vorhanden, weshalb Oberst Royal Will beauftragte, etwas Wild zu besorgen.

„Mit Vergnügen“, antwortete Will, „ich bitte dann nur, mir einige Wagen zur Aufnahme der Jagdbeute nachzuschicken.“

„Das hat noch Zeit, wenn das Wild erlegt ist“, entgegnete der Oberst kurz.

Damit war die Sache natürlich erledigt, und ein wenig ärgerlich ritt Will davon.

Es dauerte nicht lange, so hatte er eine aus sieben Büffeln bestehende Herde aufgestöbert, die er nun sofort aufs Lager zujagte. Als die Tiere in der Nähe der Vorpostenlinie angelangt waren, ritt Will vor und brachte einen Büffel um den anderen zur Strecke, bis nur noch ein einziger alter Stier übrig blieb. Diesen ließ er fast bis in die Mitte des Lagers entfliehen und schoss ihn dann erst nieder. Die auf die Büffel abgegebenen Schüsse hatten die angepfählten Pferde fast in die Flucht gejagt, sodass Oberst Royal, der im Verein mit den anderen Offizieren der Jagd zugesehen hatte, etwas ärgerlich fragte: „Wozu denn das?"

„Nun", antwortete Will, „ich dachte dem Herrn Oberst dadurch die Mühe zu ersparen, das Fleisch holen lassen zu müssen."

Der Oberst lächelte. Ohne Zweifel aber hatten die anderen Offiziere noch mehr Freude an dem Spaß als er.

Am nördlichen Arm des Beaver entdeckte Will frische und weitverbreitete Indianerspuren. Da sich diese aber über das ganze Tal erstreckten, so musste man annehmen, dass sich hier noch vor kurzem ein Indianerdorf befunden hatte. Will schätzte die Zahl der Hütten auf mindestens vierhundert, was auf eine Einwohnerzahl von zweitausendfünfhundert bis dreitausend Indianer mit Weibern und Kindern schließen ließ.

Als General Earr, der das Kommando jetzt übernommen hatte, diese Nachricht vernahm, zog er mit seinen Truppen eine zum Beaver Creek führende Bergschlucht hinunter, während Will mit Leutnant Ward und zehn Mann einen Kundschaftsritt antrat. Nachdem sie zwölf Meilen dem Laufe des Beaver Creek gefolgt waren, ritten Leutnant Ward und der Kundschafter einen Hügel hinan, um Ausschau zu halten. Ihr erster Blick fiel auf ein großes, etwa drei Meilen entferntes Indianerdorf. Tausende von Ponys standen ringsum angepfählt, und aus verschiedenen

Richtungen kehrten truppweise die mit Büffelfleisch beladenen Indianer von der Jagd zurück.

„Na, Herr Leutnant“, sagte Will, „ich denke, wir wissen jetzt, was wir zu tun haben.“

„Jawohl“, antwortete Ward. „Je früher wir von hier wegkommen, desto besser.“

Nachdem die beiden wieder bei den am Fuße des Abhangs wartenden Soldaten angelangt waren, sandte Ward eine Ordonnanz mit einer Meldung an General Carr voraus, während er selbst mit Will und den übrigen Soldaten langsam zu folgen beabsichtigte, um sich dann mit den Truppen zu vereinigen, die ihm jedenfalls zur Unterstützung geschickt wurden.

In gestrecktem Galopp ritt die Ordonnanz ab, kehrte jedoch schon nach wenigen Minuten mit drei dicht hinter ihr folgenden Indianern zurück. Sofort feuerte die kleine Abteilung auf die Rothäute, die denn auch kehrt machten und in der Richtung ihres Dorfes entflohen.

„Herr Leutnant“, sagte Will, „geben Sie lieber mir den Zettel für den General.“ Und kaum hatte er ihn in Händen, so gab er seinem Pferde die Sporen und jagte dem Lager zu.

Noch hatte er erst eine kurze Strecke zurückgelegt, da stieß er auf eine weitere Abteilung Indianer, die mit Büffelfleisch bepackt ins Dorf zurückkehrten. Ohne anzuhalten, feuerte er einen Schuss um den anderen ab, und während die Rothäute erschrocken zögerten, galoppierte er an ihnen vorüber. Es dauerte jedoch nicht lange, bis sich die Indianer von ihrer Überraschung erholt hatten, sich ihrer Beute entledigten und die Verfolgung aufnahmen. Ihre Ponys aber waren von der langen Jagd ermüdet, sodass Wills frisches Pferd immer größeren Abstand gewann.

Kaum hatte General Carr die Meldung entgegengenommen, so befahl er dem Hornisten, das Signal „Aufgesessen“ zu blasen. Zwei Schwadronen wurden zum Schutze der

Wagen zurückgelassen, während die übrigen den Indianern entgegeneilten.

Nachdem sie drei Meilen zurückgelegt hatten, stießen sie auf Leutnant Wards Abteilung, und nach fünf weiteren Meilen sahen sie sich einer gewaltigen Masse von Rothäuten gegenüber. Die Indianer deckten den Rückzug ihrer Weiber, die, ihre Habseligkeiten zusammenpackend, sich zu eiliger Flucht rüsteten.

General Carr gab den Befehl zum Angriff auf die Linie der Rothäute. War diese durchbrochen, so sollte die Kavallerie weiterreiten und das Dorf einschließen. Die Bewegung wurde mit Erfolg ausgeführt. Einer der Offiziere aber fasste den Befehl unrichtig auf und wurde, als er einen Angriff auf den feindlichen linken Flügel machte, sofort von etwa dreihundert Rothäuten eingeschlossen. Wohl schickte man ihm unverzüglich Verstärkungen, der Schlachtenplan aber war zerstört, und der Rest des Nachmittags verging in heftigem Ringen um den Kampfplatz mit den Indianern, die mit dem Mut der Verzweiflung für ihre Hütten und für ihre Weiber und Kinder stritten. Endlich brach die Nacht herein und setzte dem Kampfe ein Ziel. Die Präriewagen aber waren trotz des gegebenen Befehls, den Truppen zu folgen, noch nicht erschienen, und obgleich das Regiment ihnen entgegenritt, war es doch neun Uhr, als man sie endlich erreichte.

Mit Tagesgrauen wurde das Lager abgebrochen und die Verfolgung aufgenommen. Allein nicht ein einziger Indianer war mehr zu sehen, obwohl man den ganzen Tag ihren Spuren nachritt. Die Indianer hatten jedenfalls alles, was ihre Flucht aushalten konnte, im Stich gelassen. Am Republican River schlug das Regiment an diesem Abend sein Lager auf, und erst am nächsten Morgen konnte man endlich einen flüchtigen Blick vom Feinde erhaschen.

Gegen elf Uhr machten etwa dreihundert berittene Indianer einen Angriff, wurden jedoch unter starken Verlusten zurückgeschlagen. Nachdem sie sich von der Erfolglosigkeit einer längeren Gegenwehr überzeugt hatten, entzogen sie sich weiteren Verfolgungen, indem sie sich nach allen Windrichtungen hin zerstreuten. Eine große Anzahl Ponys wurde erbeutet und als Siegestrophäe dieses Feldzugs mitgenommen.

Achtzehntes Kapitel

Will wird zum Oberkundschafter ernannt

Zur bestimmten Zeit langte das fünfte Reiterregiment in Fort Mc Pherson an, wo es sich sofort wieder für eine neue Expedition nach dem Republican River rüstete. Zu jener Zeit machte General Carr dem General Augur, Gouverneur des Plattekreises, den Vorschlag, Will zum Anführer der dort angestellten Kundschafter zu ernennen.

Auf dem Marsch durch das Plattetal zum Fort Mc Pherson bot die Gegend so große Naturschönheiten, dass Will beschloss, künftighin seinen Wohnsitz dort aufzuschlagen.

Bald nach der Rückkehr ins Fort war die Kundschafterabteilung des fünften Reiterregiments durch Major North mit drei Kompanien der als Kundschafter berühmten Pawnees* verstärkt worden. Diese Kerls wurden sofort der Gegenstand höchsten Interesses und die Ursache vieler Heiterkeit im Fort, und zwar nicht nur wegen ihrer Abstammung, sondern hauptsächlich wegen ihres seltsamen Aufzugs. Mein Bruder schildert in seiner selbstverfassten Lebensbeschreibung das Äußere dieser Kundschafter bei einer vor dem Brigadegeneral Duncan abgehaltenen Truppenschau folgendermaßen:

Die Parade verlief glänzend, denn die Leute waren gut gedrillt und taktisch gründlich ausgebildet. Auch die Pawnees machten ihre Sache zufriedenstellend, ihre Galauniformen aber hätten selbst ein Militärpferd zum Lachen bringen können. Obwohl man sämtliche Leute mit regelrechten Kavallerieuniformen ausgerüstet hatte, so trugen doch nicht zwei die ihnen gelieferten Gegenstände so, wie sie vorschriftsmäßig gebraucht werden sollten. Als sie zur Parade antraten, erschienen verschiedene in dicken, schweren Mänteln, andere hatten sogar die Beinkleider abgelegt und begnügten sich mit einem windelartigen Lappen. Einige trugen große schwarze Hüte mit Messingschnallen, wieder andere waren barhäuptig. Viele hatten zwar Beinkleider, aber keine Hemden angezogen, während die allerdrolligsten das Hinterteil herausgeschnitten hatten. Die Hälfte von ihnen war ohne Fußbekleidung, trug aber trotzdem voll Stolz die klirrenden Sporen.

Seltsame Kerls, aber für Indianer bewunderungswürdig gut diszipliniert! Sie waren ihrem Anführer, Major North, der ihre Sprache wie ein Eingeborener beherrschte, treu ergeben und äußerst stolz auf ihre Stellung in der Armee der Vereinigten Staaten – dabei gute Soldaten, treffliche Schützen und mutige Kämpfer.

Am Schluss der Parade wohnten die Offiziere mit ihren Damen einem von den Pawnees aufgeführten Indianertanz an, wodurch ein bewegter Tag aufs Heiterste beschlossen wurde.

Am darauffolgenden Morgen setzte sich eine Expedition nach dem Republican River in Bewegung, um dem wachsenden Übermut der Sioux entgegenzutreten. Kein Dienst hätte den Pawnees erwünschter sein können, da sie und die Sioux Erbfeinde waren.

Nach Beendigung des Marsches wurde ein Lager an der Beavermündung aufgeschlagen, und schon nach Verlauf einer Stunde machten sich die Sioux bemerklich. Ein Hirte, dem ein Pfeil in der Schulter steckte, kam mit der Nachricht ins Lager gelaufen, dass eine Schar Rothäute die zur Tränke geführten Maultiere überfallen habe.

Will nahm sich nicht Zeit, sein Pferd zu satteln. Aber auch die Pawnees waren kaum weniger flink als er und überrumpelten die Sioux, die auf einen solch raschen Angriff nicht gefasst waren. Am meisten überraschte die Rothäute der Anblick ihrer Stammesfeinde. Sie wichen zurück, während Will mit seinen roten Verbündeten ihnen auf den Fersen folgten. Fünfzehn Meilen wurde die Jagd fortgesetzt, und erst als viele Sioux niedergestreckt und die übrigen zerstreut waren, kehrten die Verfolger ins Lager zurück.

Will, der auf einem schönen Pferde saß, war etwas ärgerlich, dass er während der wilden Verfolgung von einem Pawnee, der ein unscheinbar aussehendes Pferd ritt, überholt worden war. Auf Wills Frage sagte ihm Major North, dass das flüchtige Tier ebenso wie das Wills von der Regierung gestellt sei. Der Pawnee hing nun zwar sehr an seinem Pferde, liebte aber auch den Tabak über alles und ließ sich vermittels einiger Päckchen dieser Ware und noch einiger anderer Luxusgegenstände zu einem Tausch überreden. Will nannte sein neues Pferd „Buckskin Joe" und ritt es vier Jahre. Was Flüchtigkeit, Ausdauer und Klugheit anbelangt, erwies sich Joe als würdiger Nachfolger Brighams.

Dieser erste Strauß, den Will und die Pawnees zusammen ausgefochten hatten, legte den Grund zu einer stets wachsenden gegenseitigen Achtung. Bald darauf steigerte sich die Bewunderung, die die Indianer für Wills Kunstfertigkeit als Büffeljäger hegten, zu heller Begeisterung.

Zwanzig Pawnees hatten eine Büffelherde umzingelt und erlegten zusammen nur zweihundert Stück. Als kurz darauf eine zweite Herde sichtbar wurde, bat Will Major North, die Indianer im Hintergrund festzuhalten, da er ihnen gerne eine kleine Überraschung bereiten möchte. Buckskin Joe war ein großartiges Jagdpferd und führte nun auch die ihm zufallende Aufgabe so glänzend durch, dass Will nahezu mit der gleichen Anzahl von Schüssen sechsunddreißig Tiere zur Strecke brachte.

Das Entzücken der Pawnees kannte keine Grenzen. Ihrer Ansicht nach war es schon eine ganz schöne Leistung, bei einer Jagd zwei oder drei von diesen Beherrschern der Prärie zu erlegen. Wills Kunststück blendete sie daher förmlich. Er wurde sofort von ihnen zum Rang eines Häuptlings erhoben und nahm für immer einen hohen Platz in ihrer Achtung ein.

Vom Republican River marschierten die Truppen nach dem Black Tail Deer Fork. Kaum hatten sie dort ihre Zelte aufgeschlagen, so sahen sie eine Schar Indianer, singend, schreiend und die Lanzen schwingend, in vollem Galopp auf das Lager zujagen. Sofort wurden Verteidigungsvorkehrungen getroffen, an denen sich die Pawnees, die ebenfalls zu singen und zu johlen begannen, indes nicht beteiligten. „Das sind jedenfalls einige von unseren eigenen Rothäuten", sagte Major North. „Sie hatten wahrscheinlich irgendwo einen Kampf und bringen nun die Skalpe."

Und so war es auch. Die Pawnees erzählten von einem Scharmützel mit den Sioux, bei dem mehrere ihrer Feinde getötet worden seien.

Schon am nächsten Tage machte sich das Regiment, den Spuren der Sioux folgend, wieder auf den Weg, und zwar in beschleunigtem Tempo, um rascher vorwärts zu kommen.

So oft sie an einen von den Rothäuten verlassenen Lagerplatz gelangten, konnte man unter den Spuren der Indianerfüße die eines Frauenstiefels bemerken. Die Feinde hatten also offenbar eine weiße Gefangene im Schlepptau. General Carr suchte nun die besten Pferde aus und befahl einen Eilmarsch, während die Proviantwagen so rasch als möglich folgen sollten.

Will hatte den Auftrag, mit sechs Mann voranzureiten, den Aufenthaltsort der Feinde auszukundschaften und dann sofort Nachricht darüber zu schicken, damit ein

Angriffsplan gemacht werden konnte, ehe man das Indianerdorf erreichte.

Dieses Dorf entdeckten die Kundschafter zwischen Sandhügeln, wenige Meilen vom südlichen Platte River entfernt. Während nun die Pawnees, das Dorf scharf im Auge behaltend, warteten, kehrte Will mit der Meldung über obige Entdeckung zu General Carr zurück.

Voll heftiger innerer Erregung bereiteten sich Offiziere und Mannschaften zu dem ihnen bevorstehenden Kampfe vor, der allem nach recht ernst zu werden schien. Mit einer weiten Umgehung bewegten sich die Truppen vorwärts und erreichten endlich einen Hügel, von wo aus man das feindliche Lager überblicken konnte, ohne von den Rothäuten bemerkt zu werden.

Dem Hornisten wurde befohlen, zur Attacke zu blasen, allein er zitterte derart vor Aufregung, dass er nicht im Stande war, einen Ton herauszubringen.

„So blase doch zu, Kerl", befahl General Carr ein zweites Mal. Allein der arme Wicht vermochte kaum sein Horn zu halten, geschweige denn zu blasen. Da riss Quartiermeister Hays dem bebenden Manne die Trompete aus der Hand. Laut und hell erscholl das Signal, und hinab stürmte die Schar zum Angriff.

Im Nu war das Indianerdorf überrumpelt. Einige Sioux bestiegen zwar eilig ihre Ponys und versuchten den Überfall abzuwehren, ließen aber sofort davon ab, als sie bemerkten, dass sich ihre unberittenen Kameraden in die nahegelegenen Vorberge zurückzogen.

Gleich einem Präriefeuer fegten die Reiter durchs Dorf und verfolgten die fliehenden Indianer, bis die Dunkelheit der Jagd ein Ende machte.

Am nächsten Morgen hatte sich der Hornist wieder so weit beruhigt, um das Signal „Aufgesessen" blasen zu können, und da man entdeckt hatte, dass die Indianer in zwei

Abteilungen geflohen waren, so trennte auch General Carr seine Streitmächte in zwei Teile, von denen jeder den Spuren der Indianer folgen sollte.

Auch Will gehörte einer aus zweihundert Mann bestehenden Schar an und folgte zwei Tage lang den frischen Spuren der Rothäute. Mit Anbruch des dritten Tages entdeckten sie plötzlich, dass ihr Pfad mit einem anderen zusammenlief, woraus man schließen musste, dass die Rothäute ihre Streitkräfte wieder vereinigt hatten. Dies war eine ernste Sache für die kleine Abteilung, allein mutig und kampfeslustig ritten sie den Feinden entgegen.

Noch stand die Sonne kaum eine Stunde am Himmel, so wurden etwa sechshundert Sioux erspäht, die in guter Ordnung dem Ufer des Platte entlang ritten. Zu gleicher Zeit hatten aber auch die Indianer die sie verfolgenden Truppen entdeckt und sprengten sofort zum Angriff vor. Der Indianer ist durchaus nicht feige, obwohl er häufig dem Kampfe ausweicht, sobald der Vorteil nicht stark auf seiner Seite ist.

Bei diesem Zusammentreffen nun überwog die Zahl der Sioux die der Soldaten ums Dreifache, die sich denn auch langsam zurückzogen, bis sie einen Hohlweg erreicht hatten. Dort banden sie ihre Pferde fest und erwarteten zu Fuß die Indianer, die wie gewöhnlich in Kreisform angeritten kamen. Die Sioux umringten die Soldaten, und da sie deren verhältnismäßig geringe Anzahl bemerkten, so machten sie einen energischen Angriff.

Allein was vermögen Pfeil und Bogen gegen Pulver und Blei? Und so wichen die Indianer auch diesmal vor dem verheerenden Feuer zurück, das mehr als zwanzig ihrer Kameraden das Leben kostete.

Ein neuer Angriff folgte und ein erneutes Zurückweichen. Dann wurde Kriegsrat gehalten. Dieser dauerte wohl eine Stunde, infolgedessen offenbar eine feine Kriegslist zur Ausführung kommen sollte. Die Sioux teilten sich in zwei Trupps, und während der eine sich anscheinend zurückzog, umkreiste der andere unausgesetzt die Stellung der Weißen.

An einem Ende dieses sich fortwährend hin und her wälzenden Gürtels von Rothäuten ritt ein hübscher Indianer auf gutem Pony, ohne Zweifel ein Häuptling. Längst hatte Will die Erfahrung gemacht, dass im Kampfe mit Indianern die Schlacht halb gewonnen ist, wenn es gelingt, den Häuptling zu töten. Dieser kluge Herr aber hielt sich immer genau außer Schussweite. Da entschloss sich Will, auf allen vieren die Schlucht entlang zu kriechen und an eine Stelle zu gelangen, von wo aus er hoffte, dass seine Kugel den Häuptling gerade noch bei dessen nächster Schwenkung erreichen würde.

Seine Schätzung der Entfernung war ziemlich genau, und als der Indianer dahergaloppierte und vor Durchquerung der Schlucht die Gangart hemmte, richtete sich Will in die Höhe und feuerte.

Es waren mehr als vierhundert Yards. Trotzdem stürzte der Indianer tot vom Pferde, und sein Pony lief die Schlucht entlang gerade auf die Soldaten zu, die so freudetrunken über den glänzenden Schuss waren, dass sie Will einstimmig das Tier als Kriegstrophäe überreichten.

Der gefallene Indianer hieß Tall Bull und war einer der kriegstüchtigsten Häuptlinge, die die Sioux damals hatten. Sein Tod entmutigte seine Getreuen derart, dass sie sofort den Rückzug antraten.

Bald fand eine Wiedervereinigung von General Carrs zersplitterter Streitmacht statt, und wenige Tage darauf entspann sich ein Gefecht, wobei dreihundert Indianer und eine große Zahl Ponys gefangen genommen wurden. Einige weiße Gefangene erhielten dabei ihre Freiheit, während mehrere hundert Weiber das Los ihrer Männer zu teilen hatten.

Unter diesen Indianerweibern befand sich auch die liebenswürdige Witwe Tall Bulls, die, weit entfernt, einen besonderen Hass auf Will als den Bezwinger ihres Gatten zu hegen, im Gegenteil stolz war, dass er von der Kugel eines so mächtigen Kriegers gefallen war – von der Hand des berühmten „Pa-has-ka“, des langhaarigen Häuptlings, unter welchem Namen unser Kundschafter bei den Indianern bekannt war.

Neunzehntes Kapitel

Militärisches Leben in Fort Mc Pherson

Im Frühling 1870 brachte Will den im vergangenen Jahre gefassten Entschluss, sich in der lieblichen Gegend des westlichen Platte sein Heim zu errichten, zur Ausführung. Er mietete eine Wohnung im Fort, und nachdem diese aufs Behaglichste eingerichtet war, suchte er um Urlaub nach und reiste nach St. Louis, um seine Frau und Tochter Arta, jetzt ein schönes Kind von drei Jahren, zu holen.

Buffalo Bills Ruhm hatte sich bereits weit über die Grenzen der Prärie verbreitet, sodass er während seines vierwöchentlichen Aufenthalts in St. Louis der Gegenstand vieler Aufmerksamkeiten war. Als die Familie dann ihre Vorbereitungen zur Abreise nach der neuen Heimat im Grenzlande traf, fragte meine Schwägerin brieflich bei mir an, ob ich sie nicht begleiten wolle. Nur zu gern hätte ich die Einladung angenommen, allein gerade zu jener Zeit war meine Anwesenheit am Orte meiner Kindheit wünschenswert. Außerdem glaubte ich, dass meine Schwester May, die das Vergnügen der Reise nach St. Louis entbehrt hatte, nun in erster Linie Anspruch auf diesen Ausflug nach dem Westen machen könne.

So stattete also May einen Besuch in Mc Pherson ab, wo sie eine reizende Zeit verbrachte, obwohl sie sich anfangs manchmal gegen die strenge Disziplin des militärischen Lebens aufzulehnen versuchte. Will bekleidete Offiziersrang, und so waren die beiden Töchter des Generals Augur, die sich ebenfalls auf Besuch im Fort befanden, ihr gegebener, aber nahezu auch ihr einziger weiblicher Umgang. Als Ersatz für den beschränkten weiblichen Verkehr gab es aber eine große Anzahl junger, unverheirateter Offiziere.

Jeder Tag brachte eine andere Unterhaltung und Zerstreuung, und Mays Briefe an mich waren voll von Berichten über das lustige Leben im Fort. Nach mehreren Monaten erhielt ich eine wiederholte dringende Einladung. Zugleich schrieb May voller Begeisterung von einer geplanten Büffeljagd, an der auch ich teilnehmen sollte.

Ich folgte der Einladung jetzt mit Vergnügen und bestimmte zugleich den Tag meiner Ankunft in Mc Pherson. Leider musste ich jedoch meine Abreise verschieben und langte erst drei Tage nach der festgesetzten Zeit im Fort an. May befand sich in großer Aufregung. Sie hatte mir drei Tage zum Ausruhen von der Reise bestimmt, und nun kam ich erst am Vorabend der Büffeljagd an. Selbstverständlich war ich zu sehr ermüdet, um Lust zu verspüren, mich sogleich auf Büffel loszustürzen, und so schlug ich May vor, mit mir am darauffolgenden Tage der Jagdgesellschaft nachzureiten, ein Vorschlag, in dem ich noch bestärkt wurde, als ich erfuhr, dass sich mein Bruder auf einem Kundschaftsritt befinde.

„Du wirst doch nicht ohne Will zu einer Büffeljagd gehen wollen?“, fragte ich May.

„Warum nicht?“, antwortete sie. „Wills Kommen und Gehen ist immer ganz unbestimmt. Seine Kundschaftsritte nehmen fast seine ganze Zeit in Anspruch, und überdies ist es unmöglich, eine Büffeljagd so kurz vorher abzubestellen, der Plan muss unbedingt ausgeführt werden. Die Gesellschaft ist zum Abgang bereit, und vorhin kam auch noch der Berichterstatter einer Omahaer Zeitung an, um den Verlauf der Jagd zu beschreiben. Wir können sie unmöglich verschieben – du musst einfach mitkommen!“

Was blieb mir da anderes übrig? Und als sich die Jagdgesellschaft am anderen Morgen in Bewegung setzte, war auch ich eine der Teilnehmerinnen.

Es war eine lustige Gesellschaft, bestehend aus einer großen Anzahl von Offizieren und dem Zeitungsreporter Doktor Frank Powell, zwei Offiziersfrauen, ferner den Töchtern des Generals Augur, May und mir. Das Wetter war herrlich; fröhliches Lachen ertönte, und das Scherzen und Necken nahm kein Ende. Wenn man jung und eine leidenschaftliche Reiterin ist und einen hübschen jungen Offizier an seiner Seite hat, so kann man wohl die Müdigkeit eine Zeitlang vergessen.

Bald erschien das Fort nur noch wie ein kleiner dunkler Punkt in der sonnenbeschienenen Landschaft, mich aber überkam es fast wie Ehrfurcht, als mein Blick zum ersten Male über die weite amerikanische Prärie schweifte. Zu unserer Linken – wir ritten in östlicher Richtung – floss der seichte, aber reißende, mit grünen Inseln besäte Platte. Washington Irving nannte den Fluss den herrlichsten, aber auch unbrauchbarsten aller Ströme. „Die Inseln", schrieb er, „gleichen schwimmenden Lustwäldern, deren eigenartige Lage der ganzen Landschaft den Charakter der Jugend und Anmut verleiht. Nimmt man dazu das Rauschen des Wassers, das üppig wogende Grün, den Wechsel von Licht und Schatten, die Reinheit der Luft, so kann man sich wohl einen Begriff von dem wonnevollen Gefühl machen, das der Wanderer beim Anblick einer Gegend empfindet, die frisch aus der Hand des Schöpfers hervorgegangen zu sein scheint." Hierzu bildete die sandige Ebene, durch die wir ritten, einen scharfen Gegensatz. Auf ihr wuchsen nur das kurze, raue Büffelgras, der staubfarbene Salbei und der blütentreibende, aber stachelige Kaktus in üppiger Fülle. Zu unserer Rechten, in der Entfernung von etwa einer Meile, zogen sich lange Hügelketten am Horizont hin, die nur hie und da von riesigen Cañons[3] unterbrochen wurden, vermittels derer ein Weg ins Hochland geschaffen war, und die alle einen historischen oder legendenhaften Namen trugen.

Für mein Auge war dieses Landschaftsbild ebenso neu als schön. So weit man sehen konnte, kein Zeichen einer menschlichen Behausung; eine weite, unbewohnte Ebene, die ähnlich wie das Meer den Eindruck der Unendlichkeit machte.

Als wir uns den Vorbergen näherten, wäre eine unserer Reiterinnen um ein Haar zu Fall gekommen. Ihr Pferd war mit einem Fuß in die Höhle eines Präriehundes getreten und so zu plötzlichem Stillstand gezwungen worden. Nur mit Mühe konnte der Fuß wieder herausgezogen werden, ich aber erfuhr bei dieser Gelegenheit, welche Gefahren dem Präriereisenden durch diese verborgenen unabsichtlichen Fallen drohen.

Der Weg stieg jetzt langsam an, wodurch sich das Landschaftsbild etwas verändert hatte – öde Hügel an Stelle der öden Ebene. Die Sandhügel erhoben sich wellenförmig, und mir wurde gesagt, dass sie vor Urzeiten durch Wasserfluten gebildet worden seien. Der unter den Hufschlägen unserer Pferde erdröhnende harte, trockene Boden war einstens Meeresgrund gewesen.

Mich interessierte die Erdkunde meiner Umgebung ungemein, weit mehr als wenn ich erfahren hätte, dass jene seltsamen, unheimlichen Hügel die Schlupfwinkel kriegslustiger skalpgieriger Rothäute seien. Solch unliebsame Tatsachen aber wurden von den Offizieren nicht erwähnt, sodass wir in glücklicher Unwissenheit unseren Weg fortsetzten.

Wir mussten eine große Strecke zurücklegen, bis wir endlich eines Wildes ansichtig wurden, und so machte sich

3 Tiefeingeschnittene Flussbetten mit fast senkrechten Uferwänden. (Anm. d. Übers.)

nach einem Ritt von zwanzig Meilen meine zeitweise vergessene Ermüdung wieder geltend. Doktor Powell schlug vor, dass die Damen die ersten Schüsse abfeuern sollten; aber mein Interesse an der Jagd war bedeutend zusammengeschrumpft. Ich befand mich weder in der nötigen Gemüts- noch Körperverfassung, um eine noch so interessante Jagd genießen zu können.

Endlich kam eine Büffelherde in Sicht – ein Anblick, der sofort Leben in die Gesellschaft brachte. Ein alter, etwas abseits von der Herde dahintrabender Stier wurde als erstes Opfer ausersehen. Nachdem wir in Schussweite gelangt waren, händigte man May eine Flinte ein und gab ihr genaue Verhaltungsmaßregeln. Der Büffel hat nur eine verwundbare Stelle und für einen Neuling ist es nahezu unmöglich, den tödlichen Schuss zu tun. May drückte ab und traf auch den Büffel, doch war er nur verwundet und stürmte jetzt, zu heller Wut entflammt, den buschigen Kopf gesenkt, auf uns zu. Die Offiziere schossen eine Kugel um die andere auf die unförmige Fleischmasse ab, erzielten aber nichts weiter damit, als die Wut der Bestie zu steigern. Eine zweite Flinte wurde May überreicht, und Doktor Powell selbst stellte das Visier ein, May aber drückte, erschreckt durch die Nähe des auf sie zukommenden Büffels, aufs Geratewohl ab.

Obgleich diese Erzählung genau den Tatsachen entspricht, so muss ich jetzt doch das Vorrecht des Romanschriftstellers in Anspruch nehmen und unsere jugendliche Heldin in ihrer gefährlichen Lage verlassen, um auf kurze Zeit ins Fort zurückzukehren.

Bald nachdem die Jagdgesellschaft das Fort verlassen hatte, war Will von seinem Kundschaftsritt zurückgekehrt, und seine erste Frage lautete: „Ist Nellie angekommen?“

„Ja, angekommen und wieder fortgegangen“, antwortete seine Frau, worauf sie ihm erzählte, wie man mich auf die lange besprochene Büffeljagd mitgeschleppt habe. Da aber brach einer von Wills seltenen Heftigkeitsanfällen los. Der Kundschaftsritt war lang und anstrengend gewesen und hatte ihn müde und hungrig gemacht, dabei erfüllte ihn ernstliche Sorge um unsere Sicherheit. Er wusste – wovon wir keine Ahnung hatten – dass, wenn wir auch die durchaus nicht unbeträchtlichen Gefahren, die sich an eine Büffeljagd knüpfen, glücklich beständen, uns noch immer die Möglichkeit einer Gefangennahme durch Indianer bedrohe.

„Ich muss ihnen sofort nachreiten", sagte er, und davon war er wie der Wind, ohne auch nur an Essen oder Ausruhen zu denken. So viel Zeit aber nahm er sich doch noch, in der Offizierswohnung einen Besuch abzustatten und das Haupt des ganz verdutzten, noch ziemlich jungen Offiziers, der den abwesenden Kommandanten vertrat, mit einer Flut von Vorwürfen zu überschütten.

„Wussten Sie denn nicht", rief Will, „dass meine andauernde Abwesenheit ein Zeichen herannahender Gefahr ist? Wie konnten Sie es zugeben, dass eine Gesellschaft Damen das sichere Fort verlässt und einen solch tollkühnen Ritt unternimmt, ehe ich mit der Versicherung zurückgekehrt war, es sei dabei nichts gewagt? Verstehen Sie wohl, wenn meinen Schwestern irgendein Unheil zustößt, so mache ich Sie dafür verantwortlich!"

Mit dieser Drohung bestieg er das flüchtigste Pferd, das das Fort aufzuweisen hatte, und ritt davon, noch ehe sich der Offizier von seiner Überraschung erholt hatte.

Will folgte unseren Spuren und erreichte uns nach echter Heldenart gerade im rechten Augenblick. Der zu höchster Wut gereizte Büffel war, unbekümmert um das knatternde Gewehrfeuer, das die Offiziere auf ihn losließen, eben im Begriff, sich auf May zu stürzen. In der allgemeinen Aufregung des Augenblicks beachtete niemand den Laut herannahender Pferdehufe. Ich aber hörte hinter mir das Knallen eines Schusses und sah den Büffel dicht vor uns tot zusammenbrechen.

Unseres Reiters schlechte Laune dämpfte die Begeisterung, mit der wir ihn willkommen hießen. Der weite Ritt mit leerem Magen war auch durchaus nicht geeignet, seinen Ärger zu mildern, und uns allen wurde gehörig das Kapitel verlesen. Unverzüglich mussten wir nach dem Fort zurückkehren; ein Befehl, der mit solcher Bestimmtheit gegeben wurde, dass es niemand einfiel, auch nur den leisesten Einwand zu erheben. Es fragte sich nun, ob wir das Fort noch erreichen konnten, ehe uns die Indianer den Weg abschnitten. Somit durfte keine Zeit verschwendet werden, selbst nicht so viel, als erforderlich gewesen wäre, dem erlegten Büffel die Zunge auszuschneiden. Will wies uns den kürzesten Weg nach Hause an, während er selbst, einer etwaigen Gefahr auflauernd, im Zickzack vor uns her ritt. Ich für meine Person war jetzt derart erschöpft, dass ich mich sogar von Indianern hätte einfangen lassen, wenn diese mir eine Hütte zum Niederliegen und Ausruhen angeboten haben würden, allein keine Rothaut ließ sich blicken. Fünf Meilen vom Fort entfernt befand sich die Farm eines reichen Junggesellen, wo auf Mays Bitte Halt gemacht wurde. Man hoffte, der Besitzer werde sich meines beklagenswerten Zustandes erbarmen und irgendein Fuhrwerk zur Verfügung stellen, worin die Damen den Rest des Weges zurücklegen konnten.

Wir wurden aufs Liebenswürdigste empfangen, und während wir es uns in den behaglichen Räumen unseres Wirtes bequem machten, bestellte er ein Abendessen für die Gesellschaft. Will aber, der uns jetzt in Sicherheit wusste, setzte seinen Ritt nach dem Fort fort, um sich endlich der hinausgeschobenen Ruhe hinzugeben.

Am nächsten Tage erschien in der Omahaer Zeitung ein von Doktor Powell verfasster Bericht über die Büffeljagd, worin May Cody allein der Ruhm der Büffelerlegung zugeschrieben wurde. Machen sich doch Zeitungsreporter meist kein Gewissen daraus, den genauen Tatbestand dem übermächtigen Sinn fürs Romantische zu opfern.

Zu jener Zeit waren verschiedene Vergehen unter den nicht militärischen Bewohnern des Forts vorgekommen, was General Emory, den nunmehrigen Befehlshaber des Forts, veranlasste, die Kommissäre des Kreises, zu dem das Fort gehörte, zu ersuchen, Will als Friedensrichter aufzustellen. Dies geschah nun auch zum nicht geringen Verdruss des neugebackenen Richters, der, wie er sagte, „nicht mehr vom Gesetz verstehe, als ein Maultier vom Singen". Allein er war nun eben einmal dazu verdammt, die richterliche Würde zu tragen, und bald hing an einer ins Auge fallenden Stelle seiner Wohnung das Schild aus:

William F. Cody,
Friedensrichter.

Eine der ersten Verrichtungen in seinem neuen Amte bestand darin, eine Trauung vorzunehmen. Kalter Schweiß stand ihm auf der Stirne, als er für diesen verzweifelten Fall unsere Hilfe erflehte. Das ihm bei Einrichtung seines Bureaus zugestellte dicke Gesetzbuch wurde vergebens nach den bei einer Trauung notwendigen Formalitäten durchsucht, und auch die Bibel erfuhr jetzt vielleicht eine eingehendere Durchsicht von ihm als je zuvor. Doch auch die Heilige Schrift gab ebenso wenig Antwort auf die brennende Frage als der Kodex.

„Führe dir doch deine eigene Trauung wieder ins Gedächtnis", lautete unser Rat, „und folge möglichst dieser Erinnerung." Er aber schüttelte mutlos den Kopf – der kaltblütige Kundschafter und Indianerbezwinger befand sich in harter Bedrängnis.

Um der peinlichen Sache die Krone aufzusetzen, wohnte fast das ganze Fort der Trauung an.

„Nun ist alles gut", sagten wir uns, als wir den Richter ohne anscheinende Angst seinen Platz vor dem bräutlichen Paare einnehmen sahen. In der Tat war sein Benehmen gleich von Anfang an tadellos, und schon beglückwünschten wir uns innerlich über seinen Erfolg, als zu unserem Entsetzen plötzlich die Worte an unser Ohr schlugen: „Wen Gott und Buffalo Bill zusammengefügt hat, den soll der Mensch nicht scheiden."

Soviel ich weiß, hat es auch keiner versucht.

Noch ehe May nach Hause zurückkehrte, wurde Will der stolze Vater eines Sohnes. Er hatte jetzt drei Kinder, denn eine zweite Tochter, Orra, war zwei Jahre zuvor zur Welt gekommen. Eine Zeitlang bildete dieser Stammhalter der Familie den Gegenstand lebhaften Interesses im Fort, und Dutzende von Namen wurden dem glücklichen Vater vorgeschlagen. Major North riet ihm Kit Carson als einen passenden Namen für den Sohn eines großen Kundschafters und Büffeljägers, und dieser wurde denn auch schließlich gewählt.

Wohl hatte mich beim Gedanken an Wills gefahrvolles Leben schon oft bange Sorge erfüllt, jetzt aber erfuhr ich zum ersten Male, was wirkliche Angst ist. Will erhielt den Auftrag, eine Meldung über den Aufenthalt der sich kürzlich in der Nähe von Mc Pherson gesammelten Indianermassen ans Hauptquartier zu befördern. Die Gegend wimmelte von Rothäuten, wie ihm der Kommandant mitteilte, eine Nachricht, die mich in namenlose Aufregung versetzte. Meine Schwägerin hatte sich allmählich an den gefahrbringenden Beruf ihres Gatten gewöhnt, und auch ich lernte im Laufe der Zeit diesen stoischen Gleichmut. Im Anfang aber war meine Angst so groß, dass Will mich auslachte.

„Beruhige dich doch, die Indianer werden dem Fort heute Nacht ganz sicherlich keinen Besuch abstatten. Es ist wirklich keine Gefahr, dass sie dich skalpieren."

„Um mich handelt es sich doch nicht“, antwortete ich erregt, „deinetwegen ängstige ich mich. Der Gedanke, dass du dich allein in jene von Indianern belagerten Vorberge begibst, ist mir entsetzlich.“

Das Fort lag zwar auf der Ebene, in der Ferne aber dehnten sich die dunklen Vorberge scheinbar bis ins Unendliche hin aus und boten den Rothäuten beliebte Schlupfwinkel. Will zog mich an ein Fenster und deutete nach der zwölf bis fünfzehn Meilen entfernten hinteren Hügelabdachung.

„Ich rate dir zwar“, sagte er, „dich aufs Ohr zu legen und zu schlafen. Wenn du aber durchaus wach bleiben und dich ängstigen willst, so werde ich um Mitternacht auf der Spitze jenes Hügels ein Feuer anzünden. Aber du musst scharf aufpassen, denn ich kann nur einen einzigen Lichtstrahl aufblitzen lassen, da nicht nur deine Augen, sondern auch die der Indianer wach sein können.“

Man mag sich denken, wie mein Herz klopfte, als ich gegen zwölf Uhr in die Dunkelheit hinausspähte. Die Nacht war wie ein Schleier, der tausend Gefahren verhüllte. Für meine erregte Phantasie aber erschien dieser Schleier von lichtem Gewebe, hinter dem sich ein ganzes Heer von Reitern mit drohend erhobenen Lanzen bewegte. Wie konnte sich ein Mann allein in ein solch düsteres, schauerliches Gebiet wagen? Die Ritter der alten Zeit, die sich zum Kampfe gegen scheußliche Ungeheuer und verderbliche Drachen aufmachten, brauchten wahrhaftig kein mutigeres Herz, und doch boten sie ihre Brust ja nur eingebildeten Gefahren.

Zwölf Uhr! In undurchdringlicher Finsternis lag die weite Ebene vor mir.

Da, ein feiner Lichtstreifen, der einen Augenblick in die Höhe züngelte, dann wieder verschwand. Will war also bis jetzt wohlbehalten, allein es lagen noch so viele Stunden, und zwar die schlimmsten, bis Tagesanbruch vor ihm, dass ich durchaus nicht erleichtert mein Lager aufsuchte.

Am nächsten Tage kam der Kundschafter wohlbehalten mit der genauen Angabe des Aufenthaltsortes der feindlichen Sioux zurück. Sofort wurden die jeden Augenblick zum Kampfe gerüsteten Truppen gegen sie ausgeschickt und brachten den Indianern eine gründliche Niederlage bei. Eine große Anzahl Häuptlinge wurde gefangen genommen, unter denen sich auch das sogenannte „Rothemd“, ein kluger Indianer, befand, der später die Europareise mit dem „Wilden Westen“ machte.

Ein gefangener Häuptling war stets der Gegenstand hohen Interesses für die im Fort sich befindenden Damen. Ich für meine Person fand jedoch, dass die im letzten Kampfe erbeuteten Indianer sich hauptsächlich durch allzu große Spärlichkeit im Anzug und durch mürrisches Benehmen auszeichneten.

In diesem selben Herbst wurde das Fort von einem als Oberst Judson eingeführten Herrn besucht, den die Welt indes besser unter seinem Schriftstellernamen Ned Buntline kennt. Er wünschte die Kundschafter auf einem besonderen, von ihnen beabsichtigten Ritte zu begleiten, und Major Brown teilte Will mit, dass Buntline beabsichtige, Buffalo Bill zum Helden einer seiner Geschichten zu machen.

„Ich und der Held eines Romans, das müsste was Hübsches abgeben!“, rief Will in spöttischem Tone.

„Allerdings, und zwar im Ernst“, antwortete der Major, indem er die schöne, ebenmäßige Gestalt seines Gegenübers prüfend betrachtete, worüber der Kundschafter aufs Neue errötete und zum Dank für das Kompliment seinen Sombrero abnahm.

Als verabschiedeter Marineoffizier trug Ned Buntline eine schwarze Interimsuniform. Sein Gesicht war tief gebräunt und durchfurcht und hatte einen energischen, dabei aber doch gutmütigen Ausdruck; er hinkte ein wenig und trug deshalb stets einen Stock. Freundlich reichte er bei der Vorstellung Will die Hand und drückte seine Freude darüber aus, ihn kennen zu lernen. Damit war der Grund zu einer Freundschaft gelegt, die eine große Umwälzung in der Laufbahn Buffalo Bills heraufbeschwören sollte.

Während des nun folgenden Kundschaftsrittes entdeckte die Gesellschaft zufällig einen Riesenknochen, den der die Expedition begleitende Arzt als Teil eines vorsündflutlichen menschlichen Skeletts erklärte. Will, der die Indianersprache genügend verstand, erzählte bei dieser Gelegenheit die unter den Sioux verbreitete Sage über die Sündflut.

Die weisen Männer jenes Stammes lehren, dass die Erde einstens von Riesen bevölkert gewesen sei, die den heutigen Menschen ums Dreifache an Körpergröße übertrafen. So flink und kraftvoll seien sie gewesen, dass sie neben einem Büffel herlaufen, das Tier unter einen Arm nehmen, ihm ein Bein ausreißen und es während des Rennens verzehren konnten. Im hochmütigen Bewusstsein ihrer Kraft und Größe aber haben sie das Dasein eines Schöpfers geleugnet. Zuckte ein Blitz hernieder, so erklärten sie sich stärker als er, donnerte es, so lachten sie.

Dies missfiel dem „Großen Geist", und um sie für ihre Anmaßung zu strafen, sandte er einen heftigen Regen auf die Erde nieder. Alle Täler füllten sich mit Wasser, sodass sich die Riesen auf die Hügel flüchten mussten. Aber auch an den Hügeln krochen die Fluten allmählich hinauf, weshalb die Riesen Zuflucht auf den höchsten Bergen suchten. Allein der Regen wollte nicht aufhören, die Wasser stiegen, und die Riesen ertranken.

Der „Große Geist" aber zog nun seinen Nutzen aus den gemachten Erfahrungen. Nachdem die Wasser wieder gesunken waren, erschuf er eine neue, aber kleinere und schwächere Menschenrasse.

Diese Sage hat sich seit den ältesten Zeiten von Siouxvater zu Siouxsohn verpflanzt. Auch sie zeigt, dass die Geschichte von der Sündflut, von der sich bei allen Völkern eine Überlieferung findet, ein historisches Gemeingut der ganzen Welt ist.

Eine weitere bei den Indianern verbreitete, wenn auch aus späterer Zeit stammende Sage ist nicht uninteressant. Der „Große Geist", sagen sie, formte einstens einen Menschen aus Lehm, den er zum Backen in einen Schmelzofen schob. Allein er war zu lange der Glut ausgesetzt gewesen und kam schwarz gebrannt heraus. Ihm entstammt die Negerrasse. Bei einem weiteren Versuch fürchtete der „Große Geist", der zweite aus Lehm geformte Mensch möchte ebenfalls verbrennen, und so zog er ihn zu früh aus dem Ofen. Ihm entstammt die Rasse der Bleichgesichter. Nun endlich hatte der „Große Geist" genügende Erfahrungen gesammelt, sodass der dritte Lehmmensch weder zu lang noch zu kurz im Ofen verblieb. Ein Meisterwerk entstieg ihm, die Krone der Schöpfung – der edle rothäutige Indianer.

Zwanzigstes Kapitel

Pa-has-ka, der langhaarige Häuptling

Obwohl der Ruhm, den Büffel bei unserer Jagd erlegt zu haben, Schwester May zugeschrieben worden war, so erwies sich jenes Ereignis in der Folge für mich doch von noch größerer Bedeutung. Im Frühling 1871 verheiratete ich mich mit Herrn Jester, jenem Junggesellen, auf dessen Farm wir bei unserer eiligen Rückkehr nach dem Fort Halt gemacht hatten. So rau und unwirtlich sein Haus von außen aussah, so hübsch und behaglich war es im Innern, und ehe ich als junge Frau dort einzog, erfuhr es eine erneute und fast luxuriöse Verschönerung. Ich kehrte nun nach Leawenworth zurück, um die Vorbereitungen zur Hochzeit zu treffen, die im Hause eines alten Freundes unserer Familie, Thomas Plowman, stattfand, dessen Tochter meine beste Freundin seit meiner Kinderzeit war.

In meinem in der Nähe von Mc Pherson gelegenen neuen Heim befanden wir uns so recht „auf dem Land". Die Natur in ihrer wilden Ursprünglichkeit umgab uns, aber trotzdem verlief unser Leben bei den uns täglich drohenden Indianerüberfällen durchaus nicht einförmig. Immerhin befanden wir uns dem Fort doch so nahe, dass wir es in kürzester Zeit erreichen konnten, und überdies befand sich neben unserem Hause ein zweites, wo die Knechte wohnten. Zu meiner persönlichen Bedienung hatte ich mir einen jungen Neger ausgesucht, dessen Hauptaufgabe es war, mein Pferd zu satteln, mich auf meinen Ritten zu begleiten und allerlei sonstige kleine Dienstleistungen für mich zu verrichten. Armer kleiner Kerl! Er war einer der ersten, der den Indianern zum Opfer fiel.

Eines Morgens in der Frühe wurde John – dies war sein Name – allein ausgeschickt, um nach den Viehherden zu sehen. Während wir beim Frühstück saßen, ließ sich Pferdegetrappel vernehmen, und Will kam mit der Nachricht angeritten, dass sich die Indianer auf dem Kriegspfade befänden und sich jenseits unserer Farm zu großen Massen sammelten. Hinter Will kamen Truppen an, und uns wurde geraten, uns sogleich ins Fort zu begeben. Eilig packten wir einige Wertsachen zusammen und flüchteten uns nach Mc Pherson, wo wir so lange blieben, bis die Truppen mit der Meldung zurückkehrten, dass die Gefahr vorüber sei.

Kaum waren wir wieder auf unserer Farm angelangt, so erfuhren wir, dass das Vieh weggetrieben und der junge John am Fuße der Vorberge tot aufgefunden worden sei. Die Rothäute hatten offenbar beabsichtigt, ihn zu skalpieren, es dann aber doch unterlassen. Entweder dachten sie, sein Wollhaar würde doch keine begehrenswerte Kriegstrophäe abgeben, oder wurden sie vor Ausführung der Tat verjagt. Jedenfalls behielt der arme Kerl seinen Skalp, obwohl der Messerschnitt deutlich zu sehen war.

Kurze Zeit nach diesem Erlebnis statteten einige Kapitalisten aus dem Osten meinem Mann einen Besuch ab. Einer von ihnen, ein Herr Bent, war Teilhaber an einem unserer großen Viehweideplätze, die er zu besichtigen wünschte. Die übrige Gesellschaft beschloss, ihn zu begleiten und einen Jagdausflug damit zu verbinden. Da es in diesen Grenzgebieten jedoch keine Banken gab, Tratten oder Wechsel also nicht verwendbar waren, so hatten die Herren die zur Kapitalanlage im Westen bestimmte Summe in barem Gelde mitgebracht. Dieses nun auf den geplanten Ritt mitzunehmen, war zu gewagt, und so wurde ich unter Scherzen gebeten, den Bankier zu machen, wozu ich mich auch gerne bereit erklärte. Man stelle sich indes meine Bestürzung vor, als mir fünfundzwanzigtausend Dollars in Banknoten vorgezählt und meiner Obhut anvertraut wurden. Noch niemals war ich für eine solch große Summe verantwortlich gewesen, und ich zerbrach mir nun den Kopf, wie ich dieses Geld am besten verstecken könnte. Schließlich kam mir der Gedanke, meine Matratze aufzuschneiden, den die Banknoten enthaltenden Umschlag ins Rosshaar zu stecken und den Schlitz dann wieder zuzunähen. Niemand im Hause wusste etwas von meinem Depositum, auf das ich sehr stolz war.

Einige Tage später ließ ich mir morgens mein Pony satteln, um zuerst meiner nächsten Nachbarin, einer Frau Erickson, einen Besuch abzustatten und dann den Tag bei meiner Schwägerin Lu im Fort zu verbringen. Als ich vor Frau Ericksons Haus anlangte, kam mir diese in größter Erregung entgegen.

„Schnell, schnell, kommen Sie herein, meine liebe Frau Jester“, rief sie. „Auf den Bergen wimmelt es von Indianern, die sich alle auf dem Kriegspfade befinden!“

Damit händigte sie mir ihr Fernglas ein und zeigte auf den hinter unserer Farm liegenden Pfad, auf dem sich Büffel, Ochsen und Indianer dem Platte River zu bewegten. Deutlich konnte ich die Indianer mit ihren im Winde hin und her wehenden Federbüschen unterscheiden. Sofort durchzuckte mich der Gedanke an die meiner Obhut anvertrauten fünfundzwanzigtausend Dollars.

„Ach, meine liebe Frau Erickson“, rief ich, „da muss ich sogleich wieder auf meine Farm zurückkehren.“

„Davon kann keine Rede sein, Frau Jester, das hieße so viel, als Ihr Leben in höchste Gefahr bringen“, antwortete sie.

Ich aber dachte nur an das Geld, bestieg trotz aller Warnungen und Bitten mein Pferd und jagte auf dem Weg nach unserem Hause dahin, ohne zu wagen, auch nur einen einzigen Blick nach den Hügeln zu werfen. Kaum war ich zu Hause angelangt, so ließ ich den Aufseher zu mir kommen. „Die Indianer sind auf dem Kriegspfade, alle Vorberge sind voll von ihnen. Schicken Sie mir zwei oder drei Männer zu meiner Begleitung nach dem Fort, bis dahin habe ich dann auch meine Reisetasche gepackt."

„Aber ich bitte Sie, Frau Jester, es ist weit und breit kein Indianer in Sicht."

„Doch, gewiss", entgegnete ich. „Ich sah sie so deutlich vor mir, als ich Sie jetzt sehe und auch Frau Erickson sah sie."

„Da müssen Sie das Opfer einer Luftspiegelung gewesen sein", sagte der Verwalter. „Sehen Sie nur, weit und breit ist kein einziger Indianer!"

Prüfend betrachtete ich mit dem Fernglase die Vorberge. Es war in der Tat nicht das geringste Anzeichen eines Indianers zu bemerken, überall herrschte größte Ruhe. Ein tiefes Gefühl der Erleichterung überkam mich, meine Nerven aber waren so erregt, dass es mir unmöglich war, jetzt still zu Hause zu sitzen. So packte ich denn die Banknoten in eine kleine Handtasche und besuchte eine andere Nachbarin, eine Frau Mc Donald, mit der ich seit Jahren befreundet war, und die noch näher beim Fort wohnte.

Diese vortreffliche Frau lebte seit langer Zeit in den Grenzgebieten. Nachdem sie mein Abenteuer voll Interesse mit angehört hatte, erzählte sie mir nun auch verschiedene ihrer eigenen Erlebnisse mit Indianern. Zur Zeit, als sie sich an ihrem jetzigen Wohnort niedergelassen hatte, gab es noch kein Fort, wohin sie sich vor Indianerbelästigungen flüchten konnte, sodass sie nicht selten auf ihre eigene Hilfe angewiesen war, um sich aus gefährlichen

Lagen heraus zu wickeln. Folgende Geschichte ist besonders in meinem Gedächtnis haften geblieben.

„Eines Abends, als ich allein im Zimmer saß", erzählte Frau Mc Donald, „bemerkte ich am Fenster mehrere dicht aneinandergedrängte Gestalten, die mit unverwandten Augen zu mir hereinschauten. Flucht war unmöglich, und mein Mann kehrte voraussichtlich nicht vor einer Stunde nach Hause zurück. Was sollte ich tun? Da kam mir ein glücklicher Gedanke. Sie wissen vielleicht, dass die Indianer eine seltsame Scheu vor betrunkenen Frauen haben, und niemals einer solchen etwas zuleide tun. Ich entnahm einem Schränkchen eine mit einer dunklen Flüssigkeit gefüllte Flasche, schenkte ein Glas voll davon ein und trank es aus. Nach wenigen Minuten wiederholte ich die Dosis und stellte mich, als ob das Getränk nun anfange, seine Wirkung zu tun. Ich ging durchs Zimmer, schwankte jedoch und fiel beinahe zu Boden. Eine lärmende Lustigkeit bemächtigte sich meiner. Ich schlug die Hände über dem Kopf zusammen, taumelte von einer Seite auf die andere, sang ein sentimentales Lied und lachte laut und närrisch. Die List gelang. Ein Gesicht ums andere verschwand vom Fenster, und als endlich mein Mann mit den Knechten zurückkam, war kein einziger Indianer mehr in der Nähe. Sofort wurde ich wieder nüchtern, denn Zuckersirup mit Wasser ist kein sehr berauschendes Getränk."

Nach angenehm verbrachtem Tage raffte ich all meinen Mut zusammen und kehrte noch denselben Abend auf unsere Farm zurück. Kurz nach mir langte dann auch die Jagdgesellschaft an. Als ich Herrn Bent von meiner ausgestandenen Angst erzählte, war er liebenswürdig genug, mir über meinen Mut, wie er sich ausdrückte, ein Kompliment zu machen.

„Sie sind die echte Schwester Ihres Bruders", sagte er. „Wir wollen Sie bald wieder zu unserem Bankier machen."

„Ich danke, das ist ja doch nicht Ihr Ernst, und dann habe auch ich an den als Bankier in diesen wilden Indianergebieten gesammelten Erfahrungen reichlich genug."

Ein anderes Mal näherten sich die Indianer dem Fort von der uns entgegengesetzten Seite. Da man für uns jedoch keine Gefahr befürchtete, so ließ man uns auch keine Warnung zugehen. Die Truppen machten einen Ausfall auf die Indianer, die schlauen Rothäute aber zogen sich in kreisförmigem Bogen zurück und zündeten die Prärie an, um ihre Spuren zu verwischen. Bald sahen wir die Hügel um uns her in hellen Flammen stehen. Rasch breitete sich das Feuer aus, und erstickender Rauch wälzte sich bis zu uns herüber. Schließlich mussten wir uns bis an den Fluss zurückziehen, wo wir uns einen halbwegs erträglichen Zustand schufen, indem wir unser Gesicht fortwährend mit frischem Wasser benetzten. Dort stießen wir auf Soldaten, die vom Fort abgeschickt worden waren, um die Ansiedler vor der ihnen drohenden Gefahr zu warnen. Auf ihren Rat kehrten wir ins Haus zurück, ließen die Pferde satteln und ritten die fünf Meilen zum Fort durch den dicksten Rauch. Es war der unerfreulichste Ritt meines ganzen Lebens.

Im vorigen Kapitel wurde der Auffindung eines seltenen Knochens Erwähnung getan. Dieser Knochen nun erlangte eine solche Berühmtheit, dass Professor Marsh vom Yale-Kollegium sich mit einer Schar Studenten in unsere Gegend begab, um nach Fossilien zu suchen. Sie fanden auch eine ganze Menge, worunter jedoch nicht eine einzige war, die selbst der Leichtgläubigste für einen menschlichen Überrest hätte halten können.

Dieser Sommer wurde auch Zeuge einer Expedition gegen die Indianer, deren Verlauf manch außergewöhnliche Zwischenfälle brachte. Mehr als ein Band wäre erforderlich, um alle Abenteuer zu verzeichnen, die der Kundschafter Cody mit den Kindern der Prärie zu bestehen hatte. In vielen Fällen wiederholten sich jedoch ähnliche Vorkommnisse, sodass ich nur solche erwähne, die von der Alltäglichkeit abweichen.

Eine unter dem Befehl des Generals Duncan stehende Expedition wurde für den Kreis Republican River ausgerüstet. Duncan war ein schneidiger Offizier und tapferer Kämpfer. Seine Kameraden erzählten von ihm, es sei ihm einmal eine Kanonenkugel an den Kopf geflogen, die jedoch an ihm abgeprallt sei und eins der zähesten Maultiere der Armee getötet habe.

Da die Pawnees so wenig Englisch verstanden und dies Wenige so schlecht aussprachen, so hatte General Duncan befohlen, dass sie die englische Parole nachsprechen sollten, die zum Beispiel lautete: Fort Numero eins. Neun Uhr. Alles wohlauf. Die Anstrengungen, die die Pawnees bei Wiederholung dieser Worte machten, fielen jedoch so komisch aus und drohten den Ernst der Sache derart zu gefährden, dass der Befehl bald wieder aufgehoben werden musste.

Eines Nachmittags ritten Major North und Will den Truppen voraus, um eine passende Lagerstelle für die Nacht auszusuchen. Plötzlich stießen sie auf eine aus etwa fünfzig Indianern bestehende Abteilung, was sie veranlasste, so rasch als möglich Fersengeld zu geben. Will wurde dabei die Peitsche aus der Hand und ein Loch durch den Hut geschossen. Als endlich die Vorposten in Sicht kamen, beschrieb Major North mit seinem Pferde einen Kreis, ein Zeichen für die Pawnees, dass sich Feinde in der Nähe befanden. Sofort stürmten die Pawnees in wildem Durcheinander ihrem weißen Anführer zu Hilfe. Kaum hatten indes die Feinde die herannahende Unterstützung bemerkt, so machten sie kehrt und zogen sich mehrere Meilen zurück.

Am nächsten Tage folgten die Truppen wieder den Spuren der Indianer, und eine wilde Jagd begann. In einem verlassenen Lager fanden sie ein altes Zigeunerweib, das, den Tod erwartend, dort zurückgeblieben war. Die Soldaten schlugen ein Zelt für sie auf und versahen sie mit Nahrungsmitteln, damit sie in Ruhe dem Augenblick entgegensehen konnte, der sie in den Indianerhimmel – ein glückseliges Jagdgefilde – versetzen würde. Sie hatte es indes nicht allzu eilig, nach dem Ort ihrer Bestimmung zu gelangen, denn die Soldaten fanden sie bei ihrer Rückkehr noch lebend und nahmen sie mit sich ins Fort. Später wurde sie als Unterhändlerin ins Lager des „Gefleckten Schwanzes" geschickt.

Im September 1871 langte General Sheridan mit verschiedenen Bekannten behufs einer abzuhaltenden großen Jagd auf der nächsten Eisenbahnstation an. Zwischen General Sheridan und Will bestand eine warme Freundschaft, die bis zum Tode des Generals währte. Große Vorbereitungen wurden für die Jagd getroffen. General Emory, der nunmehrige Kommandant des Forts, schickte eine Abteilung Kavallerie auf die Eisenbahnstation, die die vornehmen Gäste dort empfangen und nach dem Fort geleiten sollte. Außer General Sheridan befanden sich Leonard und Lorenz Jerome, Carroll Livingstone, James Gordon Bennet, J. G. Heckscher, General Fitzhug, Schuyler Crosby, Doktor Ash, ein Herr Mc Carthy und noch andere bekannte Persönlichkeiten unter der Gesellschaft. Bei ihrer Ankunft im Fort war das Regiment im Paradeanzug aufgestellt, die Soldaten stimmten ein militärisches Lied an, und eine Besichtigung der Kavallerie durch General Sheridan beschloss die offizielle Feier.

Auf General Sheridans ausdrücklichen Wunsch sollte Will die Jagdgesellschaft als Führer und Kundschafter begleiten. Außerdem wurden hundert Soldaten unter

Major Norths Befehl zur Eskorte mitgegeben und das Proviantmagazin gründlich geschädigt. Auch mehrere Ambulanzwagen befanden sich im Zuge, falls einer der Teilnehmer des Sattels überdrüssig werden sollte.

An Wild fehlte es nicht; Büffel, Elentiere und Hirsche gab es überall die Menge, und diejenigen der Gesellschaft, denen das Leben im wilden Westen etwas Neues war, beobachteten voll Interesse die von den Präriehunden erbauten Dörfer. Denn Miniaturdörfern, und zwar oft solchen von großer Ausdehnung, gleichen diese seltsamen Erdaufwühlungen. Sie bestehen aus unzähligen kleinen, weithin sich ausdehnenden Höhlen und Zellen, sodass ein Ritt bei Nacht in den von diesen kleinen Tieren heimgesuchten Gegenden den Pferden recht gefährlich werden kann. Rund herum um den Eingang der Höhlen ist die Erde einen Fuß hoch aufgetürmt, und hier sitzen die äußerst gesellig lebenden Präriehunde auf den Hinterbeinen und unterhalten sich miteinander, während Eulen und Klapperschlangen die unterirdischen Wohnungen mit den rechtmäßigen Eigentümern teilen und vortrefflich mit ihnen auskommen.

Die Teilnehmer der Jagdgesellschaft erklärten Will nach ihrer Rückkehr ins Fort einstimmig für einen echten, gewaltigen Nimrod und sprachen ihm für seine meisterhafte Führung ihren wärmsten Dank aus.

Im Winter desselben Jahres besuchte indes noch eine weit vornehmere Gesellschaft das Fort. Es war der Großfürst Alexis mit seinem Gefolge. Wie sich manche meiner Leser noch erinnern werden, erregte die Ankunft des hohen Gastes großes Aufsehen in jener Gegend. Der Großfürst, der die verfeinerten Genüsse des Ostens bis zum Überdruss ausgekostet hatte, sehnte sich danach, das wilde Leben des westlichen Amerikas aus eigener Anschauung kennen zu lernen. Er wollte den Indianer in seinem Zelte im fernen Westen, den Beherrscher der Prärie in seinem eigenen Gebiete sehen und den kühnen Grenzbewohner, der sich weder vor dem wilden Indianer noch vor der wilden Bestie fürchtete, kennen lernen.

Der Großfürst war ein Kenner der Hochwildjagd des Ostens und ein vortrefflicher Schütze. Auch an der Spitze dieser Expedition stand General Sheridan, der sich dabei ebenso wie auf der letzten Jagd gänzlich auf Wills glänzende Führung verließ. Dieser erhielt den Auftrag, einen günstigen Lagerplatz am Red Willow Creek, wo es Wild die Menge gab, ausfindig zu machen und alle notwendigen Vorkehrungen für gute Unterkunft und Unterhaltung der vornehmen Gesellschaft zu treffen.

Zur besonderen Belustigung und Belehrung der europäischen Gäste hatte Sheridan die Vorführung eines Indianertanzes und einer von Indianern veranstalteten Büffeljagd geplant. Um nun aber diese Überraschung ins Werk setzen zu können, musste der Häuptling der Sioux, der „Gefleckte Schwanz“, aufgesucht und dazu bewogen werden, sich mit hundert seiner Krieger zur Verfügung zu stellen. Zu jener Zeit herrschte gerade Frieden zwischen den Sioux und der Regierung, sodass das Zustandekommen des Tanzes wenigstens im Bereich der Möglichkeit lag, immerhin aber war ein Besuch bei den Sioux mit Gefahren verknüpft. Der „Gefleckte Schwanz“ selbst schien ja den aufrichtigen Wunsch zu hegen, die zwischen seinem Volke und der Obrigkeit eingegangenen Friedensbedingungen aufrecht zu erhalten. Allein vielen seines Stammes wäre der Skalp des „Langhaarigen Häuptlings“ tausendmal lieber gewesen als ewiger Friede.

Will richtete seinen Ritt so ein, dass er das Indianerlager in der Dämmerung erreichte. Nachdem er sein Pferd im Wald versteckt hatte, hüllte er sich nach Art der Rothäute in seine bunte Pferdedecke, sodass er bei hereinbrechender

Nacht leicht für einen Indianer gehalten werden konnte. Auf diese Weise verkleidet, betrat er das Dorf und ging auf die Hütte des „Gefleckten Schwanzes" zu.

Die mit dem vornehmen Indianer gepflogene, äußerst höfliche Unterhaltung ist von Tod Randall, der damals zufällig anwesend war und den Dolmetscher machte, mit vielen Ausschmückungen beschrieben worden. Der alte Häuptling, der sich durch die an ihn ergangene Einladung sehr geehrt fühlte, versprach, nach „zehn Nächten" mit hundert Indianern im Lager der Weißen einzutreffen, das an der Stelle errichtet werden sollte, wo die Staatsstraße den Red Willow Creek durchkreuzte.

Da jedoch der „Gefleckte Schwanz" kein allzu großes Vertrauen in seine kampflustigen jungen Stammesgenossen setzte, so behielt er Will die Nacht hindurch in seiner eigenen Hütte. Am Morgen ließ der Häuptling dann die Indianer zusammenrufen und fragte, seinen Gast vorführend, ob sie ihn kennen.

„Es ist Pa-has-ka, der langhaarige Häuptling", antworteten sie, worauf der „Gefleckte Schwanz" ihnen mitteilte, dass er mit dem „Langhaarigen Häuptling" Brot gegessen habe, wodurch ein Freundschaftsband zwischen ihm und dem Weißen geknüpft war, das zu zerreißen die Indianer nicht wagen durften.

Will fühlte sich jetzt ganz sicher, trotz der vielen finsteren Gesichter um sich her. Gar zu lange schon hatten sie nach seinem Skalp getrachtet, und ihn nun so nah und doch so fern zu wissen, war eine harte Aufgabe.

Einundzwanzigstes Kapitel

Die Jagd des Großfürsten Alexis

Am 12. Januar 1872 brachte ein Extrazug den Großfürsten Alexis und sein Gefolge an den nördlichen Platte. Will, der dem hohen Gaste durch General Sheridan vorgestellt wurde, fasste sofort großes Interesse für ihn, auch freute er sich, dass General Custer an der Expedition teilnahm.

Als der Zug heranbrauste, war Will mit all seinen Vorbereitungen fertig. Gleich nach dem Frühstück begaben sich der Großfürst und seine Begleiter zu den Pferden oder auf die in den Ambulanzwagen für sie bestimmten Plätze. Genau dem Range entsprechend, reihten sich die Reiter einander an. Will hatte einen seiner Kundschafter vorausgeschickt, während er selbst den Zug beschloss, um sich zu überzeugen, dass alles in Ordnung sei. Als sie eben im Begriff waren, sich in Bewegung zu setzen, kam ein Schaffner des großfürstlichen Extrazuges auf Will zu und sagte, dass Herr Thompson kein Pferd erhalten habe. „Wer ist Herr Thompson?“, fragte Will. – „Nun, Herr Frank Thompson, der Direktor des großfürstlichen Extrazuges.“ Will sah die ihm von General Sheridan übersandte Namenliste derer nach, für die Reitpferde gestellt werden sollten, fand aber den Thompsons nicht darauf verzeichnet. Trotzdem wollte er nicht, dass Herr Thompson oder sonst irgendjemand leer ausgehen sollte. Wie immer, so ließ sich Will auch diesmal sein berühmtes Jagdpferd Buckskin Joe nachführen. Nun hatte dieses Pferd aber bekanntlich durchaus kein bestechendes Äußeres, sondern sah im Gegenteil mit seiner trüben Lederfarbe recht wenig vertrauenerweckend aus, war aber weit und breit in den Grenzgebieten als bestes und ausdauerndstes Jagdpferd bekannt. Will hatte noch niemals gestattet, dass ein anderer dieses Pferd besteige als er selbst. Da er nun aber augenblicklich kein sonstiges Pferd zur Stelle hatte, so ließ er Sattel und Zaumzeug bringen, ihn auf den Rücken seines geliebten Buckskin legen und sagte Herrn Thompson, dass er ihn solange reiten möge, bis er ihm ein anderes Pferd zur Verfügung stellen könne. Dieses Pferd sah so verschieden von all den prächtigen Tieren aus, die die übrigen Jagdteilnehmer ritten, dass Thompson es ziemlich unhöflich fand, ihm ein solches Tier anzubieten. Trotzdem bestieg er es, und Will sagte ihm, dass er es nur anspornen solle, wenn er zum General an die Spitze zu reiten wünsche. Als Thompson an den Proviant- und Ambulanzwagen vorüberkam, bemerkte er, dass die Kutscher auf ihn deuteten, und da er glaubte, sie verspotteten ihn, fragte er: „Reite ich vielleicht nicht, wie sich's gehört?"

„O doch, Herr, Sie reiten es ganz richtig", antwortete der Kutscher.

„Nun", sagte Thompson, „dann machen Sie sich wohl über das Pferd lustig?"

„Ich und mich über dieses Pferd lustig machen?", erwiderte der Mann, „das fällt mir auf tausend Stunden nicht ein."

„Ja, aber warum haben Sie mich denn dann alle so sonderbar angesehen?"

„Nun, mein Herr, sind Sie denn nicht der König?"

„Der König? Wie kommen Sie dazu, mich für den König zu halten?"

„Weil Sie dieses Pferd reiten. Mir scheint, Sie wissen gar nicht, was das für ein Pferd ist, das niemand reiten darf als Buffalo Bill. Als wir Sie plötzlich auf diesem Pferde daherkommen sahen, dachten wir alle nicht anders, als Sie seien der König, denn dieses Pferd ist Buckskin Joe."

Thompson hatte General Sheridan von Buckskin Joe sprechen hören, und dass Buffalo Bill einmal auf der Flucht vor Indianern achtzig Meilen auf seinem Rücken zurückgelegt habe. Später erzählte er Will, er habe sich förmlich wachsen fühlen, als ihm zu Ohren gekommen sei, dass er das berühmteste Pferd der Prärie reite. Sofort galoppierte er zu Will zurück und dankte ihm aufs Herzlichste für die ihm erwiesene Ehre. Will sagte ihm, dass er dem Großfürsten anbieten wolle, seinen ersten Büffel auf Buckskin Joe zu erlegen. „Da hätte ich wohl auch noch eine große Bitte an Sie", antwortete Thompson. „Erlauben Sie auch mir, einen Büffel auf diesem Pferde zu schießen", worauf Will erwiderte, dass er es ihm mit größter Freude gestatten werde. Buckskin Joe wurde während dieser denkwürdigen Jagd mit Ruhm überschüttet. Sowohl der Großfürst von Russland als Herr Frank Thompson, späterer Direktor der Pennsylvaniabahn, erlegten auf seinem Rücken ihren ersten Büffel, und mein Bruder schreibt dem guten Joe die Erwerbung von Frank Thompsons Freundschaft fürs Leben zu. Die ganze Jagd, bei der sich nicht ein einziger unglücklicher Zwischenfall ereignete, wurde nach dem einstimmigen Ausspruch sämtlicher Teilnehmer als im höchsten Grade gelungen angesehen.

Der „Gefleckte Schwanz" hielt sein Versprechen. In strahlendem Kriegsschmuck, mit Federbüschen und gemalten Gesichtern, erschienen er und seine hundert Indianer und führten ihren Kriegstanz auf, der des Großfürsten und seiner Begleiter höchstes Interesse erregte. Die eigentümlichen Schlangenbewegungen und Gesichtsverzerrungen der Indianer, ihr Springen und Kriechen, ihr teuflisches Schlachtgeschrei und Gejohle – dies alles bildete ein fremdartiges Durcheinander von Farben und

Tönen, das sich nicht so leicht wieder vergisst. Den europäischen Gästen erschien diese wilde Szene mehr malerisch als Schrecken einflößend, die erfahrenen Indianerkämpfer dagegen, die ihr anwohnten, wurden durchaus nicht angenehm dadurch berührt. Die Vergangenheit hatte zu viel Mord und Blutvergießen gebracht, und wie viele Kämpfe standen ihnen noch bevor!

Dem lärmenden Kriegstanze folgte die Büffeljagd der Indianer, wobei sich jeder an der Kraft und Geschicklichkeit des rothäutigen Jägersmanus ergötzen konnte. Ein Krieger, „Doppellanze“ genannt, führte ein Kunststück auf, das kein zweiter lebender Indianer ihm nachzumachen im Stande war. Er schoss einen Pfeil mit solcher Macht auf einen im vollen Laufe befindlichen Büffel, dass der Pfeil auf der anderen Seite wieder zum Vorschein kam.

General Sheridan wünschte den Großfürsten mit jeder Phase des Grenzlebens bekannt zu machen, und als die Jagdgäste sich anschickten, auf die Eisenbahnstation zurückzukehren, wurde Will aufgefordert, ihnen zu zeigen, in welcher Art und Weise man früher mit einem sechsspännigen Postwagen durch die Rocky-Mountains gefahren sei.

Will nahm die Idee voll Begeisterung auf, ebenso Alexis, der natürlich nur eine schwache Ahnung davon hatte, was ihn erwartete. Der Großfürst und der General wurden gebeten, in einem geschlossenen, mit sechs Pferden bespannten Wagen Platz zu nehmen und sich leicht nach vorwärts zu neigen. Hierauf kletterte Will auf den Bock.

„Ich bitte, sich jetzt einzubilden“, sagte er zu seinen Fahrgästen, „es seien fünfzig Indianer hinter uns her.“ Und davon jagten die Pferde mit einem Satz, der die Insassen des Wagens, wenn er nicht geschlossen gewesen wäre, unbedingt auf die Straße geschleudert hätte.

M.W.

Die drei Meilen bis zur Station wurden in genau zehn Minuten zurückgelegt – für den Großfürsten eine Fahrt wie auf Tod und Leben. Gleich einem Schiff auf sturmgepeitschtem Ozean schwankte und schaukelte der Wagen, und wohl niemals hat sich eine bedrohte Schiffsmannschaft mit verzweifelterem Griff an die Rettungsboote angeklammert, als Wills Passagiere an ihre Sitze. Wären die nur in der Phantasie des Kutschers vorhandenen fünfzig Indianer ihnen wirklich auf den Fersen gewesen, so hätte er die Peitsche nicht fleißiger gebrauchen oder sich dem Jammern und Rufen seiner Fahrgäste gegenüber nicht tauber stellen können. Als der Wagen dann endlich mit einem erneuten Stoß, bei dem den Passagieren die Zähne aufeinander schlugen, stillhielt und Will, den Sombrero in der Hand, den Wagenschlag öffnete, um sich zu erkundigen, wie Seiner Kaiserlichen Hoheit die Fahrt gefallen habe, erwiderte der Großfürst mit etwas zweifelhafter Begeisterung: „Ich möchte das Erlebnis nicht um viel Geld missen. Allein um es ein zweites Mal durchzumachen, da kehrte ich schon lieber über Alaska nach Russland zurück, schwämme durch die Behringstraße und legte den Rest meiner Reise auf einem Ihrer Staatsmaultiere zurück."

Diese Fahrt bildete den Schluss eines Ausflugs, über den sich die vornehme Gesellschaft in jeder Hinsicht befriedigt aussprach. Der Großfürst forderte Will auf, in seinen Salonwagen zu kommen, wo er den Dank aller Herren für die als Führer einer Jagdgesellschaft bewiesene Geschicklichkeit und Dienstbeflissenheit in Empfang nahm. Auch wurde er von Alexis eingeladen, ihn in seinem Schlosse zu besuchen, falls er einmal nach Russland käme. Überdies erhielt er eine Anzahl wertvoller Andenken.

Zu jener Zeit hatte Will noch entfernt nicht den Gedanken gefasst, eine Reise übers Meer zu machen, führte jedoch den längst gehegten Plan aus, auch den Osten Amerikas kennen zu lernen. Die Indianer verhielten sich verhältnismäßig ruhig, sodass ihm sein Urlaubsgesuch gerne bewilligt wurde.

Zuerst hielt er sich in Chicago auf, und zwar als General Sheridans Gast. Hierauf begab er sich nach New York, wo er von James Gordon Bennet, Leonard und Lawrence Jerome, J. G. Heckscher und noch anderen, die sich, wie sich die Leser erinnern werden, im vorhergehenden Jahre an der Jagdpartie beteiligt hatten, aufs Freundlichste empfangen wurde. Auch die Anwesenheit Ned Buntlines trug dazu bei, Wills Aufenthalt in der Metropole in jeder Hinsicht angenehm zu gestalten. Der Schriftsteller hatte seinen Plan, den Kundschafter Cody zum Helden einer im wilden Westen spielenden Erzählung zu machen, ausgeführt. Die Geschichte war sogar dramatisiert worden und erlebte zur Zeit von Wills Anwesenheit in New York in einem der Theater der großen Stadt einen glänzenden Erfolg. Auch Will wohnte eines Abends mit einer größeren Gesellschaft einer Vorstellung an, und bald wurde im Saale geflüstert, Buffalo Bill selbst befinde sich unter den Zuschauern. Gewöhnlich ist es Sitte, den Verfasser eines Stückes vor die Rampe zu rufen. Ohne Zweifel war dies auch bei diesem Stück schon verschiedentlich der Fall gewesen, an diesem Abend aber verlangte das Publikum den Helden zu sehen. Will kam dieser Aufforderung natürlich gänzlich überraschend, aber da half kein Sträuben, er musste sich zeigen, und ein wahrer Sturm von Beifallsrufen begrüßte ihn. Der Theaterdirektor bot Will sofort fünfhundert Dollars wöchentlich an, wenn er in New York bleiben und selbst die Rolle des Buffalo Bill spielen wolle. Will aber lehnte den Vorschlag dankend ab.

Während Wills Aufenthalt in der Hauptstadt veranstalteten seine reichen Bekannten ihm zu Ehren eine große Anzahl üppiger Festmahle. Zu Anfang war ihm die großstädtische Zeiteinteilung nicht angenehm, bald aber gewöhnte auch er sich an die ihm unvernünftig erscheinenden Stunden, zu denen die New Yorker frühstückten, zu Mittag und zu Abend aßen. Das Gefühl seiner gesellschaftlichen Verpflichtungen lastete indes bald so schwer auf ihm, dass er beschloss, sich mit einem Diner, bei dem er der Wirt sein wollte, zu revanchieren. Eine Zählung seiner Barschaft ergab, dass er sich wohl erlauben konnte, die Summe von fünfzig Dollars zu opfern und sich der Freude hinzugeben, einmal den Lukullus zu spielen.

Natürlich würde nicht all dieses Geld erforderlich sein, um zehn bis zwölf Männer zu sättigen. „Wird es aber dennoch aufgebraucht", sagte er zu sich selbst, „dann schadet es auch nichts. So etwas kommt ja nicht alle Tage vor."

Voll ahnungslosen Vertrauens eilte er zu Delmonico, einem berühmten Restaurateur, wo ihn seine Freunde so oft bewirtet hatten. Er bestellte das feinste Mittagessen für zwölf Personen und setzte als Zeitpunkt den Abend vor seiner Abreise nach dem Westen fest. Mit der in den fernen Grenzgebieten üblichen Herzlichkeit lud er seine Bekannten ein. Diese hatten ihn mit Aufmerksamkeiten überschüttet, nun wünschte er ihnen zu zeigen, dass ein Mann aus dem wilden Westen solche Freundlichkeiten nicht nur zu schätzen, sondern auch zu erwidern verstehe.

Das Diner nahm einen äußerst günstigen Verlauf. Nicht ein Gast hatte abgesagt. Die Unterhaltung sprühte. Reden und Gegenreden wurden losgelassen, und in heiterster Stimmung trennte man sich, sodass stolze Befriedigung den Gastgeber erfüllte. Am nächsten Morgen begab er sich mit der Miene sorgloser Freigebigkeit zu Delmonicos Kassier.

„Meine Rechnung, bitte", sagte er, und nachdem er sie erhalten hatte, starrte er mehrere Minuten lang darauf nieder. Allmählich begann es in ihm zu dämmern, dass seine fünfzig Dollars ungefähr hinreichten, um einen einzigen

Gang zu bezahlen. Wie er uns später eingestand, habe ihn dieses Fetzchen Papier mehr erschreckt, als wenn man ihm allein einen Kampf mit einem ganzen Stamm Sioux Indianer in Aussicht gestellt hätte.

Wie dieser Streich doch Will wieder ähnlich sah! Jetzt erst wurde es ihm so recht klar, wie ungeheuer der Unterschied zwischen einem bei Delmonico und einem auf der Prärie eingenommenen Diner ist. Zum einen müssen die Produkte von allen vier Enden der Erde zu Rate gezogen werden, um den Küchenzettel zusammen zu stellen; zum anderen genügen eine Unze Blei, eine Ladung Pulver, ein Reisigbündel und ein Streichholz.

Unter keinen Umständen aber durfte der Kassier des Restaurants merken, dass der noble Gastgeber vom Abend vorher über die verlangte Summe erstaunt sei. Will bat deshalb, man möchte ihm die Rechnung in sein Hotel schicken und flüchtete sich dann tief aufatmend ins Freie.

Es gab in ganz New York nur einen einzigen Mann, an den er sich, wie ihm sein Gefühl sagte, in seiner Verlegenheit wenden durfte, und das war Ned Buntline. Einer, der verwickelte Geschichten erfinden und seine Personen aus allerlei eingebildeten schwierigen Lagen befreien kann, war gewiss auch im Stande, ihm aus einer verhältnismäßig so einfachen Geschichte wie die Bezahlung einer Hotelrechnung herauszuhelfen. Wills Vertrauen in die Klugheit seines Freundes wurde denn auch nicht getäuscht. Sein erster großer finanzieller Schrecken war glücklich beseitigt worden – wie dies aber geschah, weiß ich bis auf den heutigen Tag noch nicht.

Einer der Hauptgründe, warum Will die Reise nach dem Osten unternommen hatte, war die, unsere einzigen noch lebenden Verwandten mütterlicher Seite aufzusuchen – Oberst Henry R. Guß und Familie, die in Westchester, in Pennsylvanien, wohnten. Der Mutter Schwester, die mit diesem Herrn verheiratet war, lebte nicht mehr und wir hatten weder ihn noch jemand von seiner Familie je gesehen. Ned Buntline begleitete Will auf seiner Reise nach Westchester.

Diejenigen, die schon in einem fremden Empfangszimmer auf das Erscheinen von Verwandten gewartet haben, die man nie gesehen und von deren Persönlichkeit man nur eine unklare Vorstellung hat, wissen, wie peinlich solch ein Warten ist. Wird der Empfang offen und herzlich, oder kalt und steif sein? Während der wenigen Minuten, die nach Überreichung seiner und Buntlines Karte an den Diener verflossen, wünschte Will fast, der elegante Salon möchte sich in die wilde Prärie verwandeln. Doch kaum war dieser Wunsch in ihm aufgestiegen, so erschien in dem zum Nebenzimmer führenden Türrahmen das lieblichste Mädchen, das Wills Augen jemals erblickt hatten, und ihr folgte ein höflich und elegant aussehender Herr. Es waren Cousine Lizzie und Onkel Henry. Über die Art des Empfangs konnte kein Zweifel bestehen, er war überaus herzlich, und Will verlebte eine reizende Zeit mit seinen Verwandten. Seine Cousine aber gewann sofort sein ganzes Herz. Die Liebe, die er für seine Mutter gehegt hatte – die reinste und stärkste seiner Neigungen – vererbte sich auf dieses schöne Mädchen.

Zweiundzwanzigstes Kapitel

Theatralische Versuche

Das in Fort Mc Pherson liegende fünfte Reiterregiment war nach Arizona verlegt und durch das unter General Reynolds Befehl stehende dritte Reiterregiment ersetzt worden. Sofort nach seiner Rückkehr ins Fort Mc Pherson musste Will sich auf einen Kundschaftsritt begeben, um den Aufenthaltsort der Indianer zu erforschen, die während seiner Abwesenheit einen Einfall ins Fort gemacht und eine beträchtliche Anzahl Pferde mit fortgeschleppt hatten. Hauptmann Meinhard und Leutnant Lawson befehligten die zur Wiedereintreibung des gestohlenen Eigentums ausgeschickte Kompanie. Will, dem zu seiner Unterstützung der Kundschafter T. B. Omohundro, Texas Jack genannt, beigegeben war, begleitete sie.

Bald fand Will die gesuchten Indianerspuren und ritt nun mit sechs Mann voraus, um das Lager der Rothäute auszukundschaften. Kaum hatten sie eine kurze Strecke zurückgelegt, so bekamen sie einen Trupp Indianer zu Gesicht, die ihre Pferde weiden ließen. Sie waren ihrer dreizehn – eine unglückliche Zahl – und Will fürchtete, von ihnen entdeckt zu werden, wenn sie jetzt zu ihrer Truppenabteilung zurückzukehren versuchten. Er fragte deshalb seine Gefährten, ob sie bereit seien, ihm zu folgen, wohin er sie auch führe, und da dies einstimmig bejaht wurde, ritten sie vorsichtig auf den Lagerplatz der Indianer zu.

Im gegebenen Augenblick stürzten sich die sieben auf die nichtsahnenden Indianer, die sofort nach ihren Pferden sprangen und sich zum Kampfe aufstellten. Auf das Knallen der Flinten aber kam Hauptmann Meinhard schleunigst herbei, und als die Indianer die anrückenden Verstärkungen sahen, ergriffen sie eiligst die Flucht. Sechs von ihnen blieben tot auf dem Platze und fast sämtliche gestohlenen Pferde wurden wieder eingebracht. Ein Soldat war tot, und Will erhielt bei diesem Gefecht eine seiner wenigen Verwundungen.

Nun aber wurde der vielseitig verwendete Präriebewohner wieder einmal in eine neue Rolle gedrängt. Als er im Herbst 1872 von einem langen Kundschaftsritt zurückkehrte, erfuhr er, dass er von seinen Freunden zum Kandidaten für die gesetzgebende Körperschaft des Nebraskadistrikts aufgestellt worden sei. Er hatte niemals daran gedacht, sich der Politik zu widmen und hegte leicht erklärliche Zweifel in seine Befähigung zum Gesetzgeber. Obwohl er durchaus keine Wahlumtriebe machte, so wurde er dennoch mit schmeichelhafter Stimmenmehrheit gewählt. Damit kam ihm nun das Recht zu, seinem Namen das Wörtchen „Honorable“ vorzusehen, das später durch „Oberst“ verdrängt wurde, ein Titel, den er sich in der Nebraskaer Nationalgarde erwarb, und der, wie er sagte, viel besser seinen Leistungen entspreche.

Will fand ungleich seinem Vater keinen Geschmack an Politik oder politischen Ehren. Ich erinnere mich einer meinen Bruder trefflich charakterisierenden Antwort, die er einigen Freunden gab, als sie ihn zu überreden suchten, den politischen Kampfplatz zu betreten. „Nein“, sagte er, „die Politik geht über meinen Verstand. In jedem offenen, ehrlichen Kampfe glaube ich meinen Mann stellen zu können, in der Politik aber erscheint mir alles hässlich und heimtückisch. Ich danke euch, meine Freunde, allein ich muss mich entschieden weigern, diesen Pfad zu betreten, der auf jedem Quadratzoll mehr dorniges Gestrüpp aufweist als irgendeiner, dem ich auf der Prärie gefolgt bin."

Mittlerweile hatte Ned Buntline einen kühnen Plan gefasst. Wills elegante Erscheinung auf dem New Yorker Theater war ihm nicht aus dem Sinn gekommen, und immer mehr hatte sich ihm die Überzeugung aufgedrängt, dass der Kundschafter sich ein großes Vermögen erwerben könnte, wenn er sich zur Schauspielerlaufbahn entschließen würde. Buntline beabsichtigte, ein Stück mit dem Titel: „Der Präriekundschafter" zu schreiben, worin Will die Hauptrolle übernehmen und als Stern erster Größe glänzen sollte. Als Hauptköder führte er Will gegenüber an, dass das Stück eine Reihe von Szenen aus dem Grenzleben bringen und dem Publikum nicht nur zur Unterhaltung, sondern auch zur Belehrung dienen solle.

Zuerst wurde der Köder nur angeknabbert, schließlich aber doch verschluckt, wenn auch unter der Bedingung, dass der Wilde Bill und Texas Jack sich als Mitspieler gewinnen ließen. Will telegraphierte seinen beiden Freunden, dass er ihrer Hilfe in einer wichtigen Angelegenheit bedürfe und in Chicago mit ihnen zusammentreffen wolle. Hätte er nur eine leise Anspielung über die Art dieser „wichtigen Angelegenheit" gemacht, so wäre natürlich keiner von ihnen erschienen, das wusste er wohl. So aber war er überzeugt, dass sie seinem Rufe folgen würden; das übrige wollte er Ned Buntlines Überredungskünsten, die sehr stark entwickelt waren, überlassen.

Wie erwartet, erschienen der Wilde Bill und Texas Jack in Chicago, und eines Morgens begab sich das Trio ins Palmerhouse zu einer Zusammenkunft mit Ned Buntline. Kaum vermochte der Schriftsteller bei ihrem Anblick sein Entzücken zu bemeistern. Alle drei Kundschafter hatten ein auffallend schönes, stattliches Äußere, und wenn sie auch ohne Zweifel noch mancher Unterweisung in der

Schauspielkunst bedurften, so würde ihre Unerfahrenheit durch ihren Ruf und ihre persönliche Erscheinung sicher reichlich aufgewogen. Außerdem sollten ja eine Menge Szenen aufgeführt werden, die einstens grausame Wirklichkeit für sie gewesen waren.

„Nun hört mir ruhig zu, Freunde", begann Will, nachdem sie sich gesetzt hatten. „Was meinen Sie, Buntline", fuhr er fort, nachdem er vergeblich nach einer diplomatischen Einleitung gesucht hatte, „wäre es nicht besser, Sie erklärten ihnen unser Vorhaben?"

Voll Begeisterung setzte Buntline ihnen nun seine Pläne auseinander, jedoch ohne den geringsten Widerhall beim Wilden Bill sowohl als bei Texas Jack zu erwecken, die im Gegenteil aussahen, als wollten sie jeden Augenblick nach ihren Sombreros greifen und nach den Grenzlanden auskneifen. Will aber gab nun den Ausschlag.

„Bedenkt doch, wir können uns dabei ein Vermögen erwerben", sagte er. „Versucht es doch wenigstens eine Zeitlang."

Das Endergebnis einer langen Beratung war, dass die Kundschafter, wenn auch höchst widerwillig, ihre Zustimmung zu dem gefürchteten Wagnis gaben. Will stellte dabei noch eine weitere Bedingung, bevor auch er endgültig einwilligte.

„Für den Fall, dass die Indianer Spektakel machen", sagte er, „muss uns ein Urlaub versprochen werden, damit wir sie wieder zur Ruhe bringen können."

„Einverstanden, Jungens", antwortete Buntline. „Das soll" in den Kontrakt aufgenommen werden. Und wenn ihr zum Kampfe gegen die Rothäute ins Heer zurückberufen werdet, so begleite ich euch."

Diese Antwort hob den Schriftsteller wieder beträchtlich in der Achtung der Kundschafter. Innerhalb vier Stunden hatte Buntlinie das Schauspiel geschrieben – die meisten

Verfasser von Theaterstücken nehmen sich doch wenigstens eine Woche Zeit dazu – und nun erhielten die Schauspieler ihre Rollen. Buntline engagierte weitere Kräfte zur Unterstützung der drei ersten Größen, worauf die Ausführung des Stückes an allen Straßenecken angekündigt wurde.

Als der verhängnisvolle erste Abend hereinbrach, wusste keiner der Kundschafter auch nur noch eine Zeile der vorher gut auswendig gelernten Rolle, dafür aber hatte sich aller das Lampenfieber in seinen verschiedensten Stadien bemächtigt. Buntline war vorsichtig genug gewesen, sie auf eine solche Möglichkeit vorzubereiten; sie aber hatten sich trotzdem nicht vorzustellen vermocht, in was für einen Zustand erbärmlicher Angst ein Mann angesichts einiger hundert harmloser, einem Theatervorhang gegenübersitzender Menschen kommen kann. Auch die Mitteilung, dass oft sogar erprobte Schauspieler ebenso gut von jener beklemmenden Angst gepackt werden als junge Anfänger – was tatsächlich der Fall ist – hätte ihnen keine Erleichterung gebracht. Alle drei erklärten, lieber eine Schar kriegsmäßig bemalter Indianer vor sich zu haben oder eine Herde fliehender Büffel aufzuhalten, als sich den friedlich dreinschauenden Zuschauern gegenüber zu stellen, die darauf warteten, die dramatischen Anstrengungen der Kunstnovizen zu kritisieren.

Wie die meisten Dilettanten bestanden sie darauf, durch die im Vorhang angebrachten Gucklöcher zu schauen, wodurch sich ihre Aufregung noch mehr steigerte. Wenn Buntline nicht so überzeugend auf sie eingeredet und sie daran erinnert hätte, dass auch er in diesem Stück mitspiele, so wären sie wohl heimlich aus der Hintertüre des Theaters entschlüpft, um sich ein Eisenbahnbillett nach dem fernen Westen zu lösen.

Bald ging der Vorhang in die Höhe, und ermunterndes Beifallklatschen begrüßte die drei zitternden, ganz in

Leder gekleideten hohen Gestalten, die ihre erste Verbeugung vor dem Publikum machten.

Ich sagte bereits, dass Will keinen Satz mehr von seiner aufs Sorgfältigste auswendig gelernten Rolle wusste, und dabei blieb es, auch als der Augenblick kam, wo er das Wort ergreifen sollte. „Ich muss ihn entschieden erst etwas zu sich kommen lassen“, dachte Buntline, der sich mit ihm auf der Bühne befand. Und so fragte er ihn in nachlässigem Tone: „Na, Bill, was hast du in letzter Zeit getrieben?“

Diese Frage brachte den Präriekundschafter auf eine Idee. Bei einem flüchtigen Blick über die Zuschauer war ihm in einer der Logen ein reicher Herr Namens Milligan ins Auge gefallen, den er einst bei einer großen Jagd in der Gegend von Mc Pherson als Führer begleitet hatte. In den Chicagoer Blättern war diese Jagd damals ausführlich beschrieben worden, sodass jedermann die Einzelheiten kannte.

„Ich habe Milligan auf eine Jagd begleitet“, antwortete Will und weckte damit sofort das Interesse des Hauses. Milligan war eine beliebte Persönlichkeit Chicagos, hatte jedoch wegen des ihm von den Indianern eingejagten Schreckens endlose Scherze und Neckereien zu ertragen gehabt. Das Gelächter und die Beifallsrufe, womit dieser Ausspruch begrüßt wurde, brachten dem Kundschafter wieder etwas mehr Selbstvertrauen bei, aber was hilft Selbstvertrauen, wenn man seine Rolle vergessen hat! Allmählich gewann der mitspielende Dichter die Überzeugung, dass er an Stelle des auszuführenden Stückes rasch ein anderes aus dem Stegreif vorbereiten müsse.

„Erzähle mir etwas darüber, Bill“, sagte er, und ein leises Brummen des Souffleurs ließ sich vernehmen.

Ein Hauptvergnügen in den Grenzgebieten bildet das Geschichtenerzählen. Wer als tapferer und gewandter Präriebewohner einen gewissen Rang einnimmt, ist gewöhnlich auch ein guter Erzähler. Will wurde es sofort leichter zu Mute, und in behaglichem Tone beschrieb er, seiner Erinnerung folgend, Milligans Jagderlebnisse. Dass die Geschichte unterhaltend war, bewies das häufige Beifallklatschen. Von dem löblichen Wunsche durchdrungen, das Stück in Gang zu bringen, rief der Souffleur wieder und wieder Will den Anfang seiner Rolle zu, aber auch dies half nichts.

Dieses Zwiegespräch muss wirklich höchst drollig und einzig in seiner Art gewesen sein. Weder Texas Jack noch der Wilde Bill wurden hierdurch in die Lage versetzt, während des ersten Aktes auch nur ein einziges Wort ihrer Rolle sagen zu müssen. Bei den später folgenden Indianerkämpfen dagegen, da ernteten auch sie großen Beifall, denn diese mussten ja nicht mühsam vorher auswendig gelernt werden. Mit erstaunlicher Gewandtheit wurden die nachgemachten Rothäute niedergeworfen.

In finanzieller Hinsicht war der Erfolg des Abends so glänzend, als man ihn sich nur wünschen konnte, in künstlerischer – nun, da hatte die Kritik Grund genug, sich über den armen Schauspieldichter lustig zu machen. Die Berufskünstler hatten ihre Rollen anständig durchgeführt, und mit den Kundschaftern waren die Kritiker bewunderungswürdig nachsichtig verfahren. Sie wussten freilich nicht, dass die Hauptpersonen des Stücks ihre eigenen Worte zum Besten gegeben hatten, und so wurde über den armen Buntline die ganze Schale ihres Spottes ausgeschüttet.

Das Sprichwort aber sagt, wer da viel hat, dem wird noch gegeben. Mehrere Theaterdirektoren boten sich an, die Schauspieltruppe übernehmen zu wollen, während andere als Teilhaber einzutreten wünschten. Ned Buntline aber nahm den ihm von der Kritik gebotenen bitteren Trank mit lächelndem Gleichmut auf, denn „wer zuletzt lacht, lacht am besten".

Bald hatten die Kundschafter ihr Lampenfieber überwunden, konnten ihre Rollen behalten und trugen ihr reichliches Teil nicht nur zum finanziellen, sondern auch zum künstlerischen Erfolge der Ausführung bei. Von Chicago begab sich die Gesellschaft nach St. Louis, dann nach Cincinnati und anderen großen Städten, wo sie überall vor vollen Häusern spielte.

Als die Theatersaison in Boston ihr Ende erreicht und Will seine Vorbereitungen zur Rückkehr nach Nebraska getroffen hatte, stellte sich ihm ein Engländer namens Medley mit der Bitte vor, ihn als Führer auf einem großen Jagd- und Forschungszuge durch den Westen zu begleiten. Die angebotene Bezahlung war glänzend – tausend Dollars im Monat, sowie Ersatz aller Unkosten – und so nahm Will das Anerbieten an. Den Sommer verbrachte er somit in seinem alten Berufe und im darauffolgenden Winter setzte er seine Rundreisen als dramatische Größe fort. Der Wilde Bill und Texas Jack willigten auch diesmal wieder ein, dem Beispiel ihres Freundes zu folgen. Ersterem aber ging bei dieser zweiten Spielzeit bald die Geduld aus, sodass er versuchte, seinen für die Saison unterzeichneten Kontrakt zu lösen. Natürlich weigerte sich der Direktor, ihn freizugeben, der Wilde Bill aber gedachte einen Gewaltakt vorzunehmen, dem zufolge die Gesellschaft nur zu froh sein würde, ihn loszuwerden.

Eines Abends führte er seinen Plan aus, indem er seine blinden Patronen so nahe an den auf der Bühne liegenden toten Indianern vorbei abschoss, dass die erschrockenen Schauspieler mit noch wahrheitsgetreuerem Geschrei wieder zum Leben erwachten, als jenes gewesen war, das ihren Tod begleitet hatte. Dies ging nun über den im Textbuch von ihm verlangten Eifer hinaus, und so sehr das Publikum sich auch an dem Vorfall ergötzte, so trug er dem Wilden Bill doch die Missbilligung der Direktion ein.

Will wurde abgeschickt, um den tollen Indianerbezwinger zur Rede zu stellen. Der Wilde Bill aber antwortete ruhig, dass er die Burschen ja nicht im Geringsten verletzt habe, und verfuhr bei jeder folgenden Vorstellung in gleich hitziger Weise.

Nun wurde zu ernsteren Maßregeln gegriffen. Man sagte ihm, dass er es entweder unterlassen müsse, auf bereits getötete Indianer zu schießen, oder aus der Gesellschaft auszuscheiden habe. Das war nun aber gerade Wasser auf seine Mühle, denn er nahm sofort seinen Abschied. Als sich der Vorhang zur nächsten Ausführung hob, machte er sich das Vergnügen, als Zuschauer dem Stücke anzuwohnen.

Will konnte die Gefühle seines Freundes sehr wohl begreifen. Da er sich nun aber einmal zum Spielen verpflichtet hatte, so tat er sein Möglichstes, auch den abtrünnigen Schauspieler zur Gesellschaft zurückzuführen. Alles Zureden aber war vergebens; der Kontrakt wurde gelöst, und der Wilde Bill kehrte auf seine geliebte Prärie zurück.

Während des nächsten Winters bewerkstelligte Will den Umzug seiner Familie nach Rochester und organisierte eine Theatergesellschaft auf eigene Rechnung. Da jedoch das Bühnenleben zu viel des Erkünstelten und Gemachten mit sich bringt, als dass sich ein an die raue Wirklichkeit gewöhnter Mann dabei auf die Dauer wohl fühlen könnte, so versuchte Will diesem Übelstand dadurch so viel als möglich abzuhelfen, dass er seiner Gesellschaft eine Schar wirklicher Indianer einverleibte. Der Winter 1875 auf 1876 begann glänzend; die Gesellschaft spielte in den verschiedenen Städten stets vor ausverkauften Häusern, und Will hatte großen finanziellen Erfolg.

Eines Abends im April – die Saison neigte sich bereits stark ihrem Ende zu – wurde Will, als er sich eben auf die Bühne begeben wollte, ein Telegramm eingehändigt. Es war von seiner Frau, die ihn nach Rochester ans Krankenbett seines einzigen Sohnes rief. Nach einer Beratung mit dem Theaterdirektor wurde beschlossen, dass Will nach Schluss des ersten Aktes sein Spiel unterbrechen solle, um noch rechtzeitig den Zug zu erreichen.

Dieser erste Akt war eine schwere Aufgabe für den armen Vater, obwohl die Zuschauer keine Ahnung hatten, in welch zitternder Angst das Herz des Schauspielers schlug. Gerade noch zur rechten Zeit erreichte Will den Zug, während der Direktor, John Burke, ein erfahrener Schauspieler, Wills Rolle zu Ende führte.

Traurig war auch die Fahrt nach Rochester, da der bedauernswerte Vater von den düstersten Ahnungen gequält und von den Erinnerungen an die mancherlei Gefahren, denen das nun bedrohte, so kostbare kleine Leben schon ausgesetzt gewesen war, heimgesucht wurde.

Kit war ein reizendes Kind mit auffallend schönen Gesichtszügen und lockigen Haaren. Seine Mutter steckte ihn zudem in die hübschesten Kleider, und diese Vereinigung von Natur und Kunst hatte Zigeuner verlockt, ihn im vergangenen Sommer mit sich zu nehmen. Kit aber war der echte Sohn eines Kundschafters und hatte scharfe Augen. Er merkte sich den von den Zigeunern eingeschlagenen Weg, kniff ihnen bei der ersten Gelegenheit aus und kehrte glücklich wieder in die Arme seiner halbverzweifelten Eltern zurück. Trotz Wills tiefer Besorgnis flog ein Lächeln über seine Züge, als er an jenen Winter dachte, wo sein kleiner Sohn regelmäßiger Besucher des Theaters war. Der kleine Kerl wusste sehr gut, dass bei einer Theatervorstellung, vom Gesichtspunkt des Direktoriums aus betrachtet, ein volles Haus die Hauptsache ist. Voll Aufregung beobachtete er deshalb die sich allmählich füllenden Sitze, und als der Vorhang in die Höhe ging und sein Vater auf der Bühne erschien, hielt er seine Händchen in Form einer Trompete an den Mund und schrie aus seiner Loge:

„Volles Haus, Papa!“ Natürlich wurde dieses kleine Vorspiel zwischen Vater und Sohn, das sich noch manchmal wiederholte, vom Publikum aufs Heiterste begrüßt. Erst nachdem der kleine Mann seine Pflicht erfüllt zu haben glaubte, machte er es sich auf seinem Stuhl bequem und genoss mit ungeteiltem Interesse das Spiel.

Als Will nach Rochester kam, fand er seinen Sohn zwar noch am Leben, die Ärzte aber hatten die Hoffnung, ihn zu retten, bereits aufgegeben. Er glühte im Fieber, war jedoch bei Besinnung und schlang freudig die Ärmchen um seines Vaters Nacken. Den nächsten Tag bis in die Nacht hinein steigerte sich die Krankheit, bis das Ende herankam, das Will in tiefen Schmerz versetzte. Er hatte große Hoffnungen auf seinen Sohn gebaut, und in einem Atemzug waren sie alle zunichtegemacht worden. Die aus Wills Kinderzeit herüberreichenden Erinnerungen an die Prophezeiung der Wahrsagerin hatte nach der Geburt seines Sohnes eine Wendung genommen. Wer weiß, vielleicht war es Kit beschieden, einmal Präsident der Vereinigten Staaten zu werden! Nun aber waren Furcht und Hoffnung zugleich entschwunden, all die stolzen Träume in nichts zerronnen!

Am 24. April 1876 wurde der kleine Kit auf dem Kirchhof von Mount Hope begraben. Er ist nicht tot, er schläft nur, nicht verloren, sondern vorangegangen. Der großen Schar der Vollendeten im Reiche der Seligen hat er sich zugesellt. Er ist dahingeschieden, um meiner Mutter in der noch unerfüllten Aufgabe beizustehen, die Augen desjenigen, der sie und diesen kleinen Erdenbürger so heiß hienieden liebte, himmelwärts zu ziehen.

Dreiundzwanzigstes Kapitel

Politisches Vorgehen der Regierung gegen die Indianer

Für den tiefbetrübten Vater war es eine große Erleichterung, dass die Spielzeit ihrem Ende zuging. Mehr denn je war ihm jetzt der Mummenschanz des Bühnenlebens zuwider, als er mit seinem schweren, noch so frischen Kummer zur Gesellschaft zurückkehrte. Trotzdem spielte er Abend für Abend vor ausverkauften Häusern; sein Herz aber war natürlich nicht bei der Sache. Unter diesen Umständen begrüßte er einen Brief General Mills, worin ihm dieser mitteilte, dass man seiner Dienste im Heere bedürfe, als willkommene Erlösung. Er kürzte die beabsichtigte Spielzeit um die letzten Tage ab und entließ seine Truppe mit einer klingenden Belohnung.

Dies geschah im Frühjahr der Zentenarfeier der Unabhängigkeitserklärung Amerikas. Man nannte dieses Jahr auch das „Custerjahr", weil während dieses Sommers der tapfere General mit seinen „Dreihundert" bei dem ungleichen Kampfe mit „Sitting Bull" und seinen Kriegern den Tod gefunden hatte.

„Sitting Bull" war einer der bedeutendsten Häuptlinge und Führer, deren sich der Stamm der Sioux je rühmen konnte. Seinen Namen hatte er sich dadurch erworben, dass er eines Tages rittlings auf einen von ihm angeschossenen Büffel sprang, um ihm das Fell abzuziehen, wobei sich der verwundete Stier mit dem Indianer wieder in die Höhe richtete. Er vereinigte angeborene Indianerschlauheit mit großem Feldherrntalent, und seine Gewandtheit als Führer wurde bei Rothäuten und Weißen gleich sehr anerkannt. Er war in der Tat ein äußerst gefährlicher Mann, bei dem alle Grausamkeit und aller Hass und Rachedurst, deren ein Indianer fähig ist, durch das seinem Volke zugefügte Unrecht aufgereizt worden war.

Auch der 1876 ausgebrochene Krieg mit den Sioux hatte seinen Grund in einem Bruch der Vertragsrechte und in einem Akt der Ungerechtigkeit von Seiten der Regierung der Vereinigten Staaten.

Im Jahre 1868 war nämlich ein Vertrag mit den Sioux abgeschlossen worden, worin man ihnen die Gegend der Black Hills als alleiniges Eigentum zugesprochen und jegliche Ansiedlung der Weißen dort verboten hatte. Im Jahre 1874 wurde nun aber plötzlich Gold in jener Gegend aufgefunden, was sofort zur Folge hatte, dass ein ganzes Heer von Weißen das Indianergebiet überschwemmte. Selbstverständlich nahmen die Sioux dieses Eindringen höchst übel auf, und anstatt sie nun dadurch zu besänftigen, dass man versprach, den Vertrag einer Durchsicht unterziehen zu wollen, schickte die Regierung General Custer mit der Weisung in die Black Hills, die Indianer durch Einschüchterung zur Unterwerfung zu bringen. General Custer aber war viel zu klug und mit der Art der Indianer viel zu sehr vertraut, als dass er sich in der Ausübung der ihm erteilten Befehle an den Buchstaben gehalten hätte. Unter dem Schutze einer Friedensflagge wurde mit den Indianern verhandelt. Custer ließ bei dieser Zusammenkunft Kaffee, Zucker und Schinken unter die Rothäute verteilen und zugleich den Rat geben, dass es den Sioux nur zum Vorteil gereichen würde, wenn sie den Goldgräbern erlaubten, sich im Lande niederzulassen. Kaffee, Zucker und Schinken wurden nun zwar dankbar angenommen, noch niemals aber hat, seitdem die Erde besteht, weder ein Volk, noch ein Stamm, noch ein einzelnes Individuum ohne weiteres einen sogenannten guten Rat angenommen. Auch die Indianer befolgten ihn nicht, hatten ihn überdies schon mit solch gleichgültigem Schweigen aufgenommen, dass General Custer alle Hoffnung auf einen Erfolg seiner Unterhandlung aufgab.

Im Jahre 1875 wurde General Crook nach den Black Hills geschickt, um dort in frivolster Weise die freundschaftlichen Gesinnungen der Regierung auszuposaunen. Niemand aber ließ sich täuschen, am wenigsten die Indianer. Im August wurde die Stadt „Custer" angelegt, und nach vierzehn Tagen schon hatten sich über sechshundert Weiße dort niedergelassen. General Crook trieb die Bewohner dieses einstigen Indianerdorfes mit Gewalt aus, und während er triumphierend auf der einen Seite der neu angelegten Stadt herausritt, zogen die alten Bewohner auf der entgegengesetzten Seite wieder ein.

Die schlimmen Folgen dieses fortgesetzten Vertragsbruchs konnten nicht ausbleiben; überall griffen die Sioux zu den Waffen. Jemand, der das unerhört ungeschickte politische Vorgehen der Regierung nicht verfolgt hat, kann es kaum glauben, dass diese, in der Absicht, ihr Heer zu vergrößern, mit freigebigster Hand und ohne Unterschied der Stämme Schusswaffen und Patronen unter die Indianer verteilen ließ und ihnen aufs Genaueste beibrachte, wie man sie gegen die Weißen anzuwenden habe. Während der Monate Mai, Juni und Juli dieses Jahres hatten die Sioux nicht weniger als elfhundertzwanzig Remington- und Winchestergewehre und dreizehntausend Patronen erhalten. Ferner wurden während dieses Jahres mehrere tausend vollständige Soldatenausrüstungen und mehr als eine Million Patronen unter sie verteilt, obwohl sie doch schon drei Jahre vorher regelrecht ausgerüstet worden waren. Unter diesen Umständen darf man sich nicht wundern, dass der

Siouxaufstand von 1876 der Regierung schwere Opfer kostete.

Will glaubte, er werde den Befehl erhalten, sich General Crook anzuschließen. Als er jedoch nach Chicago kam, erfuhr er, dass General Carr noch immer das fünfte Reiterregiment befehlige und darum gebeten habe, Will seinem alten Regimente zuzuteilen. Carr befand sich damals in Cheyenne, wohin sich nun Will in aller Eile begab. Rittmeister Charles King, der bekannte Schriftsteller und spätere Brigadegeneral in Manila, der zu jener Zeit Regimentsadjutant war, holte Will an der Eisenbahnstation ab. Als die beiden ins Lager ritten, ertönte von allen Seiten der laute Ruf: „Hier kommt Buffalo Bill!“ Und drei schallende Vivats drückten die Freude der Soldaten über Wills Rückkehr zu seinem alten Truppenkörper aus. Aber auch Will freute sich nicht minder, seine ehemaligen Kriegsgefährten wiederzusehen. Er wurde zum Anführer der Kundschafter ernannt und hatte sich sofort an die Spitze des nach Laramie abrückenden Regiments zu stellen. Von dort aus erhielt es den Befehl, den Marsch nach den Black Hills anzutreten, während zugleich General Merritt an General Carrs Stelle versetzt wurde.

Die Einzelheiten über Custers Kampf und Untergang sind so bekannt, dass es nicht nötig ist, sie hier zu wiederholen. Weder er noch ein einziger seiner dreihundert Leute retteten das Leben. Sie alle bezahlten die Schuld anderer mit ihrem Blute.

Als die Nachricht von dem entsetzlichen Ereignis ins Hauptquartier gelangte, wurden Vorbereitungen zu einem allgemeinen Vorrücken gegen die Indianer gemacht. Das fünfte Reiterregiment erhielt den Befehl, wenn möglich, den achthundert Cheyennesindianern den Weg abzuschneiden und so ihre Vereinigung mit den Sioux zu verhindern, während Oberst Wesley Merritt mit fünfhundert

Mann nach Hat oder War-Bonnet-Creek eilen sollte, um den Hauptverkehrsweg der Indianer zu gewinnen. Am 17. Juli wurde der Fluss erreicht und mit Anbruch des folgenden Tages ritt Will weiter, um festzustellen, ob die Cheyennes den Pfad schon durchkreuzt hätten. Bis jetzt war dies nicht geschehen, allein noch am selben Tage sah der Kundschafter die Indianer aus südlicher Richtung heranziehen.

Oberst Merritt befahl seinen Leuten, die Pferde zu besteigen, dabei aber den Indianern außer Sicht zu bleiben, während er in Begleitung seines Adjutanten Charles King und Wills rekognoszieren wollte. Die Cheyennes kamen direkt auf die Truppen zugeritten. Plötzlich aber schwenkten fünfzehn bis zwanzig Rothäute in westlicher Richtung ab auf den Pfad zu, dem die Truppen in der vergangenen Nacht gefolgt waren. Durch sein Fernglas bemerkte Oberst Merritt zwei Soldaten an diesem Wege – wahrscheinlich depeschentragende Ordonnanzen – auf die es die Indianer augenscheinlich abgesehen hatten. Will machte den Vorschlag, so lange mit einem allgemeinen Vorgehen zu warten, bis die Indianer im Begriff seien, die Vorposten anzugreifen, während er selbst mit Bewilligung des Obersts eine Anzahl gewandter Leute mitnehmen und die Indianerpatrouille von ihrem Gros abschneiden wollte.

Der Oberst erklärte sich einverstanden, worauf Will ins Lager galoppierte und mit fünfzehn Mann zurückkehrte. Die Ordonnanzen befanden sich noch etwa vierhundert Yards von Will und seinen Leuten entfernt, während die Indianer sie in einem Abstand von zweihundert Yards verfolgten. Oberst Merritt gab das Kommando zum Angriff, worauf Will mit seinen Leuten wie der Sturmwind auf die Indianer zujagte.

Drei Rothäute wurden in dem nun folgenden Kampfe getötet, die übrigen eilten dem Gros der Indianer zu, das kurze Zeit Halt gemacht hatte, um den Verlauf des Gefechts zu beobachten. Die fliehende Abteilung wurde indes so scharf von den Soldaten verfolgt, dass sie an einer etwa eine halbe Meile von General Merritt entfernten Stelle plötzlich kehrt machte und sich zu einem zweiten Scharmützel aufstellte. Hierbei ereignete sich nun etwas ganz Ungewöhnliches – eine Herausforderung zu einem Zweikampf. Ein Indianer, an dessen Kleidung und Federschmuck man den Häuptling erkannte, ritt plötzlich aus den Reihen seiner Leute heraus und rief in seiner für Will verständlichen Sprache: „Ich kenne dich, Pah-has-ka! Komm und kämpfe mit mir, wenn du Lust hast!"

Will ritt fünfzig Yards vor, und der Indianer tat desgleichen. Beider Flinten knallten, das Pferd des Indianers brach zusammen. Allein im selben Augenblick geriet Wills Pferd in das Loch einer großen Landschildkröte, stürzte und warf seinen Reiter ab. Im Nu waren beide Kämpfer auf den Füßen und standen sich nun in einer Entfernung von kaum zwanzig Schritt gegenüber. Wieder feuerten sie gleichzeitig. Will blieb unverletzt, der Indianer fiel tot zu Boden.

Gleich nach beendetem Zweikampf kamen etwa zweihundert Indianer herangejagt, um den Körper ihres Anführers zu sich zunehmen und seinen Tod zu rächen. Sofort schickte auch Oberst Merritt eine Abteilung Soldaten zu Wills Unterstützung ab und befahl dem ganzen Regiment, zum Angriff vorzugehen. Während die Soldaten vorrückten, schwang Will des Indianers Haarbüschel und Federschmuck, die er an sich genommen hatte, in der Luft und rief: „Das ist der erste Skalp für Custer!"

Die Indianer leisteten hartnäckigen Widerstand. Als sie jedoch dessen Erfolglosigkeit einsahen, zogen sie sich in der Richtung nach dem fünfunddreißig Meilen entfernten Red-Cloud-Magazin zurück, wohin ihnen die Truppen folgten. Die „Fünfer" hatte ein solch kriegerisches Feuer ergriffen, dass sie sich mit Freuden auch noch den tausend das Magazin bewachenden Indianern entgegengestellt hätten. Diese zeigten jedoch keine Lust, sich in einen weiteren Kampf einzulassen.

Will wurde gesagt, dass der Name des von ihm am Morgen getöteten Häuptlings die „Gelbe Hand" gewesen sei. Er war der Sohn eines berühmten Anführers der Cheyennes, namens Cut Nose. Dieser bejahrte Häuptling bot Will vier Maultiere an, wenn er ihm den von seinem Sohne getragenen Kriegsschmuck ausliefere. Will aber ging auf diesen Vorschlag nicht ein, so leid ihm Cut Nose in seinem Kummer auch tat.

Am nächsten Morgen marschierte das fünfte Reiterregiment nach den Big Horn Mountains ab, um sich mit den dort befindlichen Truppen des Generals Crook zu vereinigen. Nachdem dies am 3. August gelungen war, rückten die Streitkräfte bis an den Zusammenfluss des Powder River mit dem Yellowstone vor. Dort traf General Mills mit ihnen zusammen, der ihnen berichtete, dass die Indianer den Strom noch nicht überschritten hätten.

Kein weiterer Kampf folgte; Will aber machte sich durch seine hervorragenden Fähigkeiten als Kundschafter nützlich. Es gab eine große Anzahl von Depeschen zu befördern, die lange und gefährliche Ritte erheischten und zu deren Ausführung sich kein anderer verstehen wollte. Nachdem Will sich dann überzeugt hatte, dass jegliche Gefahr eines erneuten Kampfes vorüber war, nahm er Urlaub und fuhr im September auf dem Dampfer „Der ferne Westen" den Missouri hinunter.

Die Bewohner der östlichen Staaten verfolgten die in den Grenzlanden sich zutragenden Ereignisse stets mit ungeheurem Interesse, und so kam Will der Gedanke, die Vorfälle des Siouxkrieges auf die Bühne zu bringen. Kaum war er nach Rochester zurückgekehrt, so ließ er ein dieses Thema behandelndes Stück schreiben, suchte sich das nötige Personal zusammen und brachte das Stück zur Aufführung. Vorher hatte er dem Red-Cloud-Magazin noch einen freundschaftlichen Besuch abgestattet, um eine Anzahl Siouxindianer zur Teilnahme an seinem Schauspiel zu gewinnen.

Die Rothäute brauchten die peinlichen Erfahrungen, die der Wilde Bill und Texas Jack einst gemacht, nicht zu fürchten, denn von ihnen wurde nichts weiter verlangt, als ihrer Natur und Gewohnheit gemäß zu handeln. Ihre Aufgabe bestand nur darin, dem Stück durch ihre Anwesenheit den Stempel der Wahrheit aufzudrücken, einen Kriegstanz aufzuführen, an einem Gefecht teilzunehmen oder sich selbst in irgendeiner für die Indianer typischen Art darzustellen.

Nach Schluss dieser Spielzeit kaufte Will einen großen Landstrich mit ausgedehnten Weideplätzen in der Nähe der nördlichen Platte. Zu gleicher Zeit setzte er sich in Gemeinschaft mit Major North, dem Führer der Pawneekundschafter, mit dem Will sich im Laufe der letzten zehn Jahre sehr nahe befreundet hatte, in den Besitz eines weiteren, etwas nördlicher gelegenen Stückes Land.

Auf diese Errungenschaft ist Will sehr stolz. Er hat den ursprünglichen Besitz allmählich nicht nur so sehr vergrößert, dass er jetzt siebentausend Morgen umfasst, sondern auch die Ertragsfähigkeit des Bodens aufs Höchste gesteigert. Zweitausendfünfhundert Morgen sind jetzt mit Luzerneklee und ebenso viele mit Korn bebaut. Eine für die Besucher besonders interessante Spezialität ist ein üppiger Park, der eine große Anzahl Hirsche und junge Büffel birgt. In der Nähe des Parks befindet sich ein prächtiger See. Im Mittelpunkt des weiten Landstrichs steht das unter dem Namen „Codyruhe“ bekannte malerische Gebäude, das, von den Vorbergen aus gesehen, einem alten Schlosse gleicht.

Das Besitztum ist eines der schönsten Fleckchen Erde, die man sich denken kann, und bietet überdies den sichtbaren Beweis, was man durch Kenntnisse, Ausdauer und Fleiß aus einem Lande machen kann. Will hatte damals, als er das Grundstück erwarb, glänzende Hoffnungen auf die kulturelle Entwicklung Nebraskas gesetzt und seinem Schwager Goodman die Verwaltung und Bepflanzung des Gutes übertragen.

Das ganze Plattetal bildete einen Teil der einst unrichtigerweise unter dem Namen die „Große amerikanische Wüste“ bekannten Gegend. So allgemein verbreitet nun aber auch diese Bezeichnung war, so erwies sie sich doch mit der Zeit als falsch, denn jener scheinbare Mangel an Feuchtigkeit ging nur aus dem Mangel an Vegetation hervor. Die erste auf dem Gute vorgenommene Arbeit bestand in der Errichtung eines Berieselungssystems. Hierauf pflanzte man Bäume in der Hoffnung, dass sie bei dem nun vorhandenen Wasserreichtum wie die Pilze in die Höhe schießen würden. Eitle Hoffnung! Nirgends fehlte es später an Wasser, aber trotzdem wollte nicht ein einziger Baum gedeihen.

Als Will während dieser Zeit einmal einen Besuch in seiner alten Heimat in Kansas abstattete, tat er beim Anblick der dortigen großen, kräftigen Bäume den Ausspruch: „Fünfhundert Dollars gäbe ich für jeden solchen Baum, wenn ich ihn nach Nebraska verpflanzen könnte!“

Des Besitzers Vorliebe für Baumanlagen veranlasste Goodman, die eingehendsten Studien und Versuche auf diesem Gebiete zu machen. Es dauerte nicht lange, so hatte er sich genaue Kenntnisse über die mangelhaften Bestandteile des Bodens verschafft, wodurch die größere Hälfte der Aufgabe gelöst war.

Überlieferungen der Indianer besagen, dass dieser Teil des Landes erstens ein Binnensee gewesen sei. Glaubwürdig ist jedenfalls die Annahme, dass sich in dieser Gegend unter der dünnen Erdschichte eine Art Wasserreservoir befindet, eine Behauptung, die auch durch die Bodenbeschaffenheit gerechtfertigt wird. Die Erdkruste hat in dieser Gegend nur eine Tiefe von ein bis drei Fuß, unter der sich eine ungeheure Felsenablagerung befindet, deren durchschnittliche Dicke zwischen drei und sechs Fuß wechselt. Wo man nun aber auch diese anbohrt, überall findet man Wasser. Der Erdstrich erwarb sich also die Bezeichnung „Wüste" nicht durch Mangel an Feuchtigkeit, sondern durch Mangel an urbarem Erdreich. In den Einschnitten der Vorberge, wohin der Regen die Erde von den Hügeln heruntergeschwemmt hat, finden sich nicht selten hübsche Baumgruppen, und auch die Inseln des Platteflusses sind dicht bewaldet. Sonst aber war in der weiten, öden Ebene kein einziger Baum zu sehen.

Welcher Art die Vorgänge gewesen sein mögen, die den einstigen See in eine Grasfläche verwandelt haben, ist noch nicht vollständig aufgeklärt. Die wahrscheinlichste, bis heute aufrecht erhaltene Annahme ist, dass der Felsengrund eine durch das allmähliche Zurücktreten des Wassers gebildete Ablagerung von Alkali ist. Auf diese Ebene streute der Wind seinen Staub und der Regen schwemmte Erdreich von den angrenzenden Hügeln herab. Im Laufe zahlloser Jahre breitete sich die Felsenformation allmählich über den ganzen See aus, die angesammelten Erdablagerungen vertieften sich, Samen setzten sich darin fest und Büffelgras, Salbei und Kaktus begannen darauf zu wuchern, deren alljährliche Verwesung ein immer wiederkehrendes Verdickungsmittel der Erdschichte bildete…

Nachdem unser Schwager Goodman nun Ursprung und Beschaffenheit dieses Erdbodens ergründet hatte, begann er sich dem Studium der Baumarten zu widmen. Er wählte verschiedene Sorten mit wenig tiefgehenden Wurzeln aus, um zu erproben, welche am besten in seichtem Boden fortkämen. Unermüdlich war er in seinen Versuchen, ohne sich durch zahlreiche Misserfolge abschrecken zu lassen. Schließlich aber konnte er gleich Archimedes ausrufen: „Heureka! Ich habe es gefunden“ In kurzer Zeit liefen dichte Reihen kanadischer Pappeln, eschenblätteriger Ahorne und andere dieser Gattung angehörige Bäume durch das ganze Besitztum. Die Farm sah wie eine Oase in der Wüste aus, und die Nachbarn kamen herbei, um sich nach dem Zaubermittel zu erkundigen, das eine solche Wandlung vollbracht habe. Heute sind die Landstraßen im nördlichen Plattekreis alle von prächtigen Bäumen begrenzt, und auch die sich daran anschließenden Farmen weisen sie in üppiger Fülle auf. Trotzdem wird dem Reisenden aus der Pazifik-Eisenbahn noch immer die „Codyruhe“ als besondere Sehenswürdigkeit gezeigt.

Seinem Entschluss getreu, einst am nördlichen Platte sein Heim zu errichten, hatte Will den erwähnten Landstrich gekauft. Als dann seine Familie, die mehrere Jahre in Rochester gewohnt hatte, nach dem Westen zurückkehrte, wurde auf der neuen Besitzung, entsprechend dem Wunsche der Gattin und unter deren Aufsicht, das erste Haus erbaut. Es erhielt den Namen „Willkomm-Wigwam“.

Vierundzwanzigstes Kapitel

Literarische Arbeiten

Zu jener Zeit machte Will auch seine ersten literarischen Versuche. Wie der Leser gesehen hat, war die Zahl seiner Schultage nicht groß, und noch immer konnte er, wie er einstens bei Unterzeichnung seines ersten Kontraktes Herrn Majors gesagt hatte, eine Flinte besser handhaben als die Feder. Das bewegte Leben in den Grenzlanden ließ einem Manne nicht viel Zeit, sich eine gute Schulbildung anzueignen, und so ist es nicht zu verwundern, dass der erste Aufsatz, den Will veröffentlichte, eine beträchtliche Anzahl orthographischer Schnitzer und Interpunktionsfehler enthielt. Man machte ihn zwar auf diese Mängel aufmerksam, das Prärieleben aber hatte eine gewisse Verachtung alles Unwesentlichen in ihm gezeitigt.

„Wozu sich mit solchen Kleinigkeiten abquälen", sagte er lachend. „Wenn meine Leser nicht wissen, wo sie ohne jene kleinen Unterscheidungszeichen Atem holen sollen, so müssen sie es eben bleiben lassen."

Allein trotz dieses Scherzes blieb Will seinem Grundsatze „recht oder gar nicht" treu. Er hatte jetzt genügend Zeit zum Studieren und benützte diese Muße so gut, dass er seinem Verleger in kurzem ein in grammatikalischer und orthographischer Hinsicht wohlgesetztes und richtig interpunktiertes Manuskript zusenden konnte. Die Verleger erwähnten lobend die Verbesserung, obwohl sie seine Arbeiten auch in ihrem unreifen Zustand geschätzt hatten, und bezahlten sie gut.

Niemals aber konnte sich unser Schriftsteller dazu verstehen, andere Erlebnisse als solche, die sich tatsächlich aus der Prärie abgespielt hatten, zu schildern. Gelegentlich nur ließ er sich, dem Wunsche eines Verlegers nachgebend, herbei, die Wirkung seiner Erzählung durch Übertreibung zu erhöhen. Einmal schrieb er bei Absendung einer solchen Geschichte an den Buchhändler: „Ich bedaure, in meiner Erzählung so weit von der Wahrheit abgewichen zu sein, denn mein Held hat auf einem einzigen Kriegszuge mehr Indianer getötet, als ich in meinem ganzen Leben. Allein Sie mögen ja Recht haben, dass das Publikum solche Heldentaten bei den in den Grenzlanden spielenden Geschichten verlangt. Scheint es Ihnen jedoch, als sei ich mit Dolch und Revolver gar zu freigebig verfahren, so streichen Sie nur irgendeinen verhängnisvollen Messerstich oder Schuss, wo immer Sie es für angezeigt halten."

Allein auch diese Geschichte, die ein mit dem Prärieleben Vertrauter für übertrieben erklärt hatte, blieb noch weit hinter den gewöhnlichen ausregenden Schauergeschichten anderer Schriftsteller zurück und wurde genauso veröffentlicht, wie der Verfasser sie geschrieben hatte.

Im Laufe des Sommers 1877 stattete ich unseren Verwandten in Westchester, Pennsylvanien, einen Besuch ab. Mein Gatte hatte vor seinem Tode sein ganzes Vermögen verloren, so dass ich auf die Unterstützung meines Bruders angewiesen war. Auf vielseitiges Bitten ließ sich Will herbei, in diesem Sommer seine eigene Lebensgeschichte zu schreiben. In Hartford, im Staate Connecticut, wurde sie veröffentlicht und, getrieben von dem Wunsche, mir einen Verdienst zu schaffen, übernahm ich den Vertrieb des Buches für den Staat Ohio. Dieser Art Arbeit wurde ich jedoch bald überdrüssig, und so verließ ich Cleveland, nachdem ich die Vertretung in andere Hände gelegt hatte, um Will in seiner neuen Heimat am nördlichen Platte zu besuchen, wo sich zu dieser Zeit gerade eine Menge anderer Gäste befanden.

Außer seinem großen Anwesen in der Nähe des nördlichen Platte besaß Will noch eine weitere, fünfunddreißig Meilen nördlicher am Dismal River gelegene Farm. Eines Tages sagte er zu uns: „Ich bedaure, euch einige Tage verlassen zu müssen, allein eine dringende Angelegenheit ruft mich auf meine Farm am Dismal River."

Seit unserer einstigen Fahrt von Iowa nach Kansas hatte ich nicht mehr im Freien übernachtet, auch war ich damals noch fast zu jung gewesen, um ein solches Vergnügen zu schätzen. Der glühende Wunsch nach einer Wiederholung aber war doch in mir zurückgeblieben.

„Wie wäre es, Will, wenn wir alle dich begleiten würden?", rief ich. „Wir könnten uns dann den Spaß machen, wieder einmal im Freien zu übernachten."

Erfreut stimmten unsere Gäste mir zu, während Will sofort auf den Plan einging.

„Wenn die Herrschaften wirklich Lust haben, so sehe ich nicht ein, warum Sie nicht mitkommen sollten", sagte er. Will besaß mehrere Wagen, konnte uns also mit Leichtigkeit befördern. Lu und die kleinen Mädchen, Arta und Orra, fuhren in einem offenen Phaeton; außer diesem gab es für unsere Gäste noch bedeckte Gesellschaftswagen verschiedener Art. Mehrere bekannte Familien aus der Stadt wurden aufgefordert, sich uns anzuschließen, so dass wir, als sich der Zug in Bewegung setzte, schließlich eine Gesellschaft von fünfzehn Personen bildeten.

Will nahm einen Koch und große Vorräte an Lebensmitteln mit, damit der Magen ja nicht zu kurz käme, denn er wusste aus alter Erfahrung, dass ein derartiger Ausflug ohne genügende kulinarische Genüsse ein zweifelhaftes Vergnügen ist.

Gleich der erste Tag, an dem wir fünfundzwanzig Meilen zurücklegten, verlief zu unser aller Befriedigung. Als dann die Zelte abends aufgeschlagen wurden und wir die für uns neue romantische Gegend betrachteten; führte Will die Damen der Gesellschaft zu einem Baume und sagte: „Sie sind die ersten weißen Frauen, deren Fuß diese Gegend betritt. Schreiben Sie Ihre Namen in die Rinde ein und feiern Sie das Ereignis."

Nach angenehm verbrachter Nachtruhe und eingenommenem reichen Frühstück machten wir uns fröhlichen Mutes wieder auf den Weg, und bald befanden wir uns mitten in den niedrigen Vorbergen. Jemand, der diese merkwürdigen Bergformationen nicht gesehen hat, kann sich nur schwer einen Begriff davon machen. Nach allen Seiten hin, so weit das Auge reicht, erstrecken sich diese wellenförmigen Erderhebungen gleich den Wogen eines Ozeans, und nichts wächst darauf als Büffelgras, Salbei und der blütentreibende, aber stachelige Kaktus.

Am zweiten Tage bestieg ich ein Pferd und ritt mit Will und noch einigen Herren durch das hügelige Land. In unausgesetzter Folge ging es eine Anhöhe hinauf und auf der anderen Seite herunter, während bereits wieder ein weiterer Hügel sichtbar wurde. Der reitende Teil der Gesellschaft war allmählich dem in den Wagen fahrenden etwas vorausgekommen.

Von der Spitze eines Hügels ließ Will den mit einem Fernglas bewaffneten Blick über die Gegend schweifen. Dabei entdeckte er, dass sich einige Rehe auf unserem Wege befanden, wir also frisches Wildbret zum Abendessen haben würden. Er bat uns, ins Tal hinunter zu reiten, dort aber zu warten, damit wir die schüchternen Tiere nicht in Schrecken jagten, während er selbst ein Stück des nächsten Hügels hinaufreiten und sich einen günstigen Standort aussuchen wollte. Bald kam eine Rehkitze in

Sicht, und Will legte an. Zu unserer großen Überraschung aber ließ er, anstatt zu feuern, die Waffe wieder sinken. Ein zweites Reh sprang an ihm vorüber, ohne dass er darauf schoss, und als endlich ein drittes der anmutigen Tiere niederstürzte, kamen wir auf Will zu und machten uns unbarmherzig über ihn lustig, während einer der Herren lachend bemerkte: „Man sollte es nicht glauben, dass wir uns in Gegenwart des Meisterschützen Amerikas befinden, wenn man sieht, wie er zwei Rehe an sich vorübergehen lässt, bis er endlich eines zur Strecke bringt."

Will sagte kein Wort auf all das Lachen und Necken, mir aber kam plötzlich jene Geschichte von Wills erster Hirschjagd ins Gedächtnis zurück, und ich fragte mich, ob es wohl auch jetzt noch möglich sein könnte, dass ihn ein ähnliches Gefühl wie damals erfasst habe. Das Reh wurde nun dem Proviantmeister übergeben, worauf wir unseren Ritt wieder aufnahmen.

„Sage, Will, was hattest du vorhin?", fragte ich ihn heimlich. „Warum hast du nicht auf das erste Reh geschossen? Hattest du wieder ein ähnliches Gefühl, wie damals als kleiner Knabe bei deinem ersten Hirsch?"

Schweigend ritt er einige Augenblicke weiter, dann wandte er sich mit der Frage zu mir: „Hast du je einem Reh ins Auge geschaut?" Und als ich mit „nein" antwortete, fuhr er fort: „Ein jeder hat seine Schwächen, die meinige ist das Auge eines Rehes. Ich will nun aber nicht, dass du unseren Freunden etwas davon sagst, denn dann würden sie mich erst recht auslachen. Es ist Tatsache, dass ich noch nie im Stande war, ein Reh zu schießen, wenn es mir ins Auge gesehen hatte. Bei einem Büffel oder Bären, ja sogar bei einem Indianer ist es etwas anderes. Das Reh aber hat den sanften, milden Blick eines vertrauensvollen Kindes. Man müsste ein roher Barbar sein, könnte man ein solches Tierchen schießen, nachdem man seinen Blick aufgefangen hat. Das erste Reh, das über den Hügel kam, sah mir gerade ins Gesicht; ich ließ es vorübergehen und sah nach dem zweiten und dritten erst hin, nachdem ich sicher annehmen konnte, dass sie an mir vorüber seien."

Will schien sich seiner Weichherzigkeit etwas zu schämen. Mir aber gab dieses Geständnis wieder einen neuen Beweis, dass das raue Leben in den Grenzlanden nicht im Stande gewesen war, die weiche Seite seiner Natur zu zerstören.

Will hatte ausgerechnet, dass wir den Dismal River voraussichtlich am dritten Tage erreichen werden. Als der Mittag nun herankam, fiel ihm ein, dass es wohl besser sei, er reite voraus, um dem Verwalter der Farm unser Kommen anzukündigen, da dessen Frau sonst beim Gedanken, für eine solch große Gesellschaft in der Schnelligkeit ein Essen zubereiten zu sollen, gar zu sehr erschrecken könnte.

Schwester Julias Sohn, Will Goodman, ein Bursche von fünfzehn Jahren, der den Ausflug ebenfalls mitmachte, bot sich als Kurier an.

„Weißt du den Weg wirklich auch ganz genau?", fragte sein Onkel.

„O ja, gewiss", lautete die zuversichtliche Antwort; „ich habe den Weg ja schon einmal mit dir gemacht und kenne ihn ganz genau."

„Nun also, so beschreibe ihn mir." Der junge Will tat dies so ausführlich und genau, dass sein Onkel keine Gefahr darin sah, ihn den Ritt machen zu lassen. Glücklich, mit wichtiger Miene ritt der Junge davon.

Gegen Abend erst erreichten wir die Farm, wo uns der Aufseher mit dem Rufe empfingt „Ja, du meine Güte, was ist denn das?"

„Wussten Sie denn nichts von unserem Kommen?", fragte Will lebhaft. „Ist Will Goodman nicht hier gewesen?"

Verwundert schüttelte der Verwalter den Kopf.

„Ich habe ihn nicht wieder zu Gesicht bekommen, seitdem er das letzte Mal mit Ihnen hier war."

„Nun, dann muss er gleich kommen", sagte Will ruhig. Ich aber hörte deutlich eine heimliche Besorgnis aus seiner Stimme heraus. „Gehen Sie jetzt nur alle ins Haus hinein und machen Sie sich's bequem", fügte er hinzu. „Es wird schon noch ein Weilchen dauern, bis das Essen für solch eine große Gesellschaft bereit ist." Wir folgten seiner Aufforderung, er aber blieb draußen und stieg auf einen als Zaun dienenden Erdwall, von wo aus er die benachbarten Hügel mit seinem Fernglas betrachtete – von Will junior aber war weit und breit nichts zu sehen. Dem Verwalter wurde nun befohlen, fünf bis sechs Männer in verschiedene Richtungen auszuschicken, die den Jungen suchen sollten. Will blieb auf der Erhöhung stehen und fuhr sich dabei fortwährend mit der Hand über die Stirne und durchs Haar, bei ihm ein deutliches Zeichen innerer Erregung. In dem Wunsche, ihn zu beruhigen, kam ich heraus und schalt ihn freundlich wegen seiner, wie ich dachte, unnötigen Sorge. „Es ist ja unmöglich, dass Will sich weit verirrt hat", setzte ich ihm auseinander, freilich ohne irgendetwas von der Sache zu verstehen. „Schau nur, wie weit man diese Hügel übersehen kann. Im Walde wäre es etwas anderes", behauptete ich.

Halb mitleidig sah Will mich einen Augenblick lang an. „Geh ins Haus zurück, Nellie", sagte er mit einem Anflug von Ungeduld. „Du weißt nicht, was du da schwatzest."

Das war nun allerdings sehr richtig. Trotzdem wiederholte ich, nachdem ich gehorsam ins Haus gegangen war, meine Ansicht, dass es unnötig sei, sich über das Fernbleiben des Jungen zu ängstigen. „Denn", behauptete ich, „es muss doch fast unmöglich sein, sich bei einem solch weiten Gesichtskreis, wie man ihn von diesen Vorbergen aus hat, zu verirren."

„Allein angenommen“, entgegnete einer der Herren aus der Gesellschaft, „Sie befinden sich im Tale hinter einem dieser Vorberge, was dann?“

Dies führte zu einem lebhaften Wortgefecht über die Gefahren des Verirrens in diesem weit ausgedehnten Hügellande. Da kam plötzlich Will mit vollständig wiederhergestelltem Gleichmut ins Zimmer herein.

„Nun ist alles in Ordnung“, sagte er. „Ich sehe den Burschen kommen.“

Wir alle eilten auf den Erdwall und bemerkten in der Ferne einen sich bewegenden Punkt. Durch das Fernglas betrachtet, erwies er sich als der verspätete Sendbote. Nun wurde Will bestürmt, die betreffende Streitfrage zu entscheiden.

„Meine Damen und Herren“, antwortete er ernst, „wenn sich jemand von Ihnen in jenen Vorbergen verirren und man ein ganzes Regiment nach Ihnen ausschicken würde, so wäre es doch mehr wie wahrscheinlich, dass Sie dort, und zwar im günstigsten Falle, verhungerten, ehe man Sie auffinden könnte.“

Sich in diesen endlosen Hügelketten auskennen und sicher den Weg hindurchfinden, ist eine Kunst, die den Indianern eigen ist, wenige Weiße aber nur kommen dem Urbewohner dieses Landes in dieser Geschicklichkeit gleich. Später erfuhr ich, dass Wills genaue Kenntnis dieser starren Wogen des Prärieozeans mit zu den glänzenden Eigenschaften zählte, durch die er sich als Kundschafter auszeichnete.

Als der Nachzügler ankam und natürlich mit Fragen bestürmt wurde, berichten er, dass er nach Zurücklegung von acht bis zehn Meilen plötzlich sein Abkommen vom Pfade bemerkt habe.

„Schon glaubte ich mich verirrt zu haben“, sagte er. „Nach reiflicher Überlegung fand ich indes, dass mir nur die eine Möglichkeit blieb: umzukehren und meinen eigenen Spuren zu folgen. Die Eindrücke der Hufe meines Pferdes führten mich auf den Hauptpfad zurück, auf dem eure Spuren noch so frisch waren, dass ich mir nun keine weitere Sorge mehr zu machen brauchte."

„Recht gut", sagte Will, dem Jungen auf die Schulter klopfend, „recht gut. Du hast entschieden etwas vom Blute der Cody in dir."

Am nächsten Tage wurde die Farm besichtigt und am darauffolgenden machten wir auf Wills Veranlassung einen Ausflug nach dem sogenannten „Garten der Götter". Unser vorsorglicher Wirt hatte einige Knechte vorausgeschickt, die den Platz zu unserem Empfange vorbereiten sollten. Wir waren von dem Anblick, der uns dort zuteil wurde, so überrascht und entzückt, als es sich Will nur wünschen konnte. Auf einem am Flussufer gelegenen Stückchen Land erhob sich ein Hain von prächtigen Bäumen und üppigem Strauchwerk. Wohin das Auge schaute, gab es Blumen und Früchte in üppigster Fülle, und buntschillernde Vögel sangen und zwitscherten um uns her – es war ein kleines Paradies mitten in der Wildnis von Salbei und Büffelgras. Auf einem der lauschigen, mit saftiggrünem Rasen bedeckten freien Plätze hatten die Knechte unter Wills Anleitung einfache Tische und Bänke errichtet, und dort nahmen wir in fröhlichster Laune unser Mittagsmahl ein.

Da nicht anzunehmen war, dass die Damen der Gesellschaft diesen in dem unbewohnten Teil der westlichen Prärie liegenden Ort je einmal wiedersehen würden, so hätten wir gerne ein bleibendes Andenken an dieses reizende Fleckchen Erde mitgenommen. Wir durchstreiften suchend den Lustwald, befanden uns aber bald an dessen Ende in der angrenzenden öden Ebene. Allein gerade dort machten wir plötzlich eine große Entdeckung. Auf einem freistehenden kleinen Hügel erhob sich ein einsamer hoher Baum, in dessen oberstem Gezweig wir einen dunklen Gegenstand bemerkten, der einem Paket nicht unähnlich sah. Bald hatte unsere lebhaft arbeitende Phantasie diesen Pack in den verborgenen Schatz eines Banditen verwandelt. Während zwei von uns zu unseren männlichen Beschützern zurückkehrten, bewachten wir anderen den Fund in der Baumkrone. Bald kam Will mit der übrigen Gesellschaft herbei. Als wir ihm dann die vermeintliche Goldlade zeigten, lächelte er und sagte, dass es ihm sehr schmerzlich sei, unsere Hoffnung zerstören zu müssen, da der Pack, nach dem wir so begehrlich ausschauten, nichts weiter sei, als das offene Grab eines abgeschiedenen Indianers „Das wäre eine schöne Überraschung gewesen", bemerkte er, „wenn die Damen ihre Finger in das Paket gesteckt hätten!"

Auf dem Rückweg, den wir etwas niedergeschlagen antraten, erzählte uns Will von einem uns bis jetzt unbekannten Aberglauben der Rothäute.

Wenn ein großer Häuptling, der sich auf einem Kriegszuge ausgezeichnet hat, sein Leben auf dem Kampfplatze verliert, ohne seines Skalpes beraubt zu werden, so gilt er als ein besonderer Günstling des großen Geistes. Einem solchen Krieger geziemt eine schönere Grabstätte, als die dunkle Erde. In seinem prächtigsten Gewande, mit kriegsmäßig bemaltem Gesicht und Federschmuck und all seinen Waffen wird er in ein buntes Leichentuch gehüllt und in den Wipfel des höchsten in der Nähe befindlichen Baumes gelegt. Eine gewisse Anzahl von Monaten ist ein solcher Ort geheiligt und unantastbar. Nach Ablauf dieser Zeit werden Boten abgesandt, um nachzusehen, ob die Überreste unberührt geblieben sind. Ist dies der Fall, so wird der Abgeschiedene als ein Heiliger gepriesen, der von den wonnevollen Jagdgefilden aus, in denen er sich jetzt befindet, diejenigen seiner Stammesgenossen, die sich auf dieser Erde seiner Leitung anvertraut hatten, zu sicherem Siege führt.

Nur ungern sagten wir der idyllischen Oase Lebewohl, und noch manch sehnsüchtiger Blick flog zurück, während wir uns durch die öde Wildnis zur Farm zurückbegaben. Hier wurde noch eine weitere Nacht verbracht, dann traten wir die Heimfahrt an. Mit Vergnügen sahen wir auf diesen kurzen, so „nah am Herzen der Natur" verlebten Aufenthalt zurück, der für manche mit dem Reiz der Neuheit umgeben war, allen aber hohen Genuss und ein fröhliches, freundschaftliches Zusammensein gebracht hatte.

Mit Beginn der Theatersaison kehrte Will zur Bühne zurück, und noch fünf weitere Winter widmete er dieser Laufbahn. Allmählich hatte er sich auch als Schauspieler eine gewisse Gewandtheit angeeignet. Er spielte in allen größeren Städten der Vereinigten Staaten, und zwar stets vor gefüllten Häusern und vor einem begeisterten Publikum. Was auch immer die Kritik an der künstlerischen Seite dieser Vorstellungen auszusetzen haben mochte, Wills Persönlichkeit und sein Ruf vor allem zogen die Zuschauer an, die durchaus nicht die Kunst eines Sir Henry Irving erwarteten und – man darf es mir glauben – auch nicht fanden.

Will hatte sein Beruf als Schauspieler, dem er die Hälfte des Jahres oblag, niemals befriedigt, er ertrug ihn nur als Mittel zum Zweck. Dabei war ihm der Traum seiner Knabenzeit – der Entschluss, der Welt eines Tages ein wahres, echtes Bild vom Leben im fernen Westen mit seinen Gefahren und Entbehrungen sowohl als seiner malerischen Romantik darzubieten – niemals aus dem Sinn gekommen. Schon seine ersten Theateraufführungen hatten ihm gezeigt, wie günstig eine solche Schaustellung aufgenommen würde, so dass sein langgehegter, ehrgeiziger Plan allmählich Gestalt zu gewinnen begann. Er wusste indes wohl, dass große Geldsummen dazu erforderlich seien, und um sich diese zu verschaffen, erduldete er jahrelang das Leben auf den Brettern.

Während einer der letzten Ausführungen, bei denen Will mitwirkte – er spielte die Rolle eines verliebten Schäfers – befand ich mich im Leawenworther Theater. Nachdem der Vorhang des letzten Aktes gefallen war, begab ich mich mit mehreren Bekannten hinter die Kulissen, um ihm zu seinem vortrefflichen Spiele zu gratulieren.

„O Nellie“, brummte er, „sprich mir nicht davon. Wenn der Himmel mir gnädig ist, so verspreche ich dir, nach Schluss dieser Spielzeit der Bühne auf immer Valet zu sagen.“

In dieser Weise dachte Will über das Bühnenleben, wenigstens was seine Person betraf. Es war ihm zu Mute, wie einem Fisch außerhalb des Wassers. Die schwachen Nachahmungen der Wirklichkeit und die künstlich heraufbeschworenen Gefahren mussten einem Manne, der die dargestellten Szenen selbst erlebt hatte, notgedrungen platt und langweilig erscheinen.

Fünfundzwanzigstes Kapitel

Der erste Besuch im Big-Horn-Tale

Wieder erlitt mein Bruder im Jahre 1880 einen schmerzlichen Verlust durch den Tod seiner kleinen Tochter Orra. Ihrem eigenen Wunsche gemäß wurde sie in Rochester auf dem schönen Kirchhofe von Mount Hope neben dem kleinen Kit Earson begraben.

Allein auf Regen folgt Sonnenschein. Im Sommer vor Wills letztem Auftreten auf der Bühne wurde ihm wieder ein Töchterchen geschenkt, das den Namen Irma erhielt. Alle Zärtlichkeit, die der Vater für seine beiden dahingeschiedenen Kinder empfunden hatte, scheint er nun auf diese Tochter übertragen zu haben, die diese Liebe aber auch in vollem Maße verdient.

Das Jahr 1882 wurde für Will auch noch in anderer Hinsicht von Bedeutung. Er besuchte während dieses Sommers zum ersten Male das Big-Horn-Tal. Schon häufig hatte er die Grenzen dieser Gegend gestreift und sich von Indianern und Pelzjägern von den Wundern und Schönheiten dieses Tales erzählen lassen, selbst eingedrungen aber war er noch nicht. Während seiner einstigen Probezeit als Ponyreiter hatte ihm der „California Joe“ zum ersten Male von diesem zauberhaften Bergkessel erzählt, und im Jahre 1875, als ihm die Aufsicht über eine bedeutende Schar Arapahoeindianer übertragen worden war, denen man zur Abhaltung einer großen Jagd erlaubt hatte, ihr Gebiet auf kurze Zeit zu verlassen, war ihm genauere Kunde über jene Gegend zugekommen.

Der das Jagdunternehmen vermittelnde Agent hatte Will damals die Warnung zugehen lassen, dass einige der Indianer nur widerwillig mitgehen und vielleicht einen Fluchtversuch machen werden. Will aber hatte trotz der schärfsten Beobachtung nichts von Missstimmung bemerkt. Wild gab es in Menge, das Wetter war herrlich und nichts schien die Zufriedenheit der Rothäute zu beeinträchtigen.

Eines Nachts gegen zwölf Uhr wurde Will von einem Indianer geweckt, der ihm mitteilte, dass sich ein Trupp von etwa zweihundert Arapahoes vor zwei Stunden in nördlicher Richtung davongeschlichen habe. Der Indianer pflegt den Weißen gegenüber das Herz nicht auf der Zunge zu haben; man erfährt seine Absichten gewöhnlich erst, wenn sie bereits ausgeführt sind.

Die Verfolgung wurde sofort ins Werk gesetzt und die ganze Schar der flüchtigen Rothäute ohne Blutvergießen zurückgebracht. Einer von ihnen, ein noch junger Mensch, kam zu Will ins Zelt und bettelte um Tabak. Der Indianer versteht es nämlich vortrefflich, das Betteln mit seinem angeborenen Stolze zu vereinigen. Das Arbeiten mag wohl manchmal unter seiner Würde sein, nicht aber das Betteln, und häufig setzt er bei seinen Betteleien eine geradezu ergötzlich hochmütige Miene auf. In dieser Hinsicht ist er manchem seiner weißen Brüder nicht unähnlich. Will gab dem jungen Indianer den gewünschten Tabak und fragte ihn zugleich über den Grund des gemachten Fluchtversuchs aus.

„Ihr habt es doch so gut hier in dieser schönen Gegend. Die Flüsse wimmeln von Fischen, die Weideplätze sind vortrefflich, Wild gibt es in Menge, und das Wetter ist herrlich. Was wollt ihr denn noch mehr?“

Der Indianer richtete sich in die Höhe, sein Gesicht belebte sich, und sehnsüchtig blickten seine Augen in die Ferne, als er durch Vermittlung des Dolmetschers antwortete: „Das Land im Norden und Westen ist das Land des Überflusses. Der Büffel ist dort größer und sein Kleid dunkler. Herdenweise tummeln sich dort die Bu-Ya (Antilopen), hier sieht man sie nur vereinzelt. Die ganze Gegend ist mit dem kurzen, saftigen Gras bedeckt, das unsere Ponys lieben. Dort wachsen auch die wilden Pflaumen, an denen sich mein Volk im Sommer und im Winter labt. Die Quellen des großen Wundermannes Tel-ha-ki-y sprudeln dort. Wer darin badet, dem geben sie neues Leben; wer sie trinkt, wird von allen körperlichen Leiden geheilt.

In den Bergen jenseits des Blauwasserflusses gibt es Gold und Silber in Menge, jene Metalle, die der weiße Mann so sehr liebt. Dort leben Adler, deren Federn der Indianer zu seinem Kriegsschmuck braucht, und ohne Unterlass scheint dort die Sonne.

Es ist der Ijis (Himmel) des rothäutigen Mannes. Mein Herz schreit danach. Die Herzen meines Volkes können fern von Eithiy-Tugala nicht glücklich sein."

Die Arme über der Brust kreuzend, schaute er verlangenden Blickes in der Richtung nach dem Lande hin, dessen Reize er so lebendig geschildert hatte. Hierauf wandte er sich um und ging schwermütig von dannen, denn die Herrschast des weißen Mannes hatte ihm sein irdisches Paradies geraubt. Später erfuhr Will auf sein Befragen, dass Eithiy-Tugala mit dem Bergkessel des Big-Horns identisch sei.

Im Sommer 1882 unternahm Will eine Erforschungsreise des Big-Horn-Tales. Er verließ mit seiner Begleitung die Eisenbahn bei Cheyenne und machte sich, mit Pferden und Packeseln ausgerüstet, auf den Weg. Wegen einer plötzlich aufgetretenen Augenentzündung musste er eine Binde anlegen und die Führung der Gesellschaft einem Manne namens Reddy übertragen. Tagelang setzte Will die Reise mit verbundenen Augen fort, und obwohl die Entzündung allmählich wich, so trug er den Verband doch noch, als das Big-Horn-Tal erreicht war. Nachdem sich die Gesellschaft zur Mittagsrast niedergelassen hatte, fragte ihn Reddy, ob er es jetzt nicht wagen könne, das Tuch einen Augenblick abzunehmen, da er glaube, es werde Will Genuss bereiten, sich ein wenig umzuschauen.

Die Binde fiel, und ich lasse Wills eigene Beschreibung des Bildes folgen, auf das sein entzückter Blick fiel.

„Zu meiner Rechten dehnte sich eine hohe, schneegekrönte Gebirgskette aus, die hie und da von steilen, an Minaretts, Obelisken oder Säulen erinnernden Bergspitzen unterbrochen wurde. Die üppige Doppelreihe kanadischer Pappeln, die sich zwischen mir und diesen scheinbar in den Himmel hineinragenden Bergen hinzog, sagte mir, dass sich ein Fluss durch dieses Tal schlängle. Der bunte, mit den herrlichsten Blumen bedeckte Wiesenteppich, auf dem mein Fuß stand, breitete sich nach allen Seiten hin aus und senkte sich weich und anmutig dem Flusse zu. Alle Arten von Wild tummelten sich auf diesem Rasen, während buntschillernde Vögel darüber hinflatterten. Es war ein Schauspiel, dessen verblüffende Schönheit kein Sterblicher beschreiben kann. In einem solchen Augenblick sieht der Mensch, welches Glaubensbekenntnis er auch haben mag, in der vor ihm ausgebreiteten majestätischen Herrlichkeit der Natur die gewaltige Hand des Weltenschöpfers, und zugleich überkommt ihn ein tiefes Bewusstsein seiner eigenen Ohnmacht und Kleinheit. Schweigend, von heiliger Ehrfurcht ergriffen, stand ich in den Anblick dieses Meisterstücks der Natur versunken.

Da erschien plötzlich vor meinem Geiste mein armer, heimwehkranker Arapahoefreund vom Jahre 1875. Er hatte wahrhaftig nicht übertrieben, ja der herrlichen Landschaft kaum volle Gerechtigkeit widerfahren lassen. Er nannte es Ijis, den Himmel des rothäutigen Mannes, mir erschien dieses Tal und erscheint es noch heute als das Eldorado auf Erden."

Im Westen des Big-Horn-Tales steigt schroff vom Ufer des Shoshone River der Hart Mountain auf mit seinen saftig grünen Abhängen, seinen tiefen Schluchten und seinem efeu-umsponnenen senkrechten Felsengeklüfte, während in der Ferne das weiße Haupt des Table Mountain auftaucht. Fünf Meilen südwestlich davon weichen die Berge etwas vom Fluss zurück, und an seinem Ufer erhebt sich der sogenannte „Schlossfelsen" in einsamer Größe. Wie sein Name besagt, hat er die Form eines Schlosses, dem weder Türme, Basteien noch Söller fehlen.

So gewaltig und großartig die Aussicht nun aber auch nach dem Westen zu ist, so liegt doch im Süden die Hauptschönheit dieser Gegend. Hier wird der Horizont durch den Carter Mountain abgeschlossen, dessen üppige Matten den Hirschen, Antilopen und Bergschafen, deren es in diesem bevorzugten Lande eine Unmenge gibt, herrliche Weideplätze bieten. Auch uralte Wälder, aus denen malerische Felsengebilde hervorragen, schmücken seine Abhänge, und zahlreiche frische Quellen spenden willkommenen Nektar.

Mitten in dem Hügellande, das sich an diesen Berg anschließt, suchte sich nun Will seinen künftigen Wohnort aus. Mehrere Seen befinden sich dort, von denen zwei die Namen seiner Töchter Irma und Arta führen. Hier besitzt er ein vierzigtausend Morgen großes, vornehmlich aus Weideplätzen bestehendes Grundstück, auf dem vierhundertachtzig Morgen zur eigentlichen Urbarmachung abgegrenzt wurden. Auch die beiden oben erwähnten Seen befinden sich auf diesem Gebiete, und in ihrer Nähe beabsichtigt Will sich ein schönes, behagliches Wohnhaus zu errichten. Für ihn ist diese Gegend, wie er gleich beim ersten Eindruck gesagt hat, das Eldorado auf Erden, und hierher eilt er, so oft es ihm seine übernommenen Verpflichtungen gestatten. In dieser zauberhaften Umgebung vergisst er auf kurze Zeit die Lasten und Sorgen des Lebens.

Eine seltsame Sage knüpft sich an den am Ende des Big-Horn-Tales gelegenen See. Er ist klein – nur eine halbe Meile lang und eine Viertelmeile breit – seine Tiefe aber unergründlich. Hohe, mächtige Tannen, Zitterespen und Birken beschatten seine Ufer. Sein Wasser ist kristallklar und eiskalt das ganze Jahr hindurch. Auch heilsame, dem Weißen noch fast unbekannte Kräfte bergen seine Fluten. Will hörte die Sage aus dem Munde eines alten Cheyenne-Indianers.

„Einer alten Sitte unseres Stammes folgend", erzählte er, „versammelte man sich jeden Monat einmal um Mitternacht und bei Vollmond um diesen See. Bald nach zwölf Uhr stieß ein mit den Geistern von abgeschiedenen Cheyenneskriegern gestilltes Boot vom östlichen Ende des Sees ab und fuhr rasch bis zum westlichen Ufer. Dort verschwand es plötzlich.

Niemals kam ein Wort oder Laut von den Lippen der Gespenster. Steif und schweigend saßen sie da und bewegten nur emsig die Ruder. Jeder Versuch, auch nur eine Silbe von ihnen zu erlangen, blieb vergebens.

So deutlich war das Schiff mit seinen Insassen zu sehen, dass man die Züge der Krieger unterscheiden und Verwandte und Freunde erkennen konnte."

Jahrelang wiederholten sich der Sage nach diese Fahrten, und zwar immer vom östlichen bis zum westlichen Ufer des Sees. Da, im Jahre 1876, blieb das Boot plötzlich aus, und tiefer Schrecken erfüllte die Indianer. Ein Teil von ihnen bezog ein Lager am Seeufer und jede Nacht wurden Posten ausgestellt, da man glaubte, die geisterhaften Schiffer hätten vielleicht den Zeitpunkt geändert. Drei Monate lang aber war weder vom Schiff noch von dessen

Insassen die, geringste Spur zu bemerken, was man als eine schlimme Vorbedeutung ansah.

Bei einer von den Ärzten, Häuptlingen und Gelehrten des Stammes abgehaltenen Beratung wurde ausgesprochen, dass jenes frühere Erscheinen des Gespensterschiffes, das sich stets nur von Osten nach Westen bewegt hatte, eine Mahnung des Großen Geistes gewesen sei. Er habe die Geister der Abgeschiedenen aus den seligen Jagdgefilden nur geschickt, um anzuzeigen, dass der Stamm weiter nach dem Westen ziehen solle. Nun dies aber nicht geschehen sei, bedeute das plötzliche Ausbleiben des allmonatlichen göttlichen Zeichens sicherlich das baldige Erlöschen des Stammes.

Als Will eines Tages am Ufer dieses Sees stand, kam ein Siouxindianer auf ihn zu. Dieser Mann war ungewöhnlich klug und wünschte seinen Kindern eine gute Erziehung zu geben. Er sandte seine beiden Söhne auf die hohe Schule nach Carlisle, während er selbst sich die größte Mühe gab, den Glauben der Weißen zu studieren, obwohl er noch immer an seinen alten, wilden Gewohnheiten und seinem Götzendienst festhielt. Kurze Zeit bevor er sich mit Will in das erwähnte Gespräch einließ, hatte sich eine große Anzahl Indianer an einem bestimmten Punkt versammelt, um den „Messiah" oder „Geistertanz" zu feiern. Wie alle von den wilden Völkerschaften abgehaltenen religiösen Feste, so war auch dieses von den hässlichsten Ausschreitungen und empörendsten Sittenlosigkeiten begleitet. Da man nun aber nie wusste, was diese Massenversammlungen der Indianer für Folgen haben konnten, so schickte der Präsident auf vielseitiges Ansuchen Truppen in diese Gegend, die die Indianer auseinander treiben sollten. Die Indianer widersetzten sich, Blut wurde vergossen, und unter den Getöteten befand sich auch der Sohn jenes Indianers, der kurze Zeit darauf neben Will am Ufer des Geistersees stand.

„Im ‚Großen Buche‘ der weißen Männer steht geschrieben“, sagte der alte Häuptling zu Will, „dass der ‚Große Geist‘, der Nan-tan-in-chor, einstens wieder aus die Erde kommen werde. Die in den Städten wohnenden Weißen gehen in ihre ‚Rathäuser‘ (Kirchen) und sprechen von der Zeit seiner Wiederkunft. Die einen sagen zu dieser, die anderen zu jener Zeit, sie alle aber wissen, dass der Tag kommen wird, denn es steht im ‚Großen Buche‘ geschrieben. Die Hohen und Guten unter den weißen Leuten besuchen diese Rathäuser, aber auch diejenigen, die nicht hingehen, sagen: ‚Gut, wir wollen glauben, was ihr glaubt: Er wird kommen.‘ Im ‚Großen Buche‘ der Weißen steht ferner geschrieben, dass alle menschlichen Wesen auf der Erde die Kinder eines ‚Großen Geistes‘ seien. Er schützt und versorgt sie alle. Dafür verlangt er nichts weiter, als dass sie einander lieben, sich gegenseitig nicht richten und nicht töten und nicht stehlen sollen. Habe ich die Worte aus des weißen Mannes Buch richtig gesagt?“

Etwas überrascht von dem ernsten Inhalt der Rede des Indianers nickte Will bejahend mit dem Kopfe. Der andere aber fuhr fort: „Auch der Indianer besitzt ein großes Buch. Sie haben es niemals gesehen; kein Weißer hat es je erblickt, denn hier ist es verborgen.“ Dabei drückte er die Hand auf sein Herz. „Die Lehren der beiden Bücher sind dieselben. Was der ‚Große Geist‘ den Weißen befiehlt, das befiehlt Nan-tan-in-chor auch dem rothäutigen Manne. Auch wir gehen in unsere ‚Rathäuser‘, um von einem zweiten Wiederkommen des Heiligen zu sprechen. Auch wir halten unsere Gottesdienste ab, ebenso wie der weiße Mann. Der Unterschied ist nur der, dass der Weiße mit ernster, trübseliger Miene seine Feste feiert, der Indianer dagegen heiter und fröhlich dabei ist. Wir tanzen und freuen uns, der weiße Mann aber schickt Soldaten, die uns niederschießen. Befiehlt ihnen der ‚Große Geist‘, dies zu tun?

In der ‚Großen Stadt' (Washington), wo ich einmal gewesen bin, liegt noch ein zweites ‚Großes Buch' (die Bundesverfassung), in dem es heißt, dass der weiße Mann die religiöse Freiheit des anderen nicht beeinträchtigen solle. Und doch kommen sie in unser Land und töten uns, wenn wir Nan-tan-in-chor unsere Fröhlichkeit bezeugen.

Wir freuen uns auf sein zweites Kommen, der Weiße trauert, schickt aber seine Soldaten und lässt uns in unserem Glück umbringen. Bah! Der weiße Mann ist falsch. Ich kehre zu meinem Volke und zu den Sitten und Gebräuchen meiner Vorfahren zurück. Ich bin und bleibe Indianer!"

Mit der Würde eines rothäutigen Cäsars schritt der alte Häuptling von dannen. Will aber sagte sich, während er allein am Seeufer zurückblieb, dass jede soziale Frage von zwei Seiten beleuchtet werden könne. Auch die Ansichten des Indianers über das allgemeine Menschenwohl haben ihre Berechtigung, und darin liegt die Tragik des Indianerschicksals.

Sechsundzwanzigstes Kapitel

Die Rundreise durch Großbritannien

Erst im Frühling 1883 wurde es Will möglich, seinen langgehegten Lieblingsplan zur Ausführung zu bringen und dem Publikum in wahrheitsgetreuen, lebendigen Farben nicht nur eine Darstellung des rauen Lebens im westlichen Amerika, sondern auch ein Bild der geschichtlichen Entwicklung des fernen Westens zu geben, so wie es sich durch die blutigen Kämpfe der Indianer mit den Pionieren der Kultur und den Soldaten allmählich gestaltet hatte.

Das Wigwamdorf und der Kriegstanz der Indianer, ihr religiöser, dem „Großen Geiste" dargebrachter Gesang, die Bekämpfung und Besiegung der berühmtesten Indianerstämme, das unerbittliche Vordringen der Soldaten und das Erbauen von Grenzbefestigungen, das Leben der Kundschafter und Pelzjäger, die Büffeljagd, die Ankunft der ersten Ansiedler, ihr langsames, gefährliches Reisen in den Prärieschonern über die weiten, öden Ebenen, die Zeit der „Deadwood-Postkutsche" und der Ponyreiter, die Errichtung von Heimstätten mitten in den Indianergebieten, die Reiterregimenter der Armee der Vereinigten Staaten – dies sind die großen historischen Bilder, die Will zu entrollen beabsichtigte.

Es war ein prächtiger, im großartigsten Maßstabe ausgeführter Plan, dem sofort der glänzendste Erfolg zuteil wurde. Eine Schaustellung, die so viel des Historischen und Malerischen vereinigte, die ein halbes Jahrhundert mit seinen entschwundenen, hochdramatischen Ereignissen ins Leben zurückrief, musste notgedrungen im höchsten Grade das Interesse der ganzen Welt erregen.

Die erste Vorstellung fand im Mai 1883 in Omaha, in Nebraska, statt, in jenem Staate, der Wills engere Heimat geworden war. Seither hat er fast jede größere Stadt des ganzen Erdballs besucht und vor Tausenden und Abertausenden von Männern, Frauen und Kindern aller Nationen seine Schaustellungen gegeben.

Schon der „Große Einzug" hat niemals verfehlt, das Interesse der Zuschauer zu wecken. An der Spitze jagen in wildem Galopp heran die kriegsmäßig bemalten und federngeschmückten Indianerstämme der Sioux, Arapahoe, Brulé und Cheyennes. Ihnen folgen in halsbrecherischem Tempo mexikanische Reiter und Cowboys, die schwarzbärtigen Kosaken des russischen leichten Reiterregiments, die Araber auf ihren Vollblutpferden, eine Abteilung von „The Queens Own Lancers" und der Leibgarde des deutschen Kaisers, sowie Jäger und Kürassiere von den berühmtesten Kavallerieregimentern der stehenden europäischen Heere, in erster Linie der der Vereinigten Staaten; südamerikanische Gauchos, alte Krieger von Kuba, Portorico, Hawaii, ferner die kühnen Reiter aus den amerikanischen Grenzgebieten, Scharfschützen aus Texas – alle in wohlgeordneten Gruppen, von ihren betreffenden Anführern befehligt und von ihren Fahnen begleitet. Plötzlich bläst die Musik einen Tusch, und heran galoppiert auf prachtvollem Pferde – dem schönsten von allen – Buffalo Bill, der mit der wunderbaren Leichtigkeit und kraftvollen Anmut, die nur ihm eigen ist, im Sattel sitzt. Umstrahlt von dem auf ihn fallenden elektrischen Lichtkreis, reitet er seiner Zuschauermenge entgegen und ruft, den Sombrero in der Hand, mit erhobenem Haupte und einem stolzen Klang in der Stimme: „Meine Damen und Herren, gestatten Sie mir, Ihnen eine Versammlung der besten Reiter der Welt vorzuführen."

Als Kind weinte ich über seine Missachtung der ihm prophezeiten hohen Stellung, als reife Frau aber freue ich mich, dass er seinen Idealen treu geblieben ist. Passt er doch mit seiner Reitkunst und seiner Vorliebe für ein freies, ungebundenes Leben besser auf den Sattel als auf den Präsidentenstuhl.

Gleich von Anfang an hatte der „Wilde Westen" einen ungeheuren Erfolg. Drei Jahre vergingen mit Reisen durch die Vereinigten Staaten, dann aber fasste Will den Entschluss, auch England einen Besuch abzustatten und dem Mutterlande ein Bild vom wilden, gefahrvollen Leben seiner losgelösten Kinder aus dem fernen Westen vorzuführen Die Ausführung dieses Planes verlangte ungeheure Geldsummen, brachte dafür aber auch ein umso glänzenderes Ergebnis.

Stets treu dem Lande seiner Wahl, mietete Will das Dampfschiff „Staat Nebraska", mit dessen lebender Fracht er am 31. März 1886 seine Reise nach der Alten Welt antrat.

Das erste, was die Augen der auf dem Schiffe aufgestellten Wachtposten erblickten, als sie sich bei Gravesand der englischen Küste näherten, war ein ihnen entgegenfahrender, mit den amerikanischen Flaggengeschmückter Schleppdampfer. Drei schallende Vivatrufe begrüßten diese heimatlichen Abzeichen, worauf die Mannschaft des Schleppdampfers den Gruß mit dem Sternenbanner erwiderte, während die Schar der Cowboys auf dem „Staat Nebraska" die amerikanische Nationalhymne, den „Yankee Doodle", anstimmte. Eine Gesellschaft Engländer hatte den Dampfer gemietet, um die Amerikaner auf britischem Boden willkommen zu heißen.

Nach vollzogener Landung bestiegen die Mitglieder des „Wilden Westen" einen eigens für sie bestellten Extrazug, der sie nach London brachte. Dort aber, beim Anblick so vieler unbekannter Dinge, vermochte selbst die gewöhnliche Stumpfsinnigkeit der Indianer nicht stand zu halten. Sie taten ihre Bewunderung durch eine häufige Wiederholung des den Rothäuten eigenen beifälligen Grunzens kund.

Major M. Burke hatte für ein passendes Unterkommen der Riesengesellschaft gesorgt, und nun wurden in aller Eile und im großartigsten Maßstabe die Vorbereitungen zur Befriedigung des ungeduldig harrenden Publikums getroffen. Im Londoner Amphitheater konnte selbstverständlich mehr Sorgfalt auf die Hervorbringung glänzender Bühnenwirkungen gelegt werden, als es in einem provisorisch für wenige Tage errichteten Brettergebäude möglich ist. Die Arena hatte eine Drittelmeile Umfang und bot Raum für vierzigtausend Zuschauer. Hier, ebenso wie in Manchester, wo Will im Herbst ebenfalls ein zugleich als Winterquartier dienendes Amphitheater errichten ließ, wurde die ganze moderne Kunst zu Rate gezogen, um möglichst glänzende theatralische Effekte zu erzielen.

Jede einzelne Vorführung wurde von den Engländern mit dem lebhaftesten Interesse aufgenommen, so besonders die Kriegstänze der Indianer, das Reiten der unzähmbaren Buckskinpferde durch die kühnen Cowboys, die, während sie im vollen Galopp dahinjagen, Gegenstände vom Boden aufheben, sowie die von Indianern überfallene und durch Unionstruppen gerettete "Deadwood-Postkutsche". Auch das echte, von den Prärien stammende Indianerdorf erregte in hohem Grade die allgemeine Neugierde, umso mehr als der Charakter der Prärie vom Maler vortrefflich dargestellt worden war.

Es ist die Stunde der Morgendämmerung. Verschiedene Arten wilder Tiere streifen über die Ebene hin. In ihren Zelten liegen die Indianer noch in tiefem Schlafe. Die Sonne geht auf, und ein befreundeter Indianerstamm besucht die erwachenden Krieger. Ein Freundschaftstanz wird aufgeführt, allein noch vor dessen Schluss kommt ein Bote mit der Nachricht herbeigelaufen, dass sich ein feindlicher Stamm nähere. Dieser folgt dem Boten fast auf dem Fuße, ein wilder Kampf entspinnt sich, bei dessen Anblick man sicher einen deutlichen Begriff von der Grausamkeit der Kriegführung der Indianer machen kann.

Eine Puritanerszene folgt. Das Landen der Pilger und die Rettung John Smiths durch Pocahontas wird dargestellt, wodurch zugleich Gelegenheit geboten ist, eine Anzahl Sitten und Gebräuche der Indianer, zum Beispiel bei Hochzeiten und sonstigen festlichen Veranlassungen, zu zeigen.

Nun wieder die Prärie. Eine Büffelherde taucht auf; die zottigen Ungetüme kommen zur Tränke und werden von Buffalo Bill verfolgt, der sein prächtiges Pferd „Charlie" reitet. Er hat einer Gesellschaft Auswanderer, die bald daran erscheint, als Führer gedient. Lagerfeuer werden angezündet, das Abendessen verzehrt, und während die Feuer nach und nach erlöschen, versinkt das Lager in Schlummer. Da plötzlich wird in der Ferne ein anfangs nur ganz schwacher roter Schein sichtbar, der sich indes allmählich vertieft und vergrößert. Schließlich zeigt er sich längs des ganzen Horizontes hin, und bald erwacht das Lager mit dem beunruhigenden Bewusstsein, dass die Prärie brenne. Im Nu sind die Auswanderer auf den Beinen und versuchen heldenmütig gegen das heranbrausende Flammenmeer anzukämpfen. Dem Feuer entrinnende wilde Tiere jagen durchs Lager, und eine allgemeine Flucht entsteht. Ein ganz besonders wahrheitsgetreues Bild.

Ihm folgt die Darstellung eines Zyklons, der ein ganzes Dorf verwüstet und sozusagen vom Erdboden hinwegfegt.

Doch nicht nur vom großen Publikum allein, sondern auch von den Mitgliedern des englischen Königshauses wurde der „Wilde Westen" mit Begeisterung aufgenommen. Gladstone, in Begleitung des Marquis von Lorne, stattete Will gleich zu Anfang einen Besuch ab, was die amerikanischen Gäste veranlasste, dem „Großen Greis" zu Ehren ein glänzendes Frühstück zu geben. Der berühmte Staatsmann sprach sich dabei in den wärmsten Ausdrücken über Amerika aus und dankte Will dafür, dass er dem englischen Volke ein Bild von dem stürmischen, gefahrvollen Leben auf dem fernen westlichen Kontinente entwerfe, das ihnen einen Begriff von den Schwierigkeiten gebe, mit denen die Schwesternation bei Ausbreitung der Zivilisation zu kämpfen gehabt habe.

Die Londoner Eröffnungsvorstellung fand in Gegenwart des Prinzen und der Prinzessin von Wales und Gefolge statt. Nach Schluss der Ausführung wurden die Mitglieder der Gesellschaft den königlichen Zuschauern auf deren besonderen Wunsch vorgestellt. Auch das Indianerlager wurde besichtigt, und „Rothemd", der große Häuptling, war von der Liebenswürdigkeit und Anmut der Prinzessin nicht minder entzückt als alle anderen.

Bei seinem Rundgang besuchte der Prinz auch Wills Privatwohnung und betrachtete voll Interesse seine vielen wertvollen Andenken, unter denen ein mit goldenem Knauf geschmückter Säbel, der Will von Offizieren der Vereinigten Staaten in Anerkennung seiner wertvollen Dienste als Kundschafter verehrt worden war, sein besonderes Wohlgefallen erregte.

Dies war indes nicht die einzige durch königliche Gunst geehrte Vorstellung. Der beste Beweis, dass die vom Prinzen von Wales ausgesprochene Bewunderung der Vorstellung aufrichtig gewesen war, lag in dem Berichte, den er seiner Mutter darüber machte, denn bald darauf kam eine Botschaft der Königin Viktoria, dass auch sie einer Vorstellung anwohnen wolle, worauf eine prächtige, mit rotem Baldachin versehene Loge errichtet wurde. Als die Königin ankam und der Wagen vor ihrer Loge hielt, trat Will vor und sagte, den Sombrero in der Hand, mit einer tiefen Verbeugung zu der höchsten Frau Großbritanniens: „Willkommen Euer Majestät im ‚Wilden Westen' Amerikas!"

Dem jeder Vorstellung vorangehenden großen Einzug wurde stets eine Fahne vorangetragen, die die friedlichen, freundschaftlichen Gesinnungen der Nation mit den Völkern der Erde versinnbildlichen sollte. Bei dieser Gelegenheit nun wurde diese Fahne gerade vor die königliche Loge gebracht und dreimal zu Ehren Ihrer Majestät gesenkt. Zur großen Überraschung der Gesellschaft sowie der Zuschauermenge erhob sich die Königin und begrüßte die amerikanische Flagge mit einer Verbeugung. Ihre Begleitung folgte ihrem Beispiel, während die Herren die Hüte abnahmen. Will bedankte sich für diese Höflichkeit, indem er seinen Sombrero in der Luft schwang und mit seiner begeisterten Gesellschaft drei donnernde Hochrufe ausbrachte, die in der weiten Arena widerhallten und den Zuschauern den Beweis von den kräftigen Lungen der amerikanischen Besucher ablegte.

Die freundliche Aufmerksamkeit der Königin hatte die ganze Gesellschaft in eine belebte Stimmung versetzt, so dass die Ausführung einen ganz besonders glänzenden Verlauf nahm. Nach deren Schluss befahl die Königin, dass Will ihr vorgestellt werde, wobei sie ihm so viele liebenswürdige Komplimente machte, dass fast die Röte der Beschämung in seine gebräunten Wangen gestiegen wäre.

Auf Wunsch der Königin wurde aus Anlass mehrerer königlicher Gäste eine zweite Vorstellung befohlen, der die Könige von Sachsen, Dänemark und Griechenland, sowie die Königin von Belgien, der Kronprinz von Osterreich und verschiedene andere hohe Persönlichkeiten anwohnten.

Hierbei widerfuhr dem mitgeführten Deadwood-Postwagen wagen eine besondere Ehre. Dieser Wagen hat nämlich seine eigene Geschichte. In Concord, New Hampshire, gebaut, verwendete man ihn auf einem von Straßenräubern bedrohten Wege zur Personen- und Postverbindung. Mehrere Male überfielen ihn Räuber, die seine Insassen ausraubten, bis schließlich auch diese samt dem Postillon eines schönen Tages ermordet wurden. Da sich niemand mehr zur Führung des Wagens verstehen wollte, so ließ man ihn auf dem Wege liegen. Nach langer Zeit erst brachte ihn ein alter Kutscher nach San Francisco, wo er der Oberlandlinie einverleibt wurde. Auf diesem Verkehrswege nun hatte er eine beträchtliche Anzahl Indianerüberfälle auszuhalten. Eines Tages wurde der Kutscher mit seinen Fahrgästen getötet und der Wagen auf offener Prärie stehen gelassen. Dort fand ihn Will zufällig bei einem seiner Kundschaftsritte und kaufte ihn in der Hoffnung, ihn einmal bei seinen geplanten Schaustellungen verwenden zu können.

Eine der Nummern im Programm des „Wilden Westen" ist, wie sich alle erinnern werden, ein Angriff der Indianer auf eben diese Deadwood-Postkutsche. Dieser Wagen interessierte die königlichen Gäste in solchem Maße, dass sie den Wunsch aussprachen, sich auch einmal an die Stelle des reisenden Publikums im westlichen Amerika zu versetzen. Die vier Potentaten von Dänemark, Sachsen, Griechenland und Österreich bestiegen also den Deadwood-Postwagen, während der Prinz von Wales sich zu Will auf den Bock setzte. Den Indianern war insgeheim der Befehl erteilt worden, einen Angriff auf die Reisenden zu machen, ein Auftrag, den sie mit großem Eifer vollzogen. Der Wagen wurde von einer wilden Bande umringt, die ihre blinden Patronen so dicht neben den Wagenfenstern abfeuerten, dass sich die Insassen mit Leichtigkeit einbilden konnten, sich wirklich auf einer Reise durch den fernen Westen zu befinden. Das Gerücht geht sogar, dass sie unter den Sitzen Zuflucht gesucht haben, was ihnen wohl auch niemand verdenken würde. Allein es ist wirklich nur ein Gerücht, keine historische Tatsache!

Zum Dank für diese Vorstellung sandte der Prinz ein hübsches Andenken an Will. Es bestand in einer Art Orden, den nur der jeweilige Prinz von Wales auszuteilen das Recht hat, und der in seinem mit Diamanten eingefassten Wappen besteht, das in Edelsteinen ausgeführt, in deutscher Sprache das Motto trägt: „Ich dien." Ein begleitendes Handschreiben drückte außerdem noch das große Vergnügen aus, das Wills Vorführungen den königlichen Gästen bereitet habe.

Den festgesetzten öffentlichen Vorstellungen schlossen sich auch noch eine Menge Privatunterhaltungen an. James G. Blaine, Chauncey M. Depew, Murat Halstead und andere hervorragende Amerikaner befanden sich zu jener Zeit in London und ihnen zu Ehren ließ Will eine Einladung zu einem im Freien nach Indianerart zubereiteten Frühstück ergehen. Über hundert Gäste fanden sich am 10. Januar 1887 um neun Uhr morgens im Speisezelt des „Wilden Westen" ein. Außer der Besichtigung des eigenartig geschmückten Zeltes war es interessant zu beobachten, wie die Indianerköche die sorgfältig von ihnen zugerichteten Fleischstücke brieten. Über einem in den Boden gegrabenen Loch stand ein großer Dreifuß, an dem über einem zu starker Glut niedergebrannten Holzfeuer die Ochsenrippchen aufgehängt waren, die so lange nach allen Seiten hin gedreht wurden, bis sie genügend durchgebraten waren. Diese Art des Bratens im Freien und über Holzfeuer verleiht dem Fleisch einen Wohlgeschmack, der auf andere Weise nicht zu erreichen ist.

Das Frühstück verlief in heiterster Stimmung. Ein Teil des Küchenzettels bestand aus Maisbrei, dem Lieblingspudding des „Wilden Westen", sowie aus geröstetem Weizen und Erdnüssen. Die am Ende der Esstische auf Stroh gelagerten Indianer aßen mit den Fingern oder spießten mit langen weißen Stäbchen das Fleisch auf. Der auffallende Unterschied in den Tischmanieren bot zugleich einen interessanten Anschauungsunterricht über den Fortschritt der Zivilisation.

Will war während seines Londoner Aufenthaltes der „Löwe des Tages“ geworden. Eine Unmenge Diners und Feste aller Art wurden ihm zu Ehren gegeben. Es gehörte wirklich ein Mann mit einer eisernen Gesundheit dazu, um die Anstrengungen der täglichen Ausführungen aushalten und zugleich den ungeheuren geselligen Verpflichtungen gerecht werden zu können.

Diese Londoner Spielzeit erhielt noch einen besonders glänzenden Abschluss durch die Zusammenkunft von Vertretern beider Nationen, bei der die zwischen England und Amerika bestehenden nationalen Misshelligkeiten durch schiedsrichterlichen Urteilsspruch beigelegt wurden.

Von der englischen Metropole aus begab sich der „Wilde Westen“ nach Birmingham und dann in sein Winterquartier nach Manchester. Wills älteste Tochter Arta, die ihren Vater nach England begleitet hatte, machte während des Winters eine Rundreise auf dem Kontinent.

Der Aufenthalt in Manchester brachte Will eine neue Huldigung. Die einflussreichsten Männer der Stadt beabsichtigten nämlich, Will eine besonders kostbare Flinte zu überreichen, und als sich dieser Plan in London verbreitete, eilten Edelleute, Staatsmänner und Journalisten mit Extrazug nach Manchester. Zum Dank für die ihm erwiesene Ehre ließ Will wieder eine Einladung zu einem seiner eigenartigen Gastmähler ergehen. Bostoner Schweinefleisch mit Bohnen, gebratene Hühnchen aus Maryland, Maispudding, Erdnüsse und noch verschiedene andere amerikanische Spezialgerichte wurden aufgetischt. Zudem mussten die vornehmen Gäste zu ihrem Gaudium – wenigstens behaupteten sie, dass es eines sei – den auf Indianerart zubereiteten und auf Zinnteller gelegten Rostbraten mit den Fingern verzehren, damit der Charakter der Ursprünglichkeit ja ganz gewahrt werde. Eine Menge für die amerikanische Nation höchst schmeichelhafter Reden wurden bei diesem denkwürdigen Gastmahle gehalten, dem der Vortrag eines Gedichts – eine Parodie an Hiawatha – noch besondere Würze verlieh.

Gegen Schluss von Wills Aufenthalt in Manchester wurde ihm vom Freimaurerorden, dessen Großmeister der Prinz von Wales war, eine goldene Uhr überreicht. Die letzte Ausführung in dieser Stadt fand am 1. Mai 1887 statt, wobei das Publikum als Abschiedsgruß drei donnernde Hochrufe auf Will ausbrachte. Nachdem dann die für England in Aussicht genommene Spielzeit durch eine Aufführung in Hull ihren Abschluss gefunden hatte, trat die Gesellschaft auf dem „Persian Monarch" die Heimfahrt an. Eine ungeheure Volksmenge hatte sich am Hafen versammelt, die den Davonfahrenden noch ein herzliches „Glückliche Reise" zuriefen.

Ein für Will sehr schmerzlicher Vorfall ereignete sich auf dieser Heimreise – der Tod des guten „Charlie", Wills treuem, mutigem Leibpferd, das jahrelang sein beständiger, zuverlässiger Begleiter auf den Prärien sowohl als beim „Wilden Westen" gewesen war.

Das Tier zeichnete sich nicht nur durch außerordentliche Flüchtigkeit, Ausdauer und Treue aus, sondern auch durch eine fast menschliche Klugheit. Als ganz junges Tier ritt ihn Will bei einer Jagd auf wilde Pferde, die er bei der Verfolgung nach Ablauf von fünfzehn Meilen überholte. Ein anderes Mal, als Will fünfhundert Dollars gewettet hatte, dass er aus der Prärie hundert Meilen in zehn Stunden mit ihm zurücklegen könne, war Charlie in neun Stunden und fünfundvierzig Minuten ans Ziel gelangt.

Bei Eröffnung des „Wilden Westen“ in Omaha glänzte er als erster Stern unter sämtlichen Pferden, auch bewahrte er sich diesen hohen Platz bei allen folgenden Aufführungen in Amerika und Europa. In London war dieses Pferd der Gegenstand allgemein Aufmerksamkeit gewesen und viele Abkömmlinge königlicher Häuser hatten um die Gunst gebeten, ihn zu reiten. Der Großfürst Michael von Russland hatte manche im „Wilden Westen“ veranstaltete Büffeljagd auf seinem Rücken mitgemacht und eine große Zuneigung zu ihm gefasst

Am Morgen des 4. Mai stattete Will seinem Pferde den gewohnten Besuch im Zwischendeck ab. Bald darauf meldete der Stallknecht Charlies plötzliche Erkrankung, die sich trotz aller angewandten Mittel rasch verschlimmerte. Am 7., morgens um zwei Uhr, verendete er. Sein Tod versetzte das ganze Schiff in trübe Stimmung; selten ist ein menschliches Wesen aufrichtiger betrauert worden als das treue, kluge, alte Pferd: In Segeltuch gewickelt und mit der amerikanischen Flagge bedeckt, wurde es auf Deck gebracht. Als die Stunde kam, wo er in die Fluten des Ozeans versenkt werden sollte, versammelten sich die Angehörigen der Gesellschaft, sowie die anderen Passagiere auf Deck. Neben dem Leichnam stand mit entblößtem Haupte derjenige, der so lange sein Leben mit dem edlen Tier geteilt hatte. Endlich ergriff Will in bewegtem Tone das Wort, und zum ersten Male blieb die wohlbekannte Stimme, der Charlie stets so rasch zu gehorchen gewohnt war, ohne Wirkung.

„Guter alter Freund, dein Leben ist abgelaufen. Hier im Ozean musst du deine Ruhestätte finden. Ich wollte, ich hätte dich mit zurücknehmen und unter die Wogen jener Prärie betten können, die du und ich so sehr geliebt und die wir so oft fröhlichen Mutes zusammen durchstreift haben. Doch es sollte nicht sein. Wie häufig befanden wir uns beide, wenn die Sonne in strahlendem Glanze am Horizont auftauchte, schon fern von jeder menschlichen Wohnung. Gehorsam meinem Rufe, trugst du stets freudig deinen Reiter, wohin er dich führte, unbekümmert um das, was der Tag, dessen Lasten wir immer getreulich teilten, auch bringen mochte. Du hast mich niemals in meinen Erwartungen getäuscht. Ach, Charlie, guter alter Junge, wohl habe ich viele Freunde in meinem Leben gefunden, aber von wie wenigen kann ich das Gleiche rühmen! Ruhe nun im tiefen Schoße des Ozeans! Ich aber werde dich niemals vergessen, denn ich liebte dich wie du mich liebtest, mein guter alter Kamerad! Die Menschen sagen, du habest keine Seele. Doch wenn es einen Himmel gibt und Kundschafter dort Eingang finden, dann will ich an der Pforte auf dich warten, alter Freund!"

Auf dieser Heimreise machte Will die Bekanntschaft eines Geistlichen, der von seinen in Europa verbrachten Ferien zurückkehrte. In der Nähe der amerikanischen Küste setzte er ein Telegramm an seine Gemeinde auf, das nichts weiter enthielt als: 2. Joh. I, 12. Will, der das Papier zufällig zu Gesicht bekam, bat den Geistlichen, ihm den Inhalt dieser Schriftstelle zu sagen, und als dies geschehen war, sagte er: „Ich habe zu Hause eine fromme Schwester, die die Bibel so genau kennt, dass, wenn ich ihr diese Schriftstelle telegraphiere, sie den Wortlaut nicht erst nachzuschlagen braucht."

Und richtig! Nach seiner Landung telegraphierte er mir den gleichen Willkommgruß, den der Geistliche an seine Gemeinde geschickt hatte. Ich aber rechtfertigte die hohe Meinung nicht, die er von meiner Bibelkenntnis hatte, denn ich musste die Heilige Schrift zur Hand nehmen, um das Rätsel zu lösen. Da ich annehme, dass sich manche meiner

Leser in der gleichen Lage befinden, dabei aber vielleicht keine Lust haben, die, Stelle nachzuschlagen, so setze ich die Bibelworte hierher: „Ich hatte euch viel zu schreiben, aber ich will nicht mit Briefen und Tinte, sondern ich hoffe zu euch zu kommen und mündlich mit euch zu reden, auf dass unsere Freude vollkommen sei."

Siebenundzwanzigstes Kapitel

Die Rückkehr des „Wilden Westen" nach Amerika und zweite Europareise

Als der „Wilde Westen" von seiner ersten Europareise zurückkehrte, wurde seine Einfahrt in den Hafen von der „New York World" folgendermaßen beschrieben:

Eine malerische Szene, wie sie unser Hafen wohl kaum je gesehen hat, spielte sich gestern dort ab, als der „Persian Monarch" nach aufgehobener Quarantäne hereingedampft kam. Auf der Schiffsbrücke stand die hohe, schlanke Gestalt Buffalo Bills, dessen lange Haare im Winde wehten. Buntbemalte, in leuchtende Farben gekleidete Indianer lehnten über das Geländer herab. Flaggen von allen Nationen flatterten von den Masken und den damit verbundenen Ankertauen, dabei spielte und sang die Schar der Cowboys den „Yankee Doodle" mit einer Energie und Begeisterung, die deutlich bewies, mit welcher Freude jeder Angehörige des „Wilden Westens" den heimatlichen Boden begrüßte.

So herzlich Will auch von den englischen Vettern empfangen worden war und so viele Gunst- und Ehrenbezeigungen er von ihnen erhalten hatte, so war er doch vom Scheitel bis zur Sohle ganz „Amerikaner" geblieben. Freudig schlug fein Herz, als er den Fuß wieder auf den vaterländischen Boden setzte, wohin der Ruf seiner großen europäischen Erfolge gedrungen war, und wo ihn neue ehrende Anerkennungen von seiten der höchsten Persönlichkeiten erwarteten.

Da erfahrungsgemäß ein ständiger Aufenthalt seiner Truppe in einer großen Stadt am meisten Erfolg brachte, so kaufte Bill in der Nähe von New York auf Staten Island ein Grundstück, wo er nach seiner Rückkehr von England landete. Meilenweit in der Runde waren sämtliche Ochsenfuhrwerke gemietet worden, die die Requisiten auf die Insel nach Erastina, dem Ort, wo die Schaustellung stattfinden sollte, bringen mussten. Das Ausladen der Kulissen, vor allem aber die interessanten Gestalten des „Amerika Bär“, „Schneidefleisch“, „Eisenkopf“ und anderer Indianer hatten Hunderte von schauluftigen Knaben angelockt.

Die an diesem Ort gegebenen Sommeraufführungen waren glänzend besucht. Im darauffolgenden Winter wurden dann zuerst Vorstellungen im geschlossenen Raume in New York selbst und später in den übrigen größeren Städten der Vereinigten Staaten gegeben. So vergingen einige Jahre, dann brachte Will den schon während seines Aufenthalts in England gefassten Plan einer zweiten Europareise, die sich diesmal über den ganzen Kontinent erstrecken sollte, zur Ausführung. Nachdem die umfassendsten Vorbereitungen getroffen worden waren, wurde wieder der Dampfer „Persian Monarch“ gemietet, auf dem die Gesellschaft im Frühjahr 1889 ihre Fahrt nach der französischen Küste unternahm. Paris war diesmal das erste Reiseziel, und sieben Monate wurden in dieser lustigen Hauptstadt verbracht. Die Pariser nahmen die Schaustellung mit nicht geringerer Begeisterung an als die Londoner, und sowohl in Paris als früher in der englischen Metropole wurde während der Anwesenheit des „Wilden Westen“ für alles Amerikanische geschwärmt. Sogar amerikanische Bücher las man – gewiss der beste Beweis für die herrschende Schwärmerei – und amerikanische Kuriositäten lagen in den Läden ausgestellt. Büffel- und Bärenfelle, mit Stachelschweinkielen gestickte Lederanzüge, Indianerkleider und

Decken, geflochtene Matten, Pfeile und Bogen, Lampenteller, mexikanisches Sattel- und Zaumzeug fanden Absatz, wie die sprichwörtlich gewordenen „warmen Wecken".

Auch in der Pariser Gesellschaft wurde Will eine gefeierte Persönlichkeit. Wäre er nur dem zehnten Teil der Einladungen zu Diners und Bällen, die förmlich über ihn hereinregneten, gefolgt, so hätte er seine Schaubühne schließen müssen.

Während seines Aufenthalts in dieser Stadt machte er die Bekanntschaft Rosa Bonheurs, die ihn zu sich in ihr prachtvolles Schloss einlud. Als Erwiderung stellte Will ihr seine Ställe zur freien Verfügung, die wundervolle Zugpferde, hauptsächlich Percherons, enthielten, die bei den öffentlichen Vorstellungen niemals zum Vorschein kamen, und die die berühmte Tiermalerin auf ihrem bekannten Bilde „Der Pferdemarkt" verewigte. Tag für Tag besuchte sie das Lager, um Studien zu machen, und zum Dank für die ihr erwiesene Gefälligkeit malte sie Will, natürlich in der Tracht der Grenzbewohner, auf seinem Lieblingspferde. Dieses Andenken, das den Ehrenplatz in seiner Sammlung einnimmt, schickte er unverzüglich nach Hause.

Nach Schluss des Pariser Aufenthalts wurde eine Rundreise durch das südliche Frankreich gemacht und dann in Marseille ein Schiff gemietet, das die Gesellschaft nach Spanien brachte. Die stolzen Granden, die Verehrer der Stiergefechte, begrüßten mit besonderer Freude den „Wilden Westen". Hieraus folgte eine Rundreise durch Italien, bei der der Aufenthalt in Rom den Glanzpunkt bildete.

Die Ankunft der Amerikaner in der ewigen Stadt traf gerade mit der Feier des Jahrestags der Papstwahl zusammen. Will erhielt eine Einladung des Papstes zum Besuch des Vatikans, und wohl niemals haben diese historischen Mauern einen seltsameren Anblick gehabt, als ihn Will, begleitet von den in Bockleder gekleideten Cowboys und den kriegsmäßig bemalten und federngeschmückten Indianern , beim Eintritt darbot. Um sie, her drängte sich eine dichte Menge bunt gekleideter Italiener, unter die sich Vertreter fast aller Nationen mischten.

Einige von den Cowboys und Indianern waren im katholischen Glauben erzogen worden, und beim Erscheinen des Papstes knieten sie nieder, um sich von ihm segnen zu lassen. Diese Huldigung von Leuten, die er noch für Wilde hielt, schien ihn zu rühren, denn er breitete die Hände über sie aus und sprach einige Segensworte, ehe er weiterging. Die Indianer aber waren derart beglückt, dass sie nur mit größter Mühe zurückgehalten werden konnten, ihrer Begeisterung durch lautes Freudengeheul Ausdruck zu geben. Ihnen hätte dies ohne Zweifel Erleichterung gebracht, die Menge aber wäre sicherlich dadurch in wilde Flucht gejagt worden.

Als der Papst in Wills Nähe kam, ruhte sein Blick bewundernd auf dem kraftvollen Grenzbewohner, der sein Haupt vor dem alten „Zaubermann", wie ihn die Indianer nennen, beugte. Wieder erhob der Greis segenspendend die Hände, dann ging die Prozession vorüber. Die Menge stimmte ihr feierliches Danklied an, worauf die angesammelte Menschenmasse den Vatikan verließ.

Bei dieser Gelegenheit sei erwähnt, dass Will in Erwägung gezogen hatte, das Kolosseum für seinen „Wilden Westen" zu benützen. Die historische Schaubühne erwies sich aber zu ruinenhaft, als dass sie zu diesem Zweck hätte verwendet werden können. Der Aufenthalt in Rom wurde durch einen Vorfall belebt, der großes Interesse unter den Einwohnern hervorrief. Die Italiener hegten nämlich gewisse Zweifel in die Kunst der Cowboys, wilde Pferde zu zähmen, und glaubten, die in den Schaustellungen zur Verwendung kommenden Tiere seien eigens zu diesem Zweck dressiert worden.

Der Prinz von Sermonetta behauptete Will gegenüber in seinem dieses Thema behandelnden Gespräche, dass er einige wilde Pferde auf seinem Gestüt habe, die kein Cowboy der Welt reiten könne. Sofort nahmen die kühnen Reiter der Prärie diese Herausforderung auf, und der Prinz ließ seine wilden Hengste kommen. Um das Publikum vor etwaigen Gefahren zu schützen, wurden besonders starke eiserne Gitter errichtet.

Mit höchstem Interesse sah die Bevölkerung der Aufführung entgegen, bei der man sich ebenso sicher darauf gefasst machte, dass einige Mitglieder der Gesellschaft ihr Leben lassen mussten, wie früher in den „alten glorreichen Tagen" die Gladiatoren.

Die Cowboys aber lachten nur über so viel Lärm um nichts, und als die Pferde in die Arena geführt wurden und die Zuschauer in atemloser Spannung dasaßen, sahen die Cowboys, den Lasso in der Hand, der ihrer harrenden Aufgabe mit der größten Kaltblütigkeit entgegen.

Die feurigen Rosse machten wilde Sprünge nach rechts und links und kämpften mit aller Macht gegen ihr unausbleibliches Schicksal an, allein in noch kürzerer Zeit, als die Beschreibung erfordert, hatten die Cowboys ihnen die Lassos übergeworfen, sie gesattelt und bestiegen. Noch immer wehrten sich die störrischen Tiere und versuchten ihre Reiter abzuwerfen, die erfahrenen Präriebewohner aber brachten sie in kurzer Zeit vollständig unter ihre Gewalt. Während sie dann in ruhiger Gangart durch die Arena ritten, erhob sich das Publikum von den Sitzen und brüllte förmlich Beifall. Bei dieser Probe einer glänzenden Reitkunst verstummten sofort alle Zweifler. Das Herz der „Römer" war gewonnen, und der Rest des Aufenthalts brachte ungeheuren Zulauf des begeisterten Publikums.

Nach dem schönen Florenz, dem gelehrten Bologna und dem stattlichen Mailand mit seinem vieltürmigen

Dome nahm hierauf der Triumphzug seinen Weg. Die Einwohner Venedigs mussten sich die Schaustellungen in Verona in dem von Diocletian im Jahre 290 n. Chr. erbauten Amphitheater ansehen. In diesem größten Gebäude der Welt, dessen Mauern von der Zivilisation der Alten Welt Zeugnis ablegen, wurden nun die Kämpfe dargestellt, die die Neue Welt zur Verbreitung der Kultur zu bestehen hatte. Hier vereinigte sich das Alte mit dem Neuen; eisgraues Altertum und kraftvolle Jugend berührten sich unter dem sonnigen italienischen Himmel.

Von dort aus wandte sich der „Wilde Westen" dem Norden zu, über Tirol nach München, von wo aus die Gesellschaft einen Abstecher an die „schöne blaue Donau" machte, dem sich dann eine glänzende Rundreise durch Deutschland anschloss.

Nachdem er seinen Verpflichtungen in Europa nachgekommen war, kehrte er sofort nach Amerika zurück und kam gerade zu der Zeit an, als ein neuer Aufstand der Sioux ausgebrochen war, der einen äußerst ernsten Charakter annahm. Will entließ sofort seine mit ihm von Europa heimgekehrten Indianer, die sich nun wieder zu ihren verschiedenen Stämmen begaben und dort, ums Lagerfeuer geschart, von den Wundern der fernen Länder erzählten, während Will ins Hauptquartier eilte, um seine Dienste anzubieten. Zwei Jahre zuvor war ihm zugleich mit der Führung einer der Nebraskaer Nationalgarde angehörenden Brigade vom Gouverneur dieses Staates der Titel und Rang eines Obersten verliehen worden.

Der Führer in diesem Feldzug war General Nelson A. Miles, der seinem Vaterlande so viele wertvolle Dienste geleistet und auch im neuesten Kriege mit den Spaniern als Oberbefehlshaber der amerikanischen Truppen eine hervorragende Rolle gespielt hat. Zur Zeit jenes Indianeraufstandes bekleidete er den Rang eines Brigadegenerals und legte wiederholt von seiner außergewöhnlichen Tüchtigkeit und Energie Zeugnis ab. Einige siegreiche, wenn auch blutige Schlachten genügten, den Aufstand zu ersticken, der der Anfang eines langwierigen Grenzkrieges zu werden gedroht hatte. In einer dieser Schlachten fand auch Sitting Bull, jener tüchtigste Häuptling, den die Sioux jemals gehabt haben, seinen Tod, der vielleicht mit zum raschen Ende der Feindseligkeiten beitrug. Will aber schreibt den glänzenden Erfolg dieses Feldzugs vor allem der Energie und Feldherrnkunst Miles' zu, für den ihn die höchste Bewunderung erfüllt.

Nachdem der Krieg beendet und die Truppen entlassen waren, traf Will Vorbereitungen zu einer weiteren Europareise, die mit einem zweiten glänzend verlaufenen Aufenthalt in London beschlossen wurde.

Im Jahre 1893 erweiterte sich meines Bruders Wirkungskreis von neuem. Im Juli dieses Jahres verheiratete ich mich mit Herrn Hugh A. Wetmore, dem Redakteur der, „Duluth Press". Mein Lebensweg wandte sich nun dem fernen Norden zu, und jene unternehmende junge Stadt am Lake Superior wurde meine Heimat. Während der langen Jahre meines Witwenstandes war mir mein Bruder stets der liebevollste Beschützer und Ratgeber gewesen, und auch bei meiner Wiederverheiratung ließ er mir in jeder Hinsicht seine treue Fürsorge angedeihen. Gut geborgen wollte er mich in meiner neuen Heimat sehen und mein Glück und meinen Wohlstand soviel als möglich gesichert wissen. Er erwarb deshalb die Druckerei der „Duluth Press", für die er ein schönes Gebäude aus Ziegelsteinen errichten ließ. So wurden mein Bruder und ich Geschäftsteilhaber auf dem für uns fremden Gebiete des Zeitungswesens.

Achtundzwanzigstes Kapitel

Der letzte große Kundschafter

Das Leben in den einstigen Grenzgebieten gehört der Vergangenheit an. Zerstoben wie Nebel an der Sonne ist der ferne „Wilde Westen“ durch die Berührung mit den beiden mächtigen Zauerern des neunzehnten Jahrhunderts – dem Dampf und der Elektrizität.

Fast ganz der Richtung des alten historischen Santa Fé-Pfades folgend, saust jetzt die im Jahre 1880 vollendete Atchison-, Topeka- und Santa Fé-Eisenbahn dahin. Einstens wurde die Stille der Prärie nur von dem wilden Kriegsgeschrei des mit einem benachbarten Stamme um die Obergewalt kämpfenden Indianers unterbrochen, oder vom dumpfen Ton der schwer aufschlagenden Hufe von Tausenden von Büffeln. Heute bildet das Pfeifen der Lokomotive, das Klingeln der elektrischen Glocken und das Rasseln der Eisenbahnräder die ununterbrochene Begleitung zu dem fröhlichen Summen und Schwirren des geschäftigen Lebens, das die noch vor dreißig Jahren dort herrschende Wildnis erfüllt. Fast als einzige Erinnerung an die Kämpfe und Entbehrungen der kühnen Pelzjäger und Forscher, durch deren verwegenen Mut die gegenwärtigen Errungenschaften ermöglicht wurden, ragen als historische Wahrzeichen die Berge ins Land hinein, die noch die Namen einiger dieser tapferen Männer tragen. Allein auch diese sind nur gering an Zahl. In schweigendem Gedenken an jenen Wanderer, dessen Namen er führt, erhebt der „Pikes Peak“ sein schneebedecktes Haupt. „Simpsons

Rest", eine hohe, obeliskenartige Bergspitze erinnert an den Bergsteiger, dessen Leben sich fast ganz auf den zerklüfteten Abhängen abspielte und dessen letzter Wunsch es war, auf seinem Gipfel begraben zu werden. Eine andere nebelumwobene Bergkuppe trägt den Namen „Fishers Peak", an die sich eine besondere Geschichte knüpft.

Bei den zur Eroberung von Mexico ausgeschickten Truppen befehligte Hauptmann Fisher eine Batterie. Eines Abends, bezog er mit seiner Mannschaft ein Lager am Fuße des Berges, der jetzt nach ihm benannt wird. Verlockt durch die täuschende Klarheit der Luft, machte er sich am nächsten Tage zu einem Morgenspaziergang nach dem anscheinend nahegelegenen Gipfel auf, und zwar mit der Angabe, zum Frühstück wieder zurück zu sein. Nachdem auch der zweite Tag ohne seine Rückkehr verstrichen war, mussten seine Soldaten annehmen, dass er auflauernden Indianern zum Opfer gefallen sei. Traurig setzte sich die Mannschaft zu ihrer Abendmahlzeit nieder, als plötzlich ganz verstört und zu Tode erschöpft der Hauptmann erschien. Sein Morgenspaziergang hatte zwei Tage und eine Nacht in Anspruch genommen. Allein er hatte es sich nun einmal vorgenommen, den Berg zu erklimmen, und diesen Vorsatz trotz aller Schwierigkeiten auch durchgeführt.

Die transkontinentale Eisenbahn, die längs des alten Salzseepfades hinläuft und jetzt unter dem Namen Union-Pazifik-Eisenbahn bekannt ist, stand schon elf Jahre früher in Betrieb als die Atchison-, Topeka- und Santa Fé-Bahn. Die Geschichten, die sich an den Bau dieser Bahn knüpfen, bei dem es unerhörte Hindernisse und Gefahren zu überwinden gegeben hatte, klingen wunderbarer als irgend eine Erzählung aus „Tausend und eine Nacht".

Durch diese Eisenbahn wurde die Pony-Expresslinie wertlos, auf der früher dampfende, keuchende Pferde mit Anwendung ihrer ganzen Kraft ihre unermüdlichen Reiter fünfzehn Meilen in der Stunde vorwärts getragen und die ihnen vorgeschriebene Strecke günstigstenfalls in acht Tagen zurückgelegt hatten. Jetzt stößt das eiserne Ross einen verächtlichen Pfiff aus und legt dieselbe Entfernung vom Ende der Missouribahn bis zur Pazifikküste mit Leichtigkeit in drei Tagen zurück.

Selten nur denkt heute noch der Reisende in den rasch dahinsausenden, mit allem Luxus ausgestatteten Wagen an die Mühseligkeiten und Gefahren, denen die früheren Wanderer auf diesem Wege ausgesetzt waren. Denn mit einer solchen Fahrt im Postwagen war nicht nur die Aussicht, von Indianern und Wegelagerern überfallen zu werden, sondern auch höchstes Unbehagen und große Ermüdung verbunden. Die stoßende, hin und her schaukelnde Kutsche warf die Passagiere unbarmherzig von einer Seite zur anderen, sobald die kühnen Postillone den vor einem Feinde fliehenden Pferden freien Lauf ließen. Dahin galoppierten sie über Berg und Tal in gleichmäßig toller Jagd auf Tod und Leben. Heutigestags wird ein bequemes Reisen als etwas Selbstverständliches angesehen, und auch der in wohlausgestattetem Dampfer den Ozean durchquerende Reisende bezahlt oft nur widerwillig den verhältnismäßig so niederen Fahrpreis, ohne es sich klar zu machen, wie viel Dank er diesem Fortschritt der Zivilisation schuldet.

Allein so groß der praktische, mit der Erfindung der Eisenbahn zusammenhängende Vorteil und Nutzen ist, so kann man doch beim Gedanken an die malerisch-romantische Phase einer begrabenen Zeit einen schmerzlichen Seufzer nicht unterdrücken. Verschwunden sind die Bullentreiber und Prärieschoner! Verschwunden die Postwagen und ihre mutigen Kutscher! Verschwunden die Ponyreiter! Mit ihnen auf immer dahin find die Pelzjäger, die kühnen Pioniere der Kultur, die Forscher und Kundschafter! Verschwunden ist der Beherrscher der Prärie, der schwerfällige, zottige Büffel!

Noch im Jahre 1869, also vor erst dreißig Jahren, musste ein Eisenbahnzug aus der Kansas-Pazifik-Bahn acht Stunden anhalten, weil eine riesige Büffelherde die Bahnlinie entlang dem Eisenbahnzuge entgegenkam. Durch die leichteren Verkehrsmittel hatte sich nun aber die Reiselust ungeheuer gesteigert, und Hunderte von Jagdliebhabern waren auf die Prärie gekommen, um einzig und allein zum Zeitvertreib die stolzen Tiere dahinzuschlachten. Tausende auch mussten wegen ihres Felles, nach dem große Nachfrage war, ihr Leben lassen. Vom Jahre 1868 bis 1881 wurden allein im Staate Kansas zwei Millionen fünfhunderttausend Dollars für die Knochen dieser Tiere bezahlt, die auf der Prärie herum verstreut lagen und die die Kohlenwerke der Gegend ankauften. Dies ergibt einen Prozentsatz der Sterblichkeit von dreißig Millionen Büffel in einem einzigen Staate. Meines Wissens existiert zu der Zeit, da ich dieses schreibe, nur noch eine einzige Büffelherde von all den ungezählten Tausenden, die noch vor kurzem die Prärie durchstreiften, und diese eine wird in einem Privatpark aufs sorgfältigste gehegt. Wohl mag es außerdem noch einige vereinzelte Exemplare in zoologischen Gärten und Menagerien geben, die Massenschlächterei aber hat doch die tatsächliche Vertilgung dieser Tiergattung zur Folge gehabt.

Ein ähnliches Schicksal wie die Büffel traf auch die eingeborene Menschenrasse dieses Landes. Wohl mögen wir das dem Indianer angetane Unrecht beklagen und ihm unsere Teilnahme im Kampf gegen seine sogenannten Beschützer zuwenden. Wir mögen die poesievolle Seite seiner Natur, wie sie uns in den Mythen und Sagen der verschiedenen Stämme entgegentritt, bewundern, seine stolze Würde und angeborene Gewandtheit als Redner und Staatsmann anerkennen. Wir mögen die verschiedenen Gegenstände seiner malerischen Kleidung als eine Art Reliquien aufbewahren – das uralte historische Drama aber wiederholt sich auch hier wieder, und zwar vor den Augen unserer Generation – die niedrigere muss der höheren Zivilisation weichen. Der poetische, romantische Urbewohner musste notgedrungen seinem alles erobernden, unerbittlich und systematisch vorwärtsschreitenden weißen Bruder das Feld räumen.

In seinem berühmten Buche „Der letzte Mohikaner" hat Cooper uns das Aussterben eines Volkes verewigt. Noch manch anderer Stamm ist ungeehrt und unbesungen dahingesunken. Die großen Gebiete westlich vom Mississippi sind jetzt von der weißen Rasse bevölkert, während die Indianer in wenigen ihnen zugewiesenen Territorien eingeschlossen wohnen. Ihr Schicksal ist besiegelt, ihre Sonne untergegangen, das gänzliche Erlöschen ihrer Rasse nur noch eine Frage der Zeit.

Aus diesen vergangenen Tagen des nationalen Strebens und Kämpfens ist nur noch ein einziger bekannter Repräsentant übrig geblieben, und dieser eine ist mein Bruder. Den Platz, den er in den Reihen der berühmten Männer Amerikas einnimmt, ist einzig in seiner Art. Nicht allein seine gebietende Persönlichkeit oder seine nach so verschiedenen Richtungen hin errungenen Erfolge haben ihm einen sicheren Platz im Herzen des amerikanischen Volkes und das Interesse in den Augen aller Fremden verschafft – der große Zauber, den er auf andere ausübt, liegt vor allem in der Tatsache, dass sich in seiner Person eine geschichtliche Episode seines Vaterlandes verkörpert. Mit vollem Rechte kann man ihn den letzten großen Kundschafter nennen. Er hat manche bedeutende Vorgänger gehabt. Kit Carsons Ruhmesmantel ist auf seine Schultern gefallen und er hat ihn würdig getragen. Einen Nachfolger aber hat er nicht und kann er niemals haben. Er ist der flüchtige Ruhepunkt zwischen der Vergangenheit und Gegenwart – zwischen den einstigen wilden Zuständen im fernen Westen und den jetzigen ungeheuren Fortschritten.

Mit der Auflösung der Gesellschaft des „Wilden Westen“ wird einmal die letzte Spur jenes Lebens in den Grenzstaaten vom Schauplatz der Wirklichkeit verschwinden und nur noch der Geschichte angehören.

„Ernst ist das Leben“, singt der Dichter, und ernst und hart ist es auch für meinen Bruder gewesen. Im Dienste anderer hat er es verbracht. Ich kann mich keiner Zeit erinnern, da nicht schwere Lasten seine Schultern drückten. Aus eigener Kraft allein hat er sich seinen nationalen und internationalen Ruf geschaffen. Ein nach China reisender Seeoffizier erzählt, dass man ihm beim Betreten des Ufers zwei Bücher zum Kaufe angeboten habe: Die Bibel und eine Lebensgeschichte Buffalo Bills.

Nahezu ein halbes Jahrhundert, das Kindheit, Jugend und Mannesalter in sich schließt, hat er für das öffentliche Wohl gelebt. Man kann sagen, dass er überhaupt nie eine Kindheit gehabt hat, so früh schon wurde er in das raue Grenzstaatenleben hineingedrängt, bei dem er im Alter, wo die meisten Knaben noch mit Murmelsteinen und Kreisel zu spielen pflegen, die Arbeit eines Mannes verrichtete. Noch ehe er das vorgeschriebene Alter erreicht hatte, trat er in die Unionsarmee ein und füllte seinen Posten während des Bürgerkrieges ebensogut aus wie jeder erfahrene Soldat. Seitdem ist er stets mit dem Heere in Verbindung geblieben, immer bereit, sich in Zeiten der Gefahr dem Feinde gegenzustellen. Aber auch auf verschiedenen anderen Gebieten hat er sich ausgezeichnet. Er bekleidet das Amt eines Präsidenten der größten Bewässerungsanstalt der Welt, eines Vorsitzenden einer Kolonisations-, sowie einer Städtegründungsgesellschaft. Er ist der erste Kundschafter und anerkannt beste Büffeljäger Amerikas, einer der vorzüglichsten Scharfschützen der ganzen Welt, und noch keiner vor ihm hat es so gut verstanden, die Welt lehrreich zu unterhalten. Er ist weitherzig und für allen Fortschritt empfänglich und hat von beiden Eltern einen Abscheu vor jeder Art Gewaltherrschaft geerbt. Stets seine Mutter zum Vorbild nehmend, hält er die Freiheit für ein Vorrecht, das jedem Menschen von Geist und Bildung zusteht, welches Geschlechtes er auch sein mag. Durch sein öffentliches Auftreten gewinnt auch sein Privatleben an allgemeinem Interesse, und da hat er sich zu jeder Zeit als treuer, hingebender Sohn und Bruder, als gütiger, aufmerksamer Gatte und liebevoller, großmütiger Vater gezeigt. „Wisse, dass sich nur solche, die sich als rechtschaffen, brav, mäßig und wahr bewähren, einen ehrenhaften Ruf erwerben können" – dies waren der Mutter letzte Worte, und auf ehrenhafte Weise ist sein Name sowohl in seinem eigenen Lande als jenseits des Ozeans bekannt geworden.

Voll Sehnsucht sieht er der Stunde entgegen, da er dem Publikum seine Abschiedsverbeugung machen und sich ins Privatleben zurückziehen kann. Sein langgehegter Wunsch ist es, den Rest seines Lebens der kulturellen Entwicklung des Big-Horn-Tales zu widmen. Er hat sämtliche Länder Europas besucht und sein Auge über die herrlichsten Gegenden der Alten Welt schweifen lassen. Auch die schönsten Teile seines eigenen Vaterlandes kennt er und doch ist für ihn das bezaubernde Fleckchen Erde im westlichen Amerika das Eldorado geblieben.

Schon hat er Tausende von Dollars und viele Mühe und Sorgfalt auf die Ausführung seines Lieblingsplanes verwendet. Ein Wassergraben, der nahezu eine Million Dollars, gekostet hat, bewässert jetzt diese fruchtbare Gegend, und noch verschiedene andere Verbesserungen sind im Entstehen, um allmählich ein Land zu schaffen, wo für Tausende von heimatlosen Wanderern Milch und Honig fließt. Gleich den Kindern Israels hätten auch sie ohne die unermüdlichen Anstrengungen eines ihnen voranschreitenden Moses niemals das Gelobte Land erreicht. Allein entgegen jenem alten Führer und Kundschafter der biblischen Geschichte ist es meinem Bruder vergönnt worden, bis in die verborgensten Ecken seines Kanaan zu dringen. Das Blockhaus, das er dort errichten ließ, ist demjenigen, worin wir unsere Kinderzeit verbracht haben, nicht unähnlich. Dort ist seine Zufluchtsstätte und sein Ruheport. Dorthin eilt er, sobald die Spielzeit vorüber und er für kurze Zeit jeglicher Verpflichtung ledig ist. In der gesunden, kräftigen Luft seiner selbstgewählten Heimat und unter dem befreienden Einfluss der herrlichen Natur erholt er sich an Körper und Geist von den Sorgen und Ausregungen des Lebens.

Hier im Schatten der Rocky Mountains wünscht er seine Tage zu beschließen und der als Knabe auf den einsamen Prärien gelernten Wahrheit nachzusinnen:

Natur hat nie das Herz betrogen,
Das ihr mit Liebe zugetan.